À PROPOS DES AUTRICES

Sur un questionnaire qu'on lui a récemment demandé de remplir, Carol Marinelli a inscrit « écrivain » dans la case « métier ». Plus loin, dans la rubrique consacrée aux loisirs, c'est tout naturellement qu'elle a répondu « écrire ». Seulement voilà, quand il a été question d'indiquer ce qu'elle faisait pour se détendre, elle a craint de paraître un tantinet obsédée et a déclaré aimer « la natation ». Mais vu les effets dévastateurs du chlore sur ses cheveux, vous devinerez sans peine quelle est sa passion secrète...

Fiona Lowe a commencé à écrire des romans d'amour en vacances, parce qu'elle était à court de lecture. Aujourd'hui, elle offre à ses nombreuses lectrices des romances contemporaines et médicales. Elle vit dans une ville côtière du sud de l'Australie, où elle jongle entre l'écriture, la lecture et l'éducation de ses deux fils, avec le soutien de son héros préféré...

Kate Hardy a toujours aimé bouquiner ; elle savait d'ailleurs lire avant d'entrer à l'école. Elle découvre les romances dès l'âge de douze ans et décide alors d'en faire son métier. Kate adore le cinéma, la danse de salon, la gym... et surtout l'écriture, pour le plus grand bonheur de ses lectrices.

Un bébé pour le Dr MacBride

*

Son insupportable patron

*

Un père pour ses jumeaux

Collection : SAGAS

Titre original :
THEIR ONE NIGHT BABY

Ce roman a déjà été publié en 2018

HARPERCOLLINS FRANCE
83-85, boulevard Vincent-Auriol, 75646 PARIS CEDEX 13
Service Clients — www.harlequin.fr
ISBN 978-2-2805-0318-1 — ISSN 2426-993X

Édité par HarperCollins France.
Composition et mise en pages Nord Compo.
Imprimé en février 2024 par CPI Black Print (Barcelone)
en utilisant 100% d'électricité renouvelable.
Dépôt légal : mars 2024.

FSC www.fsc.org
MIXTE
Papier issu de sources responsables
FSC® C159065

Pour limiter l'empreinte environnementale de ses livres, HarperCollins France s'engage à n'utiliser que du papier fabriqué à partir de bois provenant de forêts gérées durablement et de manière responsable.

CAROL MARINELLI

Un bébé pour le Dr MacBride

PADDINGTON, HÔPITAL POUR ENFANTS
VOLUME 1

Traduction française de
EVELINE CHARLÈS

SAGAS

HARLEQUIN

1

Quand Victoria Christie franchit le seuil du salon, son coéquipier sur les talons, la petite Pénélope Craig était étendue sur le canapé. Ses cheveux sombres étaient nattés, et elle portait par-dessus son pyjama le tutu rose qu'elle ne quittait jamais.

Un jour, elle serait danseuse de ballet, c'est ce qu'elle disait à tout le monde.

N'importe quelle autre petite fille de six ans aurait été impressionnée par l'arrivée de deux ambulanciers en tenue professionnelle verte, mais elle était trop habituée à les voir pour se laisser intimider.

— Bonjour, Penny ! dit Victoria, un grand sourire aux lèvres.

— Victoria ! s'écria Penny en se redressant, ses grands yeux gris brillants de plaisir.

Elle était visiblement ravie que son ambulancière préférée l'emmène à l'hôpital pour enfants Paddington, « le Château », ainsi qu'on l'appelait le plus souvent.

— Elle espérait que vous viendriez la chercher, expliqua Julia, la maman.

Victoria s'assit sur le bord du canapé pour examiner sa petite patiente tout en bavardant.

— L'autre jour, je me disais justement que je ne t'avais pas vue depuis un certain temps.

— Elle allait vraiment bien, précisa Julia.

Penny était née avec une malformation cardiaque congénitale

et avait passé une grande partie de sa courte vie au Château. Ces derniers temps, pourtant, son état s'était amélioré.

— Ta maman me dit que tu ne te sens pas très bien, aujourd'hui ? dit Victoria en lui prenant le pouls.

— Je suis nauséeuse et fébrile.

N'importe quel autre enfant de six ans aurait dit qu'il avait envie de vomir et trop chaud, mais Penny avait passé assez de temps en milieu médical pour en savoir davantage.

Elle avait en effet de la fièvre, et quand Victoria vérifia ses constantes elle constata que son cœur battait très vite.

— Elle doit être admise directement en cardiologie, précisa Julia. Mais, auparavant, les médecins veulent qu'on lui fasse une radio aux urgences.

Victoria retint une grimace.

Ça allait encore poser un problème ! Les médecins des urgences n'appréciaient pas qu'on utilise leur service pour les admissions. Trois jours auparavant, elle s'était même disputée à ce sujet avec Dominic MacBride, un chirurgien pédiatrique spécialisé en traumatologie. Ils avaient tendance à s'affronter quand elle amenait un patient. Pourvu qu'il ne soit pas aux urgences ce soir !

De façon générale, pourtant, les choses se passaient plutôt mieux à Paddington que dans les autres hôpitaux. Le personnel était amical, et les services communiquaient vraiment entre eux. Sans compter que Penny avait presque un statut de star...

Il ne restait plus qu'à croiser les doigts.

— J'adore tes boucles d'oreilles, dit Penny quand Victoria lui eut pris sa tension.

— Merci.

D'habitude, Victoria ne portait pas de bijoux au travail, car elle ne savait jamais ce que la journée pouvait réserver. Elle réunissait ses longs cheveux bruns en chignon et ne se maquillait pas. Elle n'arborait ces boucles d'oreilles offertes par son père que lors d'occasions très spéciales. La veille, elle se trouvait à une réception et elle avait oublié de les enlever.

Penny était prête pour le transfert. Pour ne pas effrayer des enfants aussi jeunes, Glen et Victoria les portaient souvent dans leurs bras. Mais une fois, Victoria avait appelé le brancard « le trône ». Penny, qui adorait les contes de fées, avait décidé que ce mode de transport lui plaisait.

La fillette insista pour grimper dessus toute seule, et Julia vérifia qu'elle avait bien placé dans son sac tous ses objets préférés. La mère et la fille étaient habituées à ce que les « passages » de Penny à Paddington se transforment parfois en longs séjours.

— Tu es prête ? demanda Victoria.

Comme d'habitude, Penny leva le pouce.

Le printemps n'était pas loin mais, bien qu'il soit encore tôt, il faisait déjà nuit dehors.

— Vous commencez votre service ou vous le terminez ? demanda Julia quand Victoria s'assit à l'arrière de l'ambulance avec elles.

— Je le termine.

— Vous avez prévu quelque chose pour ce soir ?

— Pas vraiment...

En réalité, elle avait un rendez-vous, mais elle se demandait pourquoi elle avait accepté, car le premier ne s'était pas très bien passé.

Ce n'était pas si grave ! Glen, à qui elle en avait parlé, avait prétendu qu'elle attendait trop d'une première rencontre.

Mais elle n'avait pas l'intention d'en discuter avec Julia. Elle n'avait pas à faire de confidences aux patients ni à leurs proches. De façon générale, elle écoutait davantage les autres qu'elle ne se confiait à eux.

Elle travaillait depuis deux ans avec Glen, pourtant il lui avait fallu longtemps pour qu'elle lui livre des aperçus de sa vie privée. Glen était un bon père de famille au visage lunaire, que les manières brusques de Victoria faisaient sourire eu lieu de l'offenser. Heureux en ménage, il avait quatre enfants et adorait bavarder.

Pendant le trajet, Julia lut une histoire à sa fille, comme elle le faisait toujours.

— On dirait un château magique, remarqua Penny quand l'hôpital fut en vue.

Victoria sourit.

Enfant, elle avait pensé la même chose, à cause des tourelles que possédait la bâtisse victorienne de brique rouge. Elle se revoyait, assise à l'arrière de la voiture de son père, appelé à quelque tâche urgente à l'hôpital en tant que directeur.

— C'est parce que c'est vraiment un château magique, répliqua-t-elle.

— C'est devenu un peu sa seconde maison, dit Julia.

Tout comme Paddington l'avait été pour Victoria. Elle en connaissait tous les coins et recoins. La tourelle que Penny contemplait était accessible depuis la réception par une porte située derrière les armoires contenant les dossiers des patients, et ça avait été son endroit préféré. Quand personne ne regardait de ce côté, elle s'y glissait et grimpait l'escalier en colimaçon. Là-haut, elle pouvait danser, rêver, s'inventer des histoires...

Ça lui arrivait encore quelquefois. Bien sûr, elle ne se racontait plus de contes à dormir debout, mais elle pouvait contempler Londres et faire comme si la ville lui appartenait.

— Dommage que l'hôpital doive fermer, soupira Julia.

— Ce n'est pas encore sûr, dit Victoria sans conviction.

Comme toujours, c'était une question d'argent, car les vieux bâtiments de Paddington constituaient un bien immobilier de premier ordre. Apparemment le projet de fusion entre Paddington et Riverside, l'établissement moderne situé en périphérie de la ville où son père travaillait maintenant, était bien avancé. Ce n'était pas de lui qu'elle tenait l'information, car les seules conversations qu'elle avait avec lui concernaient le travail. Mais la réception de la veille avait été donnée en son honneur : il avait reçu un prix. À cette occasion, en discutant avec un groupe de participants, elle avait appris que la fusion était en bonne voie.

Depuis quelques jours, pourtant, des protestataires stationnaient devant le Château en brandissant des pancartes réclamant le maintien de l'hôpital.

— Je ne veux pas qu'il ferme, dit Penny quand ils arrivèrent devant l'entrée des urgences. Ici, je sais qu'il ne peut rien m'arriver de mal parce que c'est un château magique.

Ces paroles remuèrent quelque chose en Victoria.

Elle avait la même impression chaque fois qu'on l'abandonnait ici — oui, qu'on l'abandonnait ! Sa mère était partie quand Victoria avait presque un an, et quelquefois son père ne pouvait pas faire autrement que de l'emmener. Il prétendait toujours qu'il n'en avait que pour un moment, mais ça pouvait durer des heures. Il la déposait dans la salle d'attente, où un membre du personnel lui apportait toujours une boisson ou un sandwich. Bien sûr, elle se retrouvait toujours seule à un moment ou un autre mais, bien qu'elle soit livrée à elle-même, elle se sentait toujours en sécurité dans l'établissement.

— Je ne veux pas qu'il ferme, répéta Penny.

— Je le sais bien, répondit Victoria, mais Riverside est un très bel hôpital, et le personnel est très gentil.

Les larmes aux yeux, la petite fille secoua la tête.

— C'est pas pareil.

— Ne t'inquiète pas pour ça maintenant, dit doucement Victoria. Ça n'arrivera peut-être jamais.

Elle l'espérait aussi, bien que ce soit chaque jour moins probable.

— Penny ! s'exclama Karen, l'infirmière de service, en reconnaissant la petite fille. Ne me dis pas que tu as fait tout ce chemin juste pour me voir ?

— Non, répondit Penny en riant.

Mais, au moment où Victoria allait confier sa patiente aux bons soins de Karen, celle-ci reçut un appel urgent.

En attendant, Glen se mit à bavarder avec Julia pendant que Victoria en profitait pour remplir les formulaires requis.

Il était là, elle le savait.

Bien qu'ils se soient disputés, bien qu'elle ait prétendu espérer qu'il ne soit pas là ce soir, elle s'était menti à elle-même : elle avait envie de le voir.

Dominic MacBride travaillait à Paddington depuis quelques mois. Il venait d'Édimbourg, et son accent écossais l'avait profondément troublée dès leur première rencontre.

Ou bien étaient-ce ses yeux bleus et ses cheveux noirs en désordre ?

Ou était-ce seulement lui ?

Elle ne s'expliquait pas pourquoi Dominic l'attirait autant. Il était désagréable avec les ambulanciers, et elle et lui avaient une nette tendance à s'affronter. Quel que soit le motif, ses arguments semblaient irriter le médecin au plus haut point.

Justement, il s'approchait à grands pas, vêtu de la tenue bleu marine de rigueur chez les médecins de l'hôpital.

— Vous attendez quelqu'un ?

Ouille ! Il s'adressait à elle.

— Oui. Karen va s'occuper de Penny. Elle revient dans un instant, répondit-elle avant de se replonger dans son travail d'écriture.

À cet instant, Julia jugea bon d'intervenir.

— Penny est admise en cardiologie, mais on doit d'abord lui faire une radio thoracique.

— Je vois.

Refusant de se laisser distraire, Victoria continua d'écrire, mais elle perçut un effluve subtil de savon et de transpiration masculine mêlé à l'odeur familière de l'hôpital, signe que Dominic s'était encore approché.

— Je peux vous parler, s'il vous plaît ? demanda-t-il.

Elle leva lentement les yeux, ce qui lui prit un certain temps, car il était très grand et large d'épaules. Il aurait eu besoin de se raser. On aurait dit qu'il sortait du lit ou s'apprêtait à se coucher…

Elle fit de son mieux pour empêcher ses pensées de divaguer dans ce sens.

— Bien sûr.

Elle faillit se montrer grossière en ajoutant « dans un moment », avant de prendre le temps de terminer ce qu'elle faisait. Au lieu de cela, elle s'écarta du brancard et le suivit dans une petite pièce.

Il s'appuya à un évier, et elle se planta devant lui, prête à s'enfuir le cas échéant.

— Vous ne voyez pas à quel point nous sommes surchargés ? lui demanda-t-il. Nous ne pouvons pas en plus prendre en charge le travail des autres services.

— Ce n'est pas moi qui fais les règlements.

— Vous les connaissez, et votre patiente est directement

admise en cardiologie. Si vous la montez dans son service, elle attendra sa radio confortablement installée dans un lit...

Ils savaient tous les deux que, par un accord tacite, Penny allait être placée en tête de liste pour qu'on puisse rapidement la monter en cardiologie. En revanche, si elle était admise immédiatement en cardiologie, son dossier serait placé tout en bas de la pile, et elle ne serait emmenée en radiologie que vers minuit.

— Je viens d'expliquer à un père que son enfant devra attendre trois heures avant qu'on lui fasse sa radio, poursuivit Dominic. Votre arrivée va encore allonger ce délai.

Victoria soutint le regard furieux du médecin.

— Que voudriez-vous que je fasse ?

— Il ne s'agit pas seulement de cela, dit Dominic. Si quoi que ce soit lui arrive avant qu'elle ait été examinée...

— Je me répète, l'interrompit Victoria, mais que voudriez-vous que je fasse ?

À cet instant, Karen poussa la porte de la pièce où ils se trouvaient.

— Ah, te voilà, Victoria ! Le box numéro quatre est libre. Alors, si tu veux bien y amener Penny...

Victoria échangea un regard avec Dominic.

C'était à lui de choisir.

— C'est d'accord, dit-il.

Hochant la tête, Karen retourna auprès de Penny.

— La prochaine fois..., commença Dominic.

Victoria haussa les épaules et suivit Karen.

— Victoria !

Elle s'immobilisa, saisie.

Le ton était furieux, mais ce qui la prenait par surprise, c'était qu'il ait employé son prénom.

— Ne haussez pas les épaules en vous éloignant quand je m'efforce d'avoir une conversation avec vous !

— Une conversation parfaitement inutile. En fait, nous avons eu exactement la même il y a trois jours. Comme je vous l'ai déjà dit, je me heurte aux mêmes difficultés quoi que je fasse. Soit vous me criez dessus si je vous amène le patient, soit c'est le personnel de l'autre service qui me crie dessus parce que je débarque sans les radios. Quelquefois, les gens comprennent que je fais juste mon boulot, et ça se passe bien. C'est en général le cas à Paddington, mais ça dépend à qui j'ai affaire. Maintenant, je vais m'occuper de ma patiente et m'en aller, ce qui sera aussi bien…

Sauf que, au moment de sortir, elle ne put s'empêcher de franchir les limites permises :

— À force d'être rasoir, vous en devenez lassant.

Après que Victoria fut sortie, Dominic laissa échapper un long soupir.

Ils avaient tous les deux raison. Les moyens étaient limités, et tous les membres du personnel faisaient leur possible pour s'acquitter de leur tâche. Victoria était parvenue à le décontenancer, non à cause de la dernière flèche qu'elle lui avait lancée, mais parce qu'elle lui avait rappelé qu'ils avaient eu la même discussion trois jours auparavant.

Il traversait des moments difficiles, et il était suffisamment lucide pour savoir qu'il ne débordait pas de joie de vivre ces temps-ci. Victoria avait raison, il était désagréable.

Mais pas envers les patients, cependant. À l'hôpital, il laissait sa vie privée de côté.

À cet instant, il perçut un éclat de rire dans le couloir. Il sortit et vit Victoria pousser le brancard vers la sortie avec son collègue.

— Victoria ?

— Oui, dit-elle en se retournant, laissant son collègue continuer son chemin.

— Je peux vous parler ?

Elle leva les yeux au ciel.

— On va encore avoir cette discussion ?

— Non, je voulais m'excuser pour tout à l'heure.

— Il n'y a pas de souci.

Il était clair que, à ses yeux, une petite passe d'armes avec un médecin ne méritait pas qu'elle s'y attarde. Mais il voulait vraiment qu'elle comprenne à quel point il s'en voulait.

— J'ai eu une dure journée, expliqua-t-il.

— En ce cas, j'espère que ça va s'arranger.

— Ça m'étonnerait.

Mais lorsqu'elle lui sourit, il sut qu'il avait menti, parce qu'il se sentait déjà beaucoup mieux.

Cette femme était ravissante. Dans cette tenue verte et avec ces lourdes bottes, n'importe quelle autre aurait eu du mal à paraître séduisante. Elle, si ! Ses cheveux étaient réunis n'importe comment sur le haut de sa tête, si bien que d'épaisses mèches s'échappaient et lui masquaient le visage. Mais ses yeux noisette soutenaient les siens, et... Oui, elle était éblouissante.

C'était bien ce qui le contrariait. Il ne cherchait pas à être ébloui. Sa vie privée était catastrophique, et de toute façon Victoria n'était pas son type. Elle était directe et manquait de subtilité, alors qu'il aimait les femmes réservées qui ne vous prenaient pas la tête.

Pourtant, il pensait souvent à elle, ces derniers temps.

— Je suis désolée, moi aussi, dit-elle. Je n'aurais pas dû dire que vous étiez rasoir. Le terme *désagréable* aurait été plus approprié, ajouta-t-elle.

La plaisanterie le fit sourire.

— Ce n'est pas grave. Je vous proposerais bien de faire la paix en buvant un verre mais, étant donné mon état d'esprit actuel, je ne veux imposer ma présence à personne.

Victoria se permit un petit sourire.

« Imposer sa présence », l'expression était plutôt amusante de la part de Dominic. D'abord, parce que son léger accent était très séduisant. Ensuite, parce que aucune femme au monde ne se serait plainte qu'il lui « impose sa présence ». Il était beau, sexy, bourru, et, oui, il l'attirait énormément, bien qu'il soit plus âgé que les hommes qui lui plaisaient d'habitude : il devait frôler la quarantaine, alors qu'elle n'avait que vingt-neuf ans.

Était-ce pour cette raison qu'elle se sentait une âme d'adolescente chaque fois qu'elle croisait son chemin ?

Ils continuaient de se fixer mutuellement quand la radio qu'elle portait à l'épaule grésilla.

— Victoria ! fit la voix de Glen.

Celui-ci dut sentir sa tension, car il ajouta avec inquiétude :

— Tout va bien ?

2

Ce fut Dominic qui répondit.

— Parfaitement bien, dit-il en s'éloignant.

Et c'était vrai, maintenant qu'il ne se trouvait plus sous le feu du regard noisette de Victoria.

Il avait failli lui demander de sortir prendre un verre avec lui et maintenant il voulait qu'elle s'en aille. C'était aussi simple que cela. Il souhaitait ne plus être approché par une femme...

Mais Victoria ne ressemblait pas aux autres femmes.

Un instant plus tard, il prit le dossier de sa nouvelle patiente et entra dans le box pour l'examiner avant qu'on lui fasse une radio.

En tant que chirurgien pédiatrique spécialisé en traumatologie, il travaillait le plus clair de son temps aux urgences et donnait souvent un coup de main à ses collègues.

— Bonjour, Pénélope, dit-il. Je m'appelle Dominic.

— Penny, rectifia-t-elle. Tu es nouveau, ici.

— Je travaille dans cet hôpital depuis près de six mois, maintenant.

— Penny n'a pas été hospitalisée depuis un bon bout de temps, déclara Julia. Nous avons eu une bonne période.

— Je suis ravi de l'apprendre.

Les notes concernant l'enfant étaient si fournies qu'il faudrait des heures pour les lire toutes. Mais il avait pris connaissance des constantes, et sa mère pouvait lui procurer les informations dont il avait besoin.

Pénélope Craig souffrait du syndrome d'hypoplasie du cœur gauche, une cardiopathie très rare. Elle avait été opérée bébé et elle avait subi depuis plusieurs hospitalisations. Parfois, elle présentait des épisodes inflammatoires, ce qui était le problème maintenant.

En l'examinant, il constata que le simple fait de s'asseoir lui coupait le souffle et que ses lèvres déjà légèrement bleues devenaient plus sombres.

Il décida de demander une radio portable.

Il aurait fallu monopoliser une infirmière pour l'accompagner en radiologie et, surtout, il était clair que cette petite fille n'allait pas bien !

Il bipa aussi le cardiologue de garde pour lui demander de descendre examiner Penny, plutôt que d'attendre qu'elle soit transférée en cardiologie.

Ce fut un remplaçant qui décrocha.

Une fois de plus !

Depuis que Paddington était en passe d'être fermé, beaucoup de membres du personnel étaient partis. Il était difficile de recruter alors que tout le monde savait que l'hôpital n'existerait peut-être plus l'année suivante.

Après avoir parlé au cardiologue, il retourna dans le box informer Penny et sa mère de son arrivée imminente.

— Regardez ce que Penny vient de trouver, fit Julia.

La fillette tendit une boucle d'oreille.

Il reconnut aussitôt le bijou que Victoria portait ce soir, ce qui n'était pas dans ses habitudes. Ces gros diamants l'avaient intrigué, et pendant leur discussion il s'était efforcé de ne pas imaginer la jeune femme en robe du soir.

Décidément, il remarquait bien trop de détails concernant cette femme…

— Elle est à Victoria, dit Penny à Karen, qui venait d'entrer.

— Ça tombe bien ! lança l'infirmière. Elle vient juste de m'appeler pour me demander de la chercher. Merci, Penny, je vais la mettre dans le coffre. Oh ! j'allais oublier : il y a un appel pour vous, Dominic.

— Prenez le message, s'il vous plaît.

— C'est votre père, il dit que c'est important.

— Merci.

Il laissait toujours son téléphone portable dans son casier en arrivant à l'hôpital, ne voulant pas que sa vie privée s'immisce dans son lieu de travail. Mais il n'allait pas pouvoir l'éviter. Il s'attendait à cet appel depuis trois jours. C'était même la raison de sa mauvaise humeur aujourd'hui. Il avait eu des mois pour se préparer à cet instant, mais il ne savait toujours pas ce qu'il allait dire.

Il hésita à prendre le téléphone posé sur le comptoir de la réception.

— Allô ? fit-il d'une voix peu amène.

À l'autre bout du fil, William MacBride toussota avant de parler.

— Dominic… Je voulais juste te prévenir que tu es oncle depuis une heure.

Là encore, Dominic ne sut que répondre.

— Dominic ?

— La mère et l'enfant vont bien ?

— Oui. Tout s'est très bien passé.

Il savait qu'il aurait dû demander le sexe du bébé de Lorna et Jamie. Il regarda autour de lui. Vu qu'il se trouvait dans un hôpital pour enfants, les urgences en étaient remplies. Il perçut dans le lointain les pleurs d'un nourrisson.

Chaque jour, il se battait pour sauver ces précieuses petites vies, et il aurait dû se réjouir que Lorna et son bébé se portent bien.

D'une certaine façon, c'était le cas. Mais, en même temps, il éprouvait une colère mêlée de chagrin parce qu'il avait cru pendant un certain temps que cet enfant était le sien.

Il s'efforça de chasser de son esprit le souvenir de l'instant de vérité, lorsqu'il avait compris que sa petite amie l'avait trompé et portait l'enfant d'un autre. Et pas n'importe lequel !

Son père mentionna alors celui qui avait causé le second choc, tout aussi douloureux que le précédent.

— Jamie est fou de joie.

Dominic retint un petit rire amer.

Ce qui était arrivé n'était pas la faute de son père. Ses parents ne savaient tout simplement pas comment gérer la situation.

— Est-ce que tu veux parler à ton frère ?

— Je n'ai rien à lui dire.

Un an auparavant, il aurait été inconcevable qu'il refuse de féliciter son frère le jour où il deviendrait père. Ils avaient toujours été très proches.

Dominic avait cinq ans quand le deuxième fils tant désiré était né. Jamie était gâté, insolent, et avait le don de s'attirer des ennuis. Plus sérieux, Dominic avait toujours veillé sur son petit frère. Ou du moins, il avait essayé.

À dix ans, Jamie avait été renversé par une voiture. Ce n'était pas la faute du conducteur, car Jamie avait traversé la route sans regarder, et Dominic n'avait pas eu le temps de le retenir.

Il avait eu l'impression que l'ambulance mettait un siècle à arriver. Ensuite, il avait regardé les ambulanciers lutter pour sauver la vie de son frère. Plus tard, à l'hôpital, pendant que ses parents arpentaient la salle d'attente en pleurant, il avait tenté d'en savoir davantage. Les portes de la réanimation s'étant ouvertes devant des infirmiers, il avait aperçu l'équipe médicale en action.

On l'avait écarté, et il avait rejoint ses parents, mais il avait su ce jour-là ce qu'il ferait plus tard.

Jamie avait survécu, et lui-même avait fait ses études de médecine. La famille passait avant tout, pour lui... Jusqu'au jour où il avait découvert que sa petite amie l'avait trompé et que le bébé qu'elle portait était de Jamie.

Jamie et Lorna s'étaient mariés quelques mois auparavant.

Il avait décliné l'invitation. Est-ce qu'ils s'imaginaient vraiment qu'il allait assister à la cérémonie vêtu d'un kilt, sourire aux photographes et faire comme si tout allait bien ?

— Tu dois tourner la page, Dominic, dit son père.

— C'est bien pour cela que je suis à Londres.

Juste avant de raccrocher, il demanda :

— Qu'est-ce qu'ils ont eu ?

— Un minuscule petit garçon. Ils l'ont appelé...

— Inutile de me le dire.

— Tu ne veux pas le savoir ?

— Je le sais déjà.

Selon la tradition familiale, le premier petit-fils portait le nom de son grand-père. Le nouveau bébé s'appellerait donc William... Quel que soit le frère avec qui Lorna avait couché.

Oui, il y avait de quoi éprouver une certaine amertume.

— Je dois te quitter, dit-il à son père. J'ai du travail.

C'était faux, puisqu'il avait terminé son service, mais ça ne l'empêcha pas de se rendre en soins intensifs pour examiner un patient, puis de faire un tour dans les services.

Il n'était pas d'humeur à rentrer chez lui. Cela impliquerait de récupérer son téléphone et de consulter les messages de félicitations des cousins et amis de la famille...

Un bébé était né, après tout.

— Je te trouve bien silencieuse, remarqua Glen au volant de l'ambulance qui les ramenait à la station. MacBride t'a mise hors de toi ?

— Tu plaisantes ! s'écria Victoria en faisant la grimace.

Glen sourit.

Depuis le temps qu'ils travaillaient ensemble, son équipier était bien placé pour savoir que, à force de côtoyer les hommes, elle s'était forgé une carapace à toute épreuve.

Elle en avait vu beaucoup dans un piètre état, qui sortaient des pubs ou des boîtes de nuit. Elle connaissait tous leurs défauts, ne se fiait à aucun d'entre eux et cachait très bien ses sentiments.

Ce côté « dure à cuire » ne datait pas d'hier... Depuis son enfance, elle n'avait pas eu d'autre choix que d'être indépendante puisqu'il n'y avait eu personne pour l'écouter ou calmer ses peurs.

Après s'être changée dans le vestiaire, elle enfila son manteau pour quitter la station.

— Eh ! lui lança Glen alors qu'elle saluait ses collègues. Ils ont retrouvé ta boucle d'oreille aux urgences de Paddington. Tu veux que je te dépose ?

Elle déclina la proposition. Elle n'avait que le temps de se préparer pour la soirée prévue.

Une fois chez elle, elle prit une douche puis lâcha ses cheveux et les brossa jusqu'à ce qu'ils étincellent. Enveloppée dans une serviette-éponge, elle se maquilla légèrement avant d'enfiler une ravissante robe de cocktail et des escarpins.

Parfois, elle avait du plaisir à s'habiller pour sortir, mais là, elle savait déjà que la soirée allait être un échec. Son cavalier n'aimait pas qu'elle parle de son travail, ce qui n'était pas très bon signe, puisqu'elle consacrait la majeure partie de son temps à son métier. Par ailleurs, ce type ne l'attirait pas vraiment. Rien à voir avec le choc électrique qu'elle ressentait chaque fois que Dominic MacBride la regardait. Il y avait de grandes chances pour que le préservatif qui se trouvait au fond de son sac n'en sorte pas. Depuis combien de temps s'y trouvait-il, d'ailleurs ?

Oui, autant annuler ce rendez-vous.

Sa décision prise, elle appela l'homme qu'elle devait rencontrer pour lui annoncer qu'elle avait changé d'avis et décidé de ne pas sortir ce soir.

— Une autre fois, peut-être ? suggéra-t-il.

— Je regrette, mais c'est non, dit-elle avant de raccrocher.

Quelques mois auparavant, elle avait rompu avec un partenaire dès qu'il avait parlé de vie commune : il était hors de question qu'elle partage son espace privé avec quiconque. Elle avait mis fin à leur relation sans que ce soit un drame, tout comme ce soir.

Qu'allait-elle faire, à présent ?

Paddington n'était qu'à dix minutes de marche de son appartement, autant régler tout de suite cette histoire de boucle d'oreille.

Ses talons hauts claquèrent gaiement sur le trottoir. Malgré le froid, le ciel nocturne était dégagé.

Devant le bâtiment familier, deux protestataires brandissaient des panneaux exigeant le maintien de l'hôpital.

Ils auraient aussi bien pu rentrer chez eux. D'après ce que lui avait dit un collaborateur de son père, la fermeture serait bientôt officielle...

Elle repensa avec mélancolie à cette sensation de sécurité

dont lui avait parlé la petite Penny — exactement ce qu'elle éprouva en entrant aux urgences.

— Tu as de la chance, dit Karen dès qu'elle l'aperçut. Penny a trouvé ta boucle d'oreille dans sa couverture, et je l'ai déposée dans le coffre de la réception.

— Merci beaucoup.

Malgré elle, elle était déçue de ne pas voir Dominic. Elle se savait en beauté et elle avait vaguement espéré qu'il renouvellerait sa proposition de prendre un verre ensemble.

D'un autre côté, à quoi bon ? Elle n'avait confiance en personne. Elle ne voulait pas d'une relation amoureuse, et surtout pas avec un collègue qu'elle croiserait à chaque coin de couloir.

Un instant plus tard, Karen lui tendait la mince enveloppe contenant son bijou.

Victoria alla la mettre à son oreille devant le miroir des toilettes.

— À bientôt ! lança-t-elle ensuite en direction de Karen, occupée à bavarder avec la réceptionniste.

Puis, voyant que les deux femmes ne la regardaient pas, elle fit trois pas de côté avant d'emprunter l'escalier dissimulé par les armoires contenant les dossiers des patients.

Cela lui arrivait encore quelquefois de le faire quand l'occasion se présentait, et elle en ressentait toujours autant d'excitation.

Elle grimpa les marches quatre à quatre.

Arrivée en haut, elle contempla le panorama nocturne.

La lune, énorme, argentait au loin la silhouette de Regent's Park. Tout en bas, les taxis et les autobus circulaient pendant que les protestataires continuaient d'agiter leurs pancartes malgré le froid.

Elle était une dure à cuire. Elle ne s'impliquait pas avec les patients, c'était la décision qu'elle avait prise dès ses débuts dans le métier. Mais ce lieu l'émouvait profondément. Ses murs contenaient tant d'histoires et son atmosphère tant d'espoir ! Et maintenant, il allait être vendu et peut-être rasé !

Sa disparition paraissait injuste... Presque une mauvaise action.

C'était un endroit qui appartenait aux gens. Il était à eux

tout comme il était à elle. Lorsqu'elle n'était encore qu'une petite fille, elle se sentait davantage chez elle à Paddington que dans la maison où elle vivait avec son père, c'est pourquoi elle supportait si mal l'idée que l'immeuble soit vendu.

Souvent, petite, elle errait dans les couloirs. Il lui arrivait de s'asseoir dans une cour intérieure pour lire. À d'autres moments, elle jouait dans les escaliers. Mais il y avait un endroit qu'elle aimait par-dessus tout et où elle passait beaucoup de temps à rêver.

C'était sans doute ce qu'elle était en train de faire à cet instant, car elle sursauta lorsqu'elle entendit une voix grave.

— Pardonnez-moi.

3

Après être allé voir ses patients dans les services où ils avaient été transférés, Dominic ne s'était pas senti prêt à rentrer chez lui. Il avait donc décidé de se réfugier un instant dans un endroit qui lui était devenu familier.

Il ne s'attendait pas à y trouver quelqu'un !

Malgré l'obscurité, les hauts talons, les cheveux lâchés, il reconnut aussitôt Victoria. À son attitude pensive et à la façon dont elle avait posé les mains sur le bord de la fenêtre, il comprit qu'elle souhaitait être seule.

— Pardonnez-moi, répéta-t-il lorsqu'elle se tourna vers lui, je ne pensais pas qu'il y aurait quelqu'un ici.

Elle lui adressa un sourire contraint.

— Pas de souci.

— Je vais vous laisser.

Elle secoua négativement la tête.

— Vous n'avez pas à faire ça.

Faisant quelques pas sur le parquet de bois, il la rejoignit près de la fenêtre.

— Je croyais être la seule à connaître cette cachette, dit-elle, mais apparemment je me suis trompée. Comment l'avez-vous découverte ?

— Peu de gens la connaissent... En tout cas, je n'y ai jamais rencontré personne, dit-il sans répondre directement à sa question, en se frottant les mains pour se réchauffer.

Le reste de l'hôpital bénéficiait du double vitrage, mais ici les vitres étaient minces, et deux d'entre elles étaient mêmes fêlées. Pourtant, malgré le froid, ce lieu était incroyablement paisible. Et la vue magique.

— Où exerciez-vous, avant d'arriver ici ? demanda Victoria.

— À Édimbourg.

— Alors, vous devez être habitué aux panoramas magnifiques !

Elle connaissait donc la ville qu'il aimait, édifiée autour du château et dominée par sa colline, appelée « le Siège d'Arthur ».

Se tournant vers elle, il vit un spectacle qu'il trouva tout aussi beau et il constata qu'elle semblait triste.

— Tout va bien ? demanda-t-il.

— Je suis juste un peu à plat.

— Un patient vous a bouleversée ? Penny ? suggéra-t-il.

Fronçant les sourcils, Victoria le dévisagea à son tour.

— Je ne me laisse pas affecter par les patients, surtout quand il s'agit d'un transfert de routine. Si c'était le cas, il vaudrait mieux que je change de métier.

— En tout cas, ce n'est sûrement pas moi qui vous ai contrariée.

Elle émit un petit rire.

— Non. Vous, je peux gérer.

Dès qu'elle eut prononcé cette phrase, Victoria se mordit la lèvre, bénissant la pénombre qui masquait sa rougeur, et elle changea précipitamment de sujet.

— Si vous voulez le savoir, je ne supporte pas que cet hôpital puisse être rasé ou transformé en appartements. J'ai pratiquement grandi ici.

— Vous étiez malade, étant enfant ?

— Non ! Mais mon père travaillait aux urgences, et il m'emmenait souvent.

En réalité, elle n'aurait pas pu préciser le nombre de fois où elle avait été prise en charge par des infirmières, des aides-soignantes, des secrétaires ou des réceptionnistes. Quant à sa mère... Elle faisait tout ce qu'elle pouvait pour oublier la femme qui l'avait abandonnée.

— Mon père travaille maintenant au Riverside... C'est le professeur Christie. Il est assez désagréable, lui aussi.

— Au risque de vous offenser, Victoria, je suis peut-être désagréable, mais je ne suis pas aussi glacial qu'un iceberg.

Loin de la blesser, le commentaire la soulagea plutôt.

En raison du statut de son père, les gens avaient tendance à le mettre sur un piédestal. Plus jeune, elle avait eu du mal à l'admettre. Aujourd'hui encore, ces compliments la mettaient mal à l'aise. La veille, lors de la cérémonie de remise de prix, elle avait écouté toutes les choses merveilleuses qu'on avait dites sur lui. Comme dans le conte d'Andersen *Les Habits neufs de l'empereur*, personne ne voyait que le souverain était nu... Sauf elle, apparemment.

En tout cas, jusqu'à maintenant.

— Je l'ai vu hier, dit-elle. Il semble que la fusion soit déjà décidée.

— C'est une honte !

— C'est pire qu'une honte. Cet endroit n'est pas seulement un hôpital, les gens se sentent rassurés quand ils amènent leurs enfants. Ça ne peut pas fermer !

— Faites quelque chose, alors.

— Moi ?

Elle baissa les yeux vers les protestataires qui battaient toujours la semelle sur le trottoir.

Même si elle se joignait à eux, ça ne suffirait pas !

— Battez-vous pour ce que vous aimez ! insista Dominic.

Elle hocha la tête sans répondre.

— Comment avez-vous trouvé cette pièce ? demanda-t-elle au bout d'un instant.

La réponse de Dominic la surprit.

— Je vous ai vue vous glisser derrière les armoires à dossiers, il y a deux mois. Dès que j'ai pu, j'en ai fait autant.

— C'est impossible ! Je fais toujours très attention à ce que personne ne me voie. De toute façon, si vous aviez été dans les parages, je l'aurais su...

Elle se tut brusquement, écarlate, consciente qu'elle venait d'admettre qu'elle était sensible à sa présence.

— Je discutais avec des parents dans la salle d'attente. Je vous ai aperçue de l'autre côté de la vitre.

— Évidemment, avec ma tenue verte, je suis bien reconnaissable.

— Je ne crois pas que ce soit à cause de la tenue, Victoria.

D'une certaine façon, il confirmait qu'il l'avait remarquée, lui aussi...

Elle émit un petit rire.

— Et ce soir, vous m'avez vue monter ?

— Non. Je cherchais juste un peu d'intimité... Je pensais que vous aviez terminé votre service ?

— C'est le cas, mais j'étais censée sortir, ce soir... Finalement, j'ai annulé.

Dominic crut avoir compris la raison de la tristesse de Victoria.

— Vous venez de rompre avec quelqu'un ?

Elle haussa les épaules.

— On ne peut pas parler de rupture quand il s'agit d'un second rendez-vous, dit-elle en souriant.

Si ce n'était pas la raison de sa contrariété, ce devait être la fermeture de Paddington, ainsi qu'elle le laissait entendre. D'ailleurs, quel homme serait capable de rompre avec une femme aussi éblouissante ?

— Je suis certain que votre cavalier doit être très déçu, déclara-t-il étourdiment. Enfin, je veux dire...

Il s'interrompit.

Quoi qu'il ajoute, il aurait l'air de la courtiser et il préférait qu'elle ne se méprenne pas sur ses intentions.

— Je crois plutôt que je nous ai rendu service à tous les deux, dit-elle. Il n'avait pas l'air de comprendre le concept des trois-huit... Mais, si ce n'est pas à cause de moi, qu'est-ce qui vous a amené ici ?

Visiblement, elle voulait en savoir davantage sur la journée difficile à laquelle il avait fait allusion.

— Je me trouve moi-même impliqué dans une situation... En fait, je ne suis plus vraiment impliqué, puisque je me suis sorti de l'équation. Quoi qu'il en soit, je ne suis pas près de m'engager à nouveau dans une relation.

— Tant mieux, parce que je n'ai aucune intention d'avoir une liaison avec un collègue.

C'était dit. Pourtant, dans cet espace restreint, la tension entre eux ne cessait de croître.

— Vous êtes marié ? demanda-t-elle.

— Non.

— Vous sortez avec quelqu'un ?

— Bien sûr que non !

C'était une question indiscrète, mais la réponse devait être importante pour Victoria, car l'atmosphère se réchauffa brusquement.

Tendant la main, il lui effleura la joue.

— Vous avez récupéré votre boucle d'oreille.

— C'est un cadeau de mon père.

— C'est plutôt sympa de sa part.

— Pas vraiment. Il l'a fait de façon ponctuelle et conformiste, quand j'ai eu dix-huit ans. S'il avait pris la peine de me connaître, il aurait su que je n'aime pas les diamants.

— Pourquoi ça ?

— Je ne crois pas aux contes de fées.

Victoria se figea, car les doigts de Dominic frôlèrent le lobe de son oreille, lorsqu'il examina le bijou. S'il avait été n'importe qui d'autre, elle l'aurait repoussé.

N'importe qui d'autre.

Pourtant, elle le provoqua.

— C'est l'autre que j'ai perdue. Vous vous trompez de côté.

Il prit son visage entre ses deux mains.

C'était une folie, et elle était persuadée que Dominic le savait tout comme elle, mais l'attirance entre eux était plus forte que la raison.

— Victoria, je ne suis pas en mesure de m'engager dans une relation amoureuse actuellement.

Les paumes de Dominic étaient toujours posées sur les joues de Victoria, et elle sentait la brûlure de ses doigts contre sa peau. Pourtant, elle avait bien compris ce qu'il était en train de lui dire : quoi qu'il arrive ce soir, cela n'irait pas plus loin.

— Il n'y a pas de souci.

Elle était sincère.

Il lui enlaça la taille et plongea les doigts dans ses cheveux.

— Si tu n'aimes pas les diamants, qu'est-ce que tu aimes ? murmura-t-il.

— Ça.

Leurs lèvres se trouvèrent, et leur douce pression à la fois tiède et légère fut délicieuse. Le goût de Dominic l'enivra tandis que sa langue se glissait à la rencontre de la sienne.

Au début, ce fut un baiser tendre, ils se goûtaient mutuellement, mais la passion finit par l'emporter.

La prenant par la nuque, Dominic l'attira contre lui et l'embrassa avec une ardeur qui la transporta.

— Je n'ai pas ce qu'il faut sur moi, souffla-t-il en s'écartant.

— Moi, si.

Elle se rapprocha de la fenêtre pour fouiller dans son sac, priant pour que le préservatif y soit toujours.

— Je l'ai !

Elle n'avait jamais été aussi contente de trouver un préservatif !

Dominic, qui se tenait derrière elle, lui ôta son manteau et le déposa sur le rebord de la fenêtre. Soulevant ses cheveux, il déposa un baiser sur sa nuque. Puis, lui entourant la taille d'un bras, il retroussa sa robe pour glisser les doigts entre ses jambes, là où elle était humide.

Tandis qu'il la caressait lentement, elle ferma les yeux de plaisir. Il la serrait si fort contre lui qu'elle sentait son sexe dressé contre ses reins.

Elle tremblait un peu, désireuse de se tourner vers lui tout en souhaitant prolonger cet instant délicieux.

— Éloignons-nous de la fenêtre, dit-il en l'entraînant vers un mur plongé dans l'ombre.

Il fit glisser son slip le long de ses jambes, et elle s'en débarrassa en l'écartant du pied.

De nouveau, il l'embrassa passionnément, les mains posées sur ses hanches. Cette fois, elle sentait la pression de son érection contre son ventre. Tandis qu'il pliait les genoux, elle se hissa sur la pointe des pieds pour sentir contre son intimité la chaleur de son sexe.

Dominic lui caressait les seins à travers le tissu.

— J'aurais voulu te retirer cette robe, souffla-t-il.

Mais c'était impossible parce que leurs bouches refusaient de s'éloigner l'une de l'autre plus d'une seconde. Ils auraient voulu être nus et se caresser l'un l'autre pendant des heures, mais leurs corps ne leur accordaient que quelques minutes.

Poussant un gémissement de désir, elle s'appliqua à le libérer de son pantalon de chirurgien et de son caleçon. Enfin, elle prit son sexe dans sa paume, savourant sa douceur et sa dureté à la fois.

Dominic déroula le préservatif le long de son membre. Quand ce fut fait, il lui retroussa sa robe encore plus haut, prit sa jambe droite et la cala autour de sa propre hanche.

Elle se tenait en équilibre sur un seul escarpin à talon haut, mais il la tenait fermement, et le mur était solide derrière elle. Enfin, Dominic s'enfonça en elle.

Elle n'avait jamais rien connu d'aussi puissant. Tout comme elle, il se donnait tout entier. Sa vigueur était enivrante. Pour la première fois, elle avait le sentiment d'avoir trouvé le partenaire idéal.

Dominic avait l'une des mains posée dans le dos de Victoria, il sentait le frottement de la pierre contre ses articulations, mais c'était à peine si son esprit l'enregistrait.

Elle était extraordinaire ! Elle suscitait tant de désir en lui que c'en était presque de la colère.

Il donna des coups de boutoir de plus en plus rapides, tandis qu'elle laissait échapper des gémissements syncopés.

— Là… Maintenant, supplia-t-elle.

D'ordinaire, il se retenait plus longtemps, mais il n'avait pas fait l'amour depuis des siècles, et il la voulait tellement.

Exauçant sa prière, il la souleva contre le mur et se perdit en elle.

Victoria sentit les doigts de Dominic s'enfoncer dans la chair de ses fesses tandis qu'il la prenait contre le mur.

Elle était au septième ciel, ivre de désir. Leurs visages étaient pressés l'un contre l'autre. Elle aurait voulu sentir sa bouche sur la sienne, mais elle n'en avait plus le temps car elle commençait à jouir.

La sentant trembler contre lui, Dominic s'abandonna à son tour à la jouissance.

Elle crut se consumer de plaisir. Jamais elle n'avait connu un orgasme aussi puissant !

Finalement, elle trouva sa bouche et s'abreuva de son baiser. Ils restèrent un long moment front contre front, savourant les dernières vagues de volupté et respirant le même air, jusqu'à ce qu'il la dépose doucement par terre. Puis, après un dernier long baiser, il rompit le contact et s'écarta du mur.

Elle rabaissa les pans de sa robe et ramassa son slip, mais ses jambes tremblaient tellement qu'elle se sentait incapable de l'enfiler. Jamais elle ne s'était laissée aller ainsi...

Dominic émergea de l'ombre, rhabillé mais les cheveux emmêlés.

La situation aurait pu être embarrassante, mais il n'y avait aucune gêne entre eux. Ce qui venait de se passer était très éloigné de sa nature, pourtant elle se sentait totalement libérée. Et tellement féminine !

Avec Dominic MacBride, elle venait de se trouver.

— On dirait que je viens de me battre, marmonna-t-il en examinant sa main à la lueur de la lune.

Elle prit ses doigts dans les siens et ne put s'empêcher de sourire.

— Vous allez avoir du mal à expliquer ces égratignures, docteur !

L'abandon avec lequel Victoria s'était donnée à lui stupéfiait Dominic.

Cela faisait longtemps qu'il la désirait, c'est pourquoi il l'avait prise avec une sorte de brutalité, se délectant des gémissements qu'elle avait laissés échapper. Pour autant, ce qui venait de se passer ne lui ressemblait absolument pas, et il se savait incapable de s'engager sentimentalement.

— Victoria..., commença-t-il.

Mais il ne savait pas trop ce qu'il pourrait dire.

Le voyant hésiter, elle parla à sa place.

— Tu n'as pas à expliquer quoi que ce soit, tu sais.

— Tu en es certaine ?

— Oui.

Sur ces mots, ils échangèrent un long baiser, et ce fut elle qui y mit fin.

— Je m'en vais, dit-elle.

Comme elle s'éloignait, il lança :

— Qu'est-ce que tu aimes, si tu n'apprécies pas les diamants ?

Elle ouvrit la porte en riant.

— Les perles !

Resté seul, il regarda autour de lui.

La lune brillait dans le ciel nocturne, l'atmosphère de la pièce était encore chargée de sensualité.

Jusqu'alors, il n'avait jamais accordé d'intérêt aux perles que sa mère et sa grand-mère arboraient en certaines occasions. Il ne les avait jamais trouvées très sexy...

Mais c'était le cas désormais.

4

— Tu es enceinte ?

Victoria, assise dans le bureau de son père au Riverside Hospital, regarda celui-ci ôter ses lunettes et les nettoyer.

Lorsqu'elle avait eu ses premières règles, il avait eu à peu près la même réaction. Un étonnement mêlé d'irritation. Ce n'était pas tellement ce qu'elle lui disait qui l'ennuyait, mais le fait d'être obligé d'en parler.

Pourquoi était-elle venue ? Elle n'en savait rien.

Son père était un homme brillant mais parfaitement égocentrique. Elle avait lu quelque part que de très mauvais parents font parfois des grands-parents formidables. Déchargés de la responsabilité impliquée par la paternité ou la maternité, ils apprécient l'expérience. Elle avait sincèrement espéré que ce serait le cas pour son père et que leur relation s'améliorerait. Mais apparemment, elle s'était trompée, si elle en croyait la froideur de sa réaction. De toute façon, il n'y avait jamais eu de véritable lien entre eux. Depuis la réception, ils ne s'étaient ni revus ni téléphoné, bien qu'elle ait tenté de le faire.

— Tu en es à combien ? demanda le professeur Christie.

— Deux mois.

— Tu veux cet enfant ?

Elle devina qu'il faisait allusion à un possible avortement.

— Oui, dit-elle.

Elle le regarda parcourir les notes posées sur son bureau.

— Qu'en dit le père ? s'enquit-il en relevant les yeux.

— Je ne le lui ai pas encore dit. Nous ne sommes pas ensemble ou quelque chose de ce genre. Il est en Écosse pour son congé annuel.

C'était du moins ce qu'on lui avait dit.

— Eh bien, il va être agréablement surpris à son retour !

Ce sarcasme évident confirmait tout ce qu'elle imaginait que son père pensait de la paternité.

— Victoria, continua-t-il, il va falloir que tu réfléchisses sérieusement. Être parent célibataire, ce n'est pas facile... Je suis bien placé pour le savoir. Cela interférera dans tous les aspects de ta vie et freinera l'évolution de ta carrière.

Elle retint une réponse cinglante.

La dernière réception à laquelle ils avaient participé tous les deux avait été donnée en l'honneur de son père, et elle ne voyait pas en quoi sa propre naissance avait entravé sa carrière. Mais, dans l'univers narcissique du professeur Christie, il n'y avait aucune place pour quelqu'un d'autre que lui-même.

— Je ne pourrai pas t'aider financièrement, précisa-t-il.

En effet, il avait un certain nombre de pensions alimentaires à payer.

— Je ne t'ai rien demandé !

Et c'était vrai. Dès qu'elle avait terminé ses études, elle avait quitté la maison familiale et n'avait jamais sollicité son père pour quoi que ce soit. Pourtant, elle s'apprêtait à le faire.

— Il y a quand même quelque chose que je souhaite... Je veux que mon enfant naisse à Paddington.

— Ils ne prennent que les cas compliqués.

— Pas toujours.

Elle s'abstint de préciser qu'elle était née elle-même à Paddington et que les membres du personnel obtenaient le plus souvent cette faveur.

— Cet hôpital va fermer.

— Pas forcément, et si ça arrive avant mon accouchement je serai adressée ailleurs. Mais en attendant, je voudrais être suivie là-bas pendant ma grossesse. Tu peux m'y faire admettre ?

— Je vais voir ce que je peux faire.

Elle secoua la tête sachant que, dès qu'elle aurait franchi la porte de son bureau, il oublierait cette conversation.

— Maintenant ! Je veux être examinée avant d'en parler à mes collègues.

— Victoria, j'ai du travail !

Pour se débarrasser du désagrément qu'elle lui causait, son père passa quelques coups de fil, et finalement elle fut inscrite sur les registres de la maternité de Paddington.

— Tu dois passer une échographie avant que le médecin te voie, dit le professeur Christie.

Il l'informa qu'elle avait rendez-vous le lendemain et que le formulaire d'admission l'attendrait à la réception. Pour finir, il lui conseilla de revoir sa décision.

— Je te suggère de bien réfléchir avant de t'engager là-dedans, Victoria.

Cela faisait mal... À bien des égards.

Elle savait que son père n'avait jamais voulu d'elle et elle était certaine que, si sa mère ne l'avait pas fait la première, il serait parti.

En gagnant la porte, elle se retourna et constata qu'il l'avait déjà oubliée. Il s'était replongé dans son travail alors qu'elle n'avait pas encore quitté la pièce !

Dominic avait raison, cet homme était aussi glacial qu'un iceberg.

— Je comprends pourquoi ma mère t'a quitté, lança-t-elle.

Le professeur Christie leva les yeux et la fixa pendant un long moment. Mais, avant de revenir à ses notes, il eut le dernier mot :

— Elle t'a quittée aussi, Victoria.

Le lendemain, Victoria ne cessa de ressasser ces paroles, et cela assombrit sa journée.

— Tu es bien silencieuse, remarqua Glen pendant qu'ils roulaient en direction de Paddington.

Il lui avait proposé de l'accompagner à son échographie. Elle avait refusé, mais elle avait été touchée qu'il la conduise à l'hôpital.

Évidemment, il avait deviné qu'elle était enceinte. En revanche, il ignorait l'identité du père.

Ils travaillaient ensemble et, quand elle avait commencé à prendre la teinte verdâtre de sa tenue, il lui avait demandé si tout allait bien. Bien entendu, elle avait affirmé qu'elle se portait comme un charme. Et puis, deux jours auparavant, il était allé droit au but :

— Hayley souffrait d'horribles nausées matinales quand elle attendait Ryan.

Difficile de nier une grossesse quand vous étiez assise à l'arrière de l'ambulance, en train de vomir dans un bassin.

— Tu dois le dire aux autres, déclara Glen.

— Je sais, répondit-elle en fermant les yeux.

Cela commençait à devenir réel. Les deux dernières semaines, elle avait été dans le déni, mais maintenant elle affrontait la réalité et elle savait qu'elle devrait en parler un jour ou l'autre à ses collègues.

Elle devait terminer la semaine, ensuite elle aurait son congé annuel et, au retour, elle annoncerait la nouvelle.

— Il faut aussi que tu le dises au père.

— Merci, Glen ! répliqua-t-elle sèchement.

— Écoute-moi, Victoria...

Elle se tourna vers lui.

— Non ! J'ai accepté que tu m'amènes à l'hôpital, pas que tu me fasses un sermon.

Mais Glen avait raison, Dominic avait le droit d'être mis au courant. Quand il reviendrait d'Écosse, elle lui parlerait...

S'il revenait. Après tout, elle le connaissait à peine, et il pouvait très bien décider que sa région d'origine lui manquait.

Depuis deux mois, ils se comportaient comme de parfaits étrangers. Il était toujours aussi ronchon, et elle se conduisait avec la même assurance qu'avant. En fait, si elle n'avait pas été enceinte, ce qui s'était passé entre eux aurait pu être un rêve.

Son rêve préféré, pour dire la vérité.

— Tu ne veux vraiment pas que je vienne avec toi ? demanda Glen.

Comme si elle avait besoin qu'on lui tienne la main !

— Pour une échographie ?

— À chaque fois, Hayley était nerveuse et...

— Je ne suis pas Hayley et je me débrouillerai très bien toute seule.

En réalité, elle préférait être seule. Après tout, elle avait l'habitude !

Un instant plus tard, elle se dirigeait à travers les couloirs familiers vers la radiologie.

— On a pris un peu de retard, lui dit la réceptionniste à qui elle remit en arrivant le formulaire rempli au préalable.

— Pas de problème, répliqua Victoria.

Mais elle était pressée d'aller aux toilettes. On lui avait dit de boire beaucoup avant le rendez-vous afin d'avoir une meilleure vue du bébé.

Heureusement, elle s'était attendue à devoir attendre et elle avait beaucoup à faire.

À part un bébé, quelque chose d'autre avait germé dans son esprit, ce fameux soir ! Elle avait décidé d'utiliser sa position au comité d'entreprise pour lancer une campagne contre la fermeture de Paddington. Les participants se retrouvaient chaque semaine au Frog and Peach, et une réunion était prévue le soir même.

Malheureusement, beaucoup de gens pensaient que Paddington fermerait, quoi qu'on fasse. La petite annonce dans la presse ne semblait pas avoir suscité un grand enthousiasme, et elle ne savait pas trop ce qu'elle allait suggérer. Rosie, une infirmière pédiatrique, ainsi que Robyn, qui dirigeait la chirurgie, la soutenaient. Elle espérait les rencontrer avant la réunion.

Elle expédia un certain nombre de SMS pour rappeler à tous que leur présence était requise, puis elle répondit à quelques mails. Mais, bien qu'elle soit passionnée par ce combat, elle ne parvenait pas à se concentrer comme elle l'aurait voulu. Elle ne l'aurait jamais avoué à Glen, mais elle se sentait nerveuse.

Elle était assise à côté d'une femme à la grossesse très avancée accompagnée par sa mère.

Quand elle-même n'avait pas encore un an, la sienne avait décidé qu'elle n'était faite ni pour la maternité ni pour le mariage, et elle était partie. Depuis, elle ne l'avait pas revue. Pas une seule fois. Elle avait dû se contenter de deux photos qu'elle conservait dans un tiroir de sa table de chevet.

En grandissant, elle avait posé des questions auxquelles son père avait refusé de répondre. Elle ne savait à peu près rien de cette femme, hormis le fait qu'elle avait travaillé à Paddington.

Par la suite, elle s'était dit que son père était tellement odieux que son épouse avait fini par le quitter, en proie à la dépression… Enfin, quelques années auparavant, elle avait supposé qu'une mère ne peut pas disparaître ainsi sans se soucier de son enfant. La sienne devait donc être morte.

Quel choc elle avait eu en découvrant grâce aux réseaux sociaux que sa mère était bel et bien vivante ! Celle-ci habitait en Italie, elle était mariée et avait deux grands fils.

Mais sa fille ne méritait même pas une carte postale !

Victoria avait tenté de la contacter, mais elle n'avait obtenu aucune réponse. Ce silence avait constitué le coup final, et elle en avait conclu qu'elle ne se laisserait plus jamais blesser par cette femme.

Pourtant, aujourd'hui, elle l'était. Assise dans cette salle d'attente, elle était jalouse de l'inconnue assise auprès d'elle, accompagnée par sa mère.

Elle s'efforça de se concentrer sur ses mails, mais elle entendit les portes s'ouvrir et dut replier les jambes pour laisser passer un lit roulant sur lequel se trouvait un patient.

L'enfant pleurait, et elle le regarda pour tenter de deviner de quoi il souffrait. C'est alors qu'elle vit Dominic qui marchait près de lui.

D'habitude, ils s'ignoraient mutuellement ou ne parlaient que de leurs patients, mais cette fois leurs regards se croisèrent, et elle le vit froncer les sourcils.

Il avait de quoi être étonné. Elle était assise dans la salle d'attente de la radiologie, après tout !

Il ne pouvait pas s'arrêter car l'enfant paraissait très mal, mais il lui jeta un coup d'œil interrogateur en passant.

À ce moment, le téléphone de Victoria vibra, et elle put légitimement détourner les yeux.

Dès qu'elle lut le message, elle oublia tout.

Incident majeur.

Tous les membres du personnel disponibles doivent rejoindre la station.

Parfois, il s'agissait de fausses alertes, mais son instinct lui disait que la situation était grave. Elle jeta un coup d'œil à l'écran de télévision accroché au mur, mais la nouvelle n'était pas encore diffusée. Puis son téléphone vibra une seconde fois, et elle sut que l'échographie devrait attendre.

La première chose à faire était d'aller aux toilettes !

Ce problème réglé, elle prévint la réceptionniste qu'elle était ambulancière et qu'elle devait partir.

— Je téléphonerai pour reprendre rendez-vous, précisa-t-elle.

Pendant qu'elle s'éloignait en courant, Glen l'appela pour l'avertir qu'il passait la prendre à l'hôpital.

La situation devait être particulièrement critique, car elle vit Dominic sortir précipitamment du service de radiologie, ayant sans doute confié son patient à un autre médecin.

— Tu sais ce qui se passe ? lui demanda-t-elle lorsqu'il la rejoignit.

— Non.

Il la dépassa rapidement. Lorsqu'elle arriva aux urgences, il partait sur les lieux de l'accident, nanti d'un casque de protection. Il grimpa dans une ambulance, suivi de Karen qui apportait le précieux sang O négatif conservé aux urgences pour des occasions comme celle-ci.

Lorsqu'elle grimpa dans sa voiture, Glen lui rapporta le peu qu'il savait.

— Il y a un incendie à Westbourne Grove, dit-il en démarrant dès qu'elle eut fermé la portière.

Habituée à dissimuler ses sentiments, elle ne répondit pas, mais son cœur se mit à battre plus vite.

Dans ce quartier, il y avait une école primaire, et on était en semaine...

Glen confirma son pressentiment.

— C'est plutôt moche. Il paraît que des enfants sont coincés dans la bâtisse, précisa-t-il, la mine sombre.

— Tes gamins ne sont pas inscrits dans cette école, au moins ? demanda-t-elle.

— Non, Dieu merci !

Il y eut un silence, et elle devina que Glen imaginait ses enfants pris au piège dans un incendie.

Trois mois auparavant, alors qu'ils avaient été appelés sur les lieux d'un accident de moto particulièrement grave, Glen avait commencé à établir des liens avec sa propre famille. Cette façon de tout prendre sur un plan personnel n'avait fait qu'empirer. Elle l'avait averti plusieurs fois qu'il finirait par être obligé de prendre un congé pour cause de stress, s'il continuait ainsi. Elle lui avait même suggéré d'en parler à quelqu'un.

— Je vais très bien, avait-il répliqué. D'ailleurs, tout le monde a son talon d'Achille… Sauf toi, Victoria, avait-il plaisanté.

Mais elle savait très bien qu'elle refoulait ses sentiments au point que le collègue en qui elle avait toute confiance ignorait ce qui se passait dans sa tête.

Pourtant, elle se demandait parfois si Glen avait raison, et si ses réactions étaient plus normales que les siennes.

5

Chaque minute comptait. Dès qu'ils arrivèrent à la station, Victoria jaillit hors de la voiture pour aller se changer.

De nombreuses ambulances étaient déjà parties, et le personnel en congé arrivait en renfort.

Après avoir gagné le vestiaire des femmes, elle ôta son jean et son chemisier pour enfiler sa tenue et ses bottes. Elle alla ensuite chercher une radio et rejoignit Glen, déjà au volant du véhicule d'intervention rapide qui leur avait été affecté.

Ils s'aperçurent rapidement que la circulation était très dense. Des ambulances, sans doute les premières à être arrivées sur les lieux de l'accident, revenaient à Paddington. En plus des ambulances, il y avait des camions de pompiers, des véhicules de police et même des secouristes juchés sur des motos.

Apparemment, il allait falloir du temps pour parvenir à destination !

Glen actionna le gyrophare et la sirène. Les conducteurs s'écartaient, grimpant même sur les trottoirs pour les laisser passer, mais les rues étaient embouteillées.

Finalement, ils arrivèrent devant l'école.

Des voix résonnaient de tous côtés dans les radios. Des enfants étaient sortis du bâtiment, et les pompiers ne cessaient d'y entrer ou d'en sortir pour libérer ceux qui étaient piégés à l'intérieur. Pour la plupart, ils avaient été évacués et alignés dans la cour de récréation, loin de l'incendie. Il fallait constamment les compter, mais des parents affolés commençaient aussi à se présenter, et la police avait du mal à les contenir. Bien sûr, ils voulaient vérifier par eux-mêmes que leur enfant était sain et sauf.

— Espérons que tous les enfants ont été évacués, dit-elle lorsqu'ils purent enfin évaluer la situation du regard.

Une fumée noire et épaisse s'élevait dans l'air lorsqu'ils franchirent les cordons de sécurité. Certains parents devaient être retenus physiquement parce qu'ils ne comprenaient pas que, si on les laissait passer, ils ne feraient qu'accentuer le chaos.

On leur demanda de garer leur véhicule derrière les camions de pompiers, puis ils sortirent le brancard et leur matériel. Dans la cour de récréation, des pompiers aspiraient de l'oxygène. Plus loin, des enfants alignés pleuraient, visiblement choqués et terrifiés.

Du moins, ils étaient sains et saufs ! D'autres avaient eu moins de chance, et ceux qui étaient le plus gravement touchés étaient soignés sur le terrain de sport.

Elle aperçut Dominic et deux infirmiers en train d'envelopper un petit corps dans une couverture de survie pour le protéger pendant le transport.

Les enseignants comptaient sans arrêt leurs élèves. Selon les estimations, il en manquait encore deux, sans doute toujours dans le bâtiment.

Quand l'enfant brûlé eut été installé sur un brancard, un ordre retentit.

— Reculez ! cria un officier des pompiers. Une des structures internes du bâtiment va s'effondrer.

On avertit Glen et Victoria que la prochaine victime serait pour eux, que ce soit un enfant, un membre du personnel scolaire ou un pompier. Pour l'instant, ils ne pouvaient que regarder et attendre.

Il y eut une violente explosion, suivie d'un silence de mort.

Dominic, qui était en train d'installer l'une des victimes dans une ambulance, se retourna.

Des enfants et des pompiers étaient encore en danger.

Il avait été formé pour gérer ces situations et, dès que son patient fut entre de bonnes mains, il se mit à courir vers l'endroit où se trouvaient les secouristes.

Il vit un pompier émerger du feu, portant un enfant, et Victoria se précipiter vers eux avec Glen sans qu'il puisse rien faire pour les retenir.

Furieux qu'ils enfreignent ainsi les consignes de sécurité, il leur cria de revenir. En vain.

On avait prévenu Victoria qu'une seconde explosion pouvait succéder à la première mais, quand il s'agissait de sauver des vies, elle n'écoutait que son instinct.

Le pompier semblait mal en point. Lorsqu'elle parvint à son niveau, il tomba à genoux. Elle devina qu'il était blessé et qu'il avait rassemblé toutes ses forces pour sortir l'enfant de la bâtisse. Il avait besoin d'aide. Mais, pour l'instant, elle s'inquiétait davantage du petit garçon.

Le prenant dans ses bras, elle le porta jusqu'à l'aire de jeux et l'étendit sur le sol. Blessé au niveau du cou, il saignait abondamment. Si on ne stoppait pas très vite l'hémorragie, il mourrait rapidement. Elle comprima la plaie de ses doigts gantés. Glen, qui avait lui aussi ignoré les consignes, lui tendit des compresses, mais elle ne parvint pas au début à endiguer le saignement. Lorsqu'elle trouva enfin le point de rupture, elle laissa échapper un soupir de soulagement.

Levant les yeux, elle vit Dominic accourir. En arrivant près d'elle, il explosa.

— Qu'est-ce qui vous a pris à tous les deux de désobéir aux ordres ?

Elle lui jeta un regard signifiant que, pour l'instant, elle était trop occupée pour se disputer avec lui.

— C'est une veine, dit-elle.

Il s'agenouilla pour examiner l'enfant, et elle comprit à son silence qu'il était du même avis.

Si une artère avait été touchée, il aurait perdu tout son sang et serait mort avant même que le pompier vienne le secourir.

Glen plaça le masque à oxygène sur le petit visage pendant

que Dominic posait une perfusion de sérum et prélevait un peu de sang pour une analyse ultérieure. En attendant de connaître son groupe, il appela Karen pour qu'elle apporte du O négatif.

Lors de ces accidents majeurs, le O négatif était précieux, puisqu'il pouvait être transfusé à tous les patients.

— Il faut qu'il parte immédiatement pour Paddington, dit Dominic.

Regardant autour d'elle, Victoria aperçut un collègue.

— Tu peux rapprocher l'ambulance ?

Au même instant, elle vit un autre pompier qui sortait du bâtiment, un enfant roux dans les bras. Il semblait inanimé. Une autre équipe les prit en charge, aussi se focalisa-t-elle sur son petit patient.

Un enseignant s'approcha d'eux pour l'identifier.

— Il s'appelle Lewis Evans. Sa mère est là, elle est hors d'elle.

— Dites à la police de l'emmener à l'hôpital, fit Dominic. Je lui parlerai là-bas. Je vais accompagner ce garçon à Paddington, ajouta-t-il à l'intention de Victoria.

Il ne fut pas facile d'installer le blessé dans l'ambulance. Quand on l'étendit sur le brancard, elle perdit le point de saignement pendant quelques secondes. Ce fut suffisant pour savoir qu'il ne fallait pas que cela se reproduise.

L'ambulance parcourut les rues à toute vitesse en direction de l'hôpital. La police contrôlait la circulation pour permettre aux véhicules de secours d'accélérer.

Agenouillée par terre, Victoria avait mal au bras. Dominic contacta Paddington. Il expliqua qu'il fallait préparer un bloc et demanda qu'un chirurgien cervico-facial les attende.

À cet instant, l'enfant battit des paupières.

La transfusion et l'oxygène commençaient à faire effet.

— Eh, Lewis ! dit-elle. Ne bouge surtout pas ! Tu es dans une ambulance, et nous t'emmenons à l'hôpital.

Lewis ne réagit pas, mais elle continua de lui parler d'une voix calme et rassurante comme s'il pouvait l'entendre :

— Je m'appelle Victoria. Tu vas bien. Je sais que tu as peur et que tu as mal, mais tout va bien se passer. J'ai juste besoin que tu ne bouges pas.

Levant les yeux, elle vit que Dominic lui proposait de l'eau, et elle acquiesça d'un signe.

Il lui tint la tête, et elle put avaler quelques gorgées. Enfin, le bâtiment familier fut en vue.

Mais elle ne pouvait pas encore se détendre. Lewis avait perdu beaucoup de sang, son cœur battait très vite, et sa tension était trop basse.

Un instant plus tard, le brancard fut doucement abaissé pour qu'elle puisse maintenir sa position.

— Surtout, ne relâche pas la pression, dit Dominic.

Elle leva ostensiblement les yeux au ciel.

Comme si elle ne connaissait pas son métier !

Un véritable chaos régnait devant l'hôpital. Certains parents étaient venus directement pour tenter d'en savoir un peu plus, et il y avait aussi des journalistes — sans compter les curieux qui appréciaient d'assister à l'infortune de leurs semblables. Ce fut un soulagement de franchir les portes de Paddington.

Au lieu de se rendre aux urgences, ils furent orientés vers un ascenseur qu'on avait gardé ouvert pour eux.

Au bloc, l'efficacité de l'équipe était telle que Dominic repartit en courant vers les urgences, où l'on pouvait avoir besoin de lui.

Il régnait à cet endroit une atmosphère calme et reposante. Le chirurgien cervico-facial avait fini de se brosser les mains, et il discutait avec l'anesthésiste de la meilleure approche possible pour traiter Lewis.

Le jeune garçon était maintenant transfusé, et on lui avait administré des sédatifs avant de l'intuber.

Victoria s'efforça d'ignorer que la tête lui tournait. Mais il lui semblait qu'elle maintenait cette pression sur la veine rompue depuis très longtemps maintenant.

— J'en ai encore pour longtemps ? demanda-t-elle lorsque des étoiles commencèrent à danser devant ses yeux.

Avait-on perçu sa détresse ou l'équipe était-elle prête maintenant ? Une infirmière la relaya auprès du petit patient.

— Viens, dit Glen.

Il la guida hors du bloc.

Dans le couloir, elle se pencha en avant, posa les mains sur ses cuisses et inspira profondément. Mais, comme cela ne suffisait pas, elle s'assit par terre, replia les jambes et posa la tête sur ses genoux.

— Il faut qu'on retourne à l'école ? demanda-t-elle.

— Non. On n'a plus besoin de nous, maintenant.

Sans lever les yeux vers son collègue, elle insista :

— Ils ont sorti tout le monde ?

— Je crois, oui. Certains patients ont été emmenés à Riverside, mais ils sont ici pour la plupart. Tu veux boire ?

Un instant plus tard, Glen revint avec une bouteille d'eau, et elle but de longues et bienfaisantes gorgées.

Après s'être désaltérée, elle rejeta la tête en arrière.

Elle souffrait moins de vertige, mais elle avait besoin de réfléchir aux raisons qui l'avaient poussée à se lancer en direction du bâtiment en feu. C'était l'instinct professionnel, elle le savait, mais désormais elle était responsable d'une autre vie que la sienne.

Affaissée contre le mur, elle aperçut Dominic qui venait vers eux. À ses sourcils froncés, elle devina qu'il était furieux.

— Comment va le petit rouquin ? demanda Glen.

— Je viens juste de l'amener en radiologie pour un scan du cerveau. Je l'ai confié à Alistair, le neurochirurgien.

Il se tenait debout devant elle, et elle devina qu'il attendait qu'elle le regarde. Lorsqu'elle le fit, il la fixa avec hostilité, même s'il s'exprimait calmement.

— Il est dans un état grave ? demanda Glen.

— Glasgow à 6, répondit Dominic. Il se cachait dans un placard.

— Pauvre petit bonhomme, commenta-t-elle.

Dominic s'adressa alors à elle.

— Est-ce que tu ignores toujours les ordres ? On t'avait dit de rester en retrait parce que le bâtiment pouvait s'écrouler !

— J'ai vu que le pompier avait des difficultés, et aussi que l'enfant saignait beaucoup.

N'ayant aucune envie de discuter avec Dominic de l'impulsion qui l'avait incitée à agir, elle se tourna vers Glen.

— Retournons à l'ambulance.

— Un instant…

Elle se retourna en reconnaissant la voix de Robyn Kelly, le chef du service de chirurgie.

Tout comme elle, Robyn se battait pour sauver Paddington.

— Dominic, dit la chirurgienne, nous aurions besoin que vous vous adressiez à la presse.

Dominic hocha la tête. Maintenant que le calme était rétabli, il fallait en effet parler aux journalistes.

— Vous aussi, Victoria.

— Moi ?

— Ils veulent un représentant de tous les personnels qui ont été les premiers sur les lieux, expliqua Robyn. Voyez par vous-même, ajouta-t-elle en désignant du menton l'écran de télévision accroché au mur de la salle de repos réservée aux équipes médicales.

Les informations passaient sur l'écran. L'incendie n'était pas encore totalement éteint, mais les pompiers commençaient à le maîtriser. En bas à droite, on voyait Dominic et Victoria penchés sur le petit Lewis, s'efforçant ensemble de lui sauver la vie.

— Une journaliste, Angela Marton, vient de faire remarquer que la situation aurait été bien pire si Paddington n'avait pas été aussi proche. Les gens en parlent sur les forums et à la radio. Finalement, cette fusion avec Riverside suscite une certaine indignation.

— Tant mieux ! s'exclama Victoria.

Elle s'efforça de ne pas regarder Dominic pendant que Robyn leur expliquait qu'ils allaient poser tous les deux sur l'affiche diffusée pour la défense de Paddington.

Quand Robyn les quitta, Victoria, Dominic et Glen gagnèrent la sortie de l'hôpital où avait lieu la conférence de presse.

Victoria fut immédiatement rejointe par son supérieur hiérarchique, qui lui donna quelques instructions : la police parlerait en premier, puis les pompiers, et enfin Dominic. Ensuite, elle dirait elle-même quelques mots sur les interventions des ambulanciers.

— Le dernier enfant à avoir été sorti, lui dit son chef, s'appelle Ryan Walker, et il a six ans.

— Très bien, fit Victoria en évitant de regarder Glen.

Son fils s'appelait Ryan. Elle savait que cette coïncidence allait le bouleverser.

Elle prit donc sa place dans la rangée des intervenants.

Elle réfléchissait à la façon dont elle allait présenter les choses, mais elle avait aussi une conscience aiguë de l'homme qui se trouvait près d'elle et dont elle percevait la tension.

Les caméras se braquèrent sur eux.

— Il faut qu'on parle, souffla-t-elle.

— C'est évident, lâcha Dominic entre ses dents serrées.

Elle se tourna vers lui, se demandant s'il était contrarié qu'ils doivent poser ensemble pour cette affiche ou s'il avait deviné ce qu'elle voulait lui annoncer.

6

Dominic soupçonnait la raison pour laquelle Victoria voulait lui parler. Il la revoyait assise par terre, appuyée au mur, le visage très pâle…

Il s'efforça de chasser l'idée qui s'était emparée de lui.

N'importe qui aurait pu se sentir un peu faible après de tels événements, et elle avait dû maintenir la pression sur le cou de Lewis pendant très longtemps. Mais il s'était aperçu qu'elle évitait de le regarder…

En tout cas, il était bien décidé à ne pas jouer les dindons de la farce une seconde fois !

La conférence de presse se passa bien. Il démontra que le succès de ce sauvetage était dû aux efforts de toutes les équipes. Ensuite, Victoria précisa que les patients les plus gravement blessés avaient pu être sauvés grâce à la proximité de Paddington.

Quand les journalistes se furent dispersés, il retourna dans l'hôpital où régnait encore une odeur de fumée : en dehors des enfants, il y avait des blessés parmi les pompiers et les secouristes. Enfin, en début de soirée, il fut libéré de ses obligations.

Il travaillait depuis 7 heures du matin et, après douze heures mouvementées, il aurait pu rentrer chez lui. Au lieu de cela, il prit une douche, puis il enfila un jean noir et une chemise avant de se rendre au Frog and Peach, où les militants pour le maintien de Paddington devaient se réunir.

En arrivant, il apprit que, en raison des événements, la

réunion se tiendrait deux jours plus tard dans l'amphithéâtre de l'hôpital.

Ce soir, personne ne se sentait assez d'énergie pour soutenir une discussion mais, après ces émotions, tout le monde avait besoin de se détendre, aussi le pub était-il bondé et bruyant.

Il aperçut Victoria, vêtue d'un jean et d'un haut couleur rouille, qui bavardait avec Rosie, une infirmière pédiatrique, et qui buvait... de l'eau pétillante !

Bien sûr, ça ne voulait rien dire. Après tout, peut-être ne buvait-elle jamais d'alcool ?

En fait, il ne savait rien d'elle, en dehors de ce qui s'était passé entre eux cette fameuse nuit.

— Salut, Dominic, dit Rosie, tu as passé de bonnes vacances ?

— Très bonnes.

— Où es-tu allé ?

— En Écosse.

— Tu as rendu visite à ta famille ?

Il hocha la tête.

C'était plus facile que d'admettre que ce voyage avait été un échec.

Il avait espéré rendre visite à sa famille et oublier le passé mais, une fois là-bas, il avait compris qu'il n'était pas encore prêt. Ce n'était pas par entêtement, mais il ne pouvait tout simplement pas faire comme si rien ne s'était passé, même s'il souhaitait se rapprocher de son frère, de son neveu... Et, oui, de Lorna aussi.

C'est pourquoi il était allé à l'hôtel et avait passé quelques jours à sillonner en voiture cette région qu'il aimait.

Pendant tout ce temps, il avait beaucoup pensé à Victoria. Il se sentait incapable de s'engager dans une nouvelle relation tant que les blessures laissées par la précédente ne seraient pas guéries, mais l'éventualité d'une liaison avec elle l'avait incité à retourner chez lui.

Et maintenant, elle croisait enfin son regard.

— On a décidé de reporter la réunion, dit-elle.

— C'est ce qu'on m'a dit.

Quand Rosie les quitta pour se joindre à un autre groupe, ils restèrent en tête à tête.

— Tu veux manger quelque chose ? suggéra-t-il.

— C'est déjà fait. Et toi ?

— Non.

Mais il n'avait pas envie de chercher une table libre dans ce pub bondé. Déjà, Robyn se frayait un chemin vers eux, sans doute pour parler de la conférence de presse. Il était clair qu'ils ne pourraient pas discuter sans être interrompus.

— Viens, dit-il à Victoria.

Ils sortirent dans la rue, ce qui n'était pas non plus le lieu idéal.

— On peut aller chez moi, suggéra Victoria.

Après ce qui s'était passé avec Lorna, il n'était pas encore prêt pour une nouvelle relation amoureuse, même si Victoria lui plaisait. Il ne voulait pas savoir où elle habitait, seulement converser amicalement avec elle.

Il secoua la tête.

— C'est inutile. On peut se dire ici tout ce qui est nécessaire.

Elle fronça les sourcils.

— Tu en es sûr ?

— Tout à fait.

— Très bien... Je suis enceinte, et l'enfant est de toi.

Sur le coup, il ne répondit pas.

Qu'aurait-il pu dire ? Il n'avait même pas eu cette discussion avec Lorna. Il avait eu une confiance totale en sa fiancée, et où cela l'avait-il mené ? Comment croire une femme avec qui il avait fait l'amour une seule fois sous le coup d'une impulsion ? Une femme qui avait des préservatifs dans son sac et qui, selon ses propres dires, venait de rompre avec quelqu'un ? Non ! Il ne serait pas abusé deux fois !

— Je vais devoir reprendre rendez-vous pour une échographie, dit Victoria. Je n'étais pas sûre que tu voudrais y assister.

Il émit un petit rire amer.

Il se rappelait la dernière fois qu'il s'était trouvé dans cette situation, quand le médecin avait précisé les dates probables de conception. Il avait tenté de croiser le regard de Lorna, mais elle s'était détournée.

Victoria interpréta correctement son silence.

— Je ne te demande pas de me tenir la main, Dominic. Je comprends que tu aies du mal à admettre que ce bébé est de toi. Mais l'échographie le confirmera.

— La marge d'erreur est de plus ou moins quatre jours...

— Merci pour la confiance !

— Je te ferai remarquer qu'on a utilisé un préservatif.

— Je n'essaye pas de te convaincre. Je sais qu'il est de toi, mais j'admets que tu puisses en douter. De toute façon, j'ai pensé que tu avais le droit d'être au courant. Maintenant, c'est le cas.

L'espace d'un instant, il ne sut que dire. Victoria était pragmatique et directe, comme toujours, mais il avait été si cruellement trompé qu'il avait du mal à baisser la garde.

— Quand le bébé sera né, fais un test ADN, et s'il est vraiment de moi nous en discuterons.

— C'est tout ?

— Qu'est-ce que tu veux d'autre ?

— Étant donné ton attitude, je ne veux rien du tout, dit-elle en s'éloignant.

Il la regarda remonter son sac sur son épaule tout en traversant la rue. Elle allait disparaître dans le métro, quand il se lança à sa poursuite.

— Attends !

Elle n'en fit rien et mit le pied sur la première marche de l'escalier mécanique. Au lieu de se laisser transporter vers le sous-sol, elle descendit rapidement et se mit à marcher très vite. Mais il ne tarda pas à la rattraper.

— Attends, Victoria !

Il y avait presque autant de monde autour d'eux que dans le pub.

— Je suis fatiguée, Dominic. La journée a été longue, et pour l'instant j'ai juste envie d'aller me coucher.

À ses traits tirés, il constatait lui-même à quel point elle était épuisée, et il pensa aux événements qu'elle avait vécus. Il se rappela sa propre colère quand elle s'était lancée en avant pour prendre cet enfant dans ses bras.

Non, ce n'était pas de la colère. Il avait eu peur !

Il l'entraîna à l'écart de la foule mais, plutôt que de s'appuyer au mur, elle demeura toute droite devant lui.

Posant la main sur la paroi, il les isola des passants.

— Tu en as parlé aux collègues ? demanda-t-il.

— Pas encore, mais mon équipier est au courant.

Il pensa au danger qu'elle avait couru dans la journée. Et il n'y avait pas que cela, elle exerçait un métier à risques !

— Il faut que tu leur dises ! Écoute...

Elle secoua la tête et fit mine de s'en aller.

— Je ne vais pas en discuter ici. C'est toi qui as voulu rester dans la rue.

C'était vrai. Mais, pour la retenir, il lui livra une partie de la vérité.

— Tu sais pourquoi je connais la marge d'erreur ?

— Eh bien... Tu es médecin, non ?

— Je la connais parce que, il y a quelques mois, j'étais assis dans la salle d'échographie avec mon ex. J'ai découvert que je n'étais pas le père de son bébé parce que j'étais en Inde au moment où il avait été conçu. C'est pour cette raison que je suis venu à Londres.

Victoria le fixa droit dans les yeux mais, au lieu de lui témoigner de la compassion, elle répliqua simplement :

— Je ne suis pas ton ex.

Sur ces mots, elle passa sous son bras et s'en alla.

7

Deux jours plus tard, Dominic était assis au fond de l'amphithéâtre et regardait une Victoria très énergique s'emparer de l'estrade.

En effet, elle n'avait rien de commun avec son ex.

Après l'incendie, elle avait pris quelques jours de congé, et il ne l'avait pas revue depuis qu'elle lui avait annoncé qu'elle était enceinte. Elle portait une robe de lin grise, des collants noirs, des chaussures à talons plats, et ses cheveux étaient réunis en queue-de-cheval un peu lâche. Malgré sa petite taille, elle possédait une autorité naturelle et elle commença le débat à l'heure dite malgré l'arrivée de retardataires.

— Commençons, dit-elle. Je vous remercie d'être venus aussi nombreux.

Elle s'interrompit, car la sonnerie d'un téléphone venait de retentir. Loin de mettre le coupable à l'aise, elle le foudroya du regard.

— Pouvez-vous éteindre vos téléphones ? demanda-t-elle à l'assemblée.

— On peut recevoir un appel important, Victoria, lança quelqu'un.

— Alors, mettez-les sur vibreur. Nous avons de nombreuses questions à régler et nous n'y parviendrons jamais si nous sommes sans cesse interrompus.

Il y eut une pause durant laquelle plusieurs participants réduisirent leurs téléphones au silence.

Celui de Dominic était éteint. Depuis quelque temps, il le gardait sur lui. Il ne voulait toujours pas que sa vie privée interfère dans son travail, mais si ses parents l'appelaient ils laisseraient un message, et il les contacterait pendant une pause.

Ils n'avaient d'ailleurs pas grand-chose à se dire. Ils échangeaient quelques considérations sur le temps pour éviter de parler des dégâts commis dans la famille par leur fils cadet.

Il avait fait payer à Victoria son dégoût et sa défiance. Au fond, c'était la vraie raison de sa présence : il espérait lui parler après la réunion. Mais, pour l'instant, il écoutait avec intérêt ce qu'elle avait à dire.

— Cet incendie a attiré l'attention des gens sur le fait que l'existence de Paddington est vitale pour une partie de la ville, déclara-t-elle. Notre campagne de défense a pris une nouvelle ampleur...

L'affiche de la campagne parut sur l'écran derrière Victoria, et elle s'efforça de ne pas regarder Dominic.

Les prédictions de Robyn s'étaient réalisées : grâce au reportage effectué le jour du drame, Dominic et elle symbolisaient malgré eux la campagne de défense de Paddington.

Il n'était pas venu aux réunions précédentes, sans doute parce qu'il était en congé. Pourtant, si elle se réjouissait de la réussite de cette conférence et si tous les soutiens étaient les bienvenus, elle aurait préféré qu'il ne soit pas là. Sa présence constituait une distraction dont elle n'avait pas besoin... Et pourtant, chaque fois que Glen et elle amenaient un patient au Château, elle ne pouvait s'empêcher de chercher Dominic du regard.

— Le temps de trajet est le point vital que nous devons souligner, dit Matthew McGrory, spécialiste des brûlures.

Depuis l'incendie, il avait travaillé presque vingt-quatre heures sur vingt-quatre. À ses traits tirés, il était clair qu'il avait très peu dormi depuis plusieurs jours.

— En raison du nombre de blessés, continua-t-il, certains d'entre eux ont été orientés vers Riverside, mais les cas les plus sévères nous ont été adressés et, ils ont pu être rapidement traités. La première heure est vitale et, sans Paddington, on aurait perdu beaucoup de temps.

— Tout à fait exact, enchaîna-t-elle. Le temps de trajet est important pour les gens qui vivent dans les environs, nous devons mettre cet argument en avant. Mais beaucoup de patients viennent aussi de loin pour être soignés à Paddington. Il faut souligner ces deux aspects et réfléchir dès maintenant à la meilleure façon de le faire.

— Pour l'instant, intervint Robyn, la presse est sur le coup. Battons le fer pendant qu'il est chaud !

Rebecca, une chirurgienne cardio-thoracique qui dirigeait le service de transplantation, souleva le sérieux problème que posait le départ des médecins. La cardiologie en était victime comme d'autres services.

— Nous ne pouvons recruter des médecins que sur des contrats courts. Paddington a toujours attiré des spécialistes de classe internationale, nous ne devons pas accepter que cela change. La campagne doit montrer l'hôpital sous son meilleur jour.

Des idées se formaient. Il fut décidé d'organiser un bal destiné à collecter des fonds.

Durant deux heures, Dominic observa et écouta les intervenants.

Il ne pouvait qu'admirer Victoria.

Au départ, la défense de Paddington avait été plus ou moins confuse et éparpillée, mais désormais le combat prenait un tour plus collectif et déterminé.

Après l'incendie et son impact dans les informations et les journaux, le public commençait à comprendre ce qu'impliquerait vraiment la disparition de Paddington.

— Très bien, dit Victoria. Je crois que nous disposons pour l'instant d'une plate-forme suffisante pour avancer. Tous ceux qui souhaitent poursuivre cette discussion peuvent se retrouver au Frog and Peach. Je m'adresse bien sûr à ceux qui ne sont pas retenus par leurs obligations professionnelles.

Les gens rallumèrent leurs téléphones avant de se diriger vers la sortie.

À l'inverse, Dominic rejoignit Victoria sur l'estrade.

— Bien joué, lança-t-il.

Se contentant de l'ignorer, elle rangea silencieusement son ordinateur dans son étui. Il était clair qu'elle n'avait pas la moindre envie de lui parler.

Il attendit quand même que tout le monde soit parti et, quand la salle fut vide, elle se tourna finalement vers lui, comme si elle était enfin prête à écouter ce qu'il avait à lui dire.

— Je veux m'excuser pour ma réaction de l'autre soir, déclara-t-il.

En réalité, Victoria comprenait Dominic.

Après l'avoir quittée, elle avait pris le métro, furieuse contre lui. Une fois rentrée chez elle, elle avait réfléchi à ce qu'il avait enduré de la part de son ex. Il avait toutes les raisons de se montrer soupçonneux quand on lui annonçait qu'il allait être père.

— Écoute, dit-elle, cet enfant a été conçu cette nuit-là, dans la tourelle. Maintenant, étant donné ce qui s'est passé entre nous, tu peux penser que je baisse ma petite culotte comme ça, précisa-t-elle en claquant des doigts. Mais ce n'est pas le cas. J'ai rompu avec quelqu'un avant Noël, et depuis...

— Tu n'as pas besoin de me raconter ton passé, Victoria. J'ai trente-huit ans et je suis sûr que nous avons eu tous les deux notre lot de liaisons.

À cet instant-là, elle comprit à quel point ils étaient différents : elle-même n'avait que vingt-neuf ans et, pour ce qui était des liaisons, elle n'en avait pas vraiment eu de notables. Bien sûr, elle avait eu deux petits amis avec qui elle était restée quelques mois mais elle n'avait jamais vécu avec personne et elle ne s'était jamais sentie vraiment amoureuse.

— En ce qui me concerne, tu ne devrais peut-être pas en être aussi sûr, répliqua-t-elle. Pour ma part, j'ai plutôt tendance à les éviter. Comme je te l'ai dit, j'ai rompu avec quelqu'un juste avant Noël. Et, en dehors d'un premier rendez-vous qui n'a mené à rien, il n'y a eu personne d'autre. Je ne m'étonne pas que le préservatif qui se trouvait au fond de mon sac depuis des mois n'ait pas été fiable… Bref, hormis une rencontre torride dans une tourelle, je n'ai rien à déclarer. Et je crois bien que c'était avec toi, précisa-t-elle avec un sourire.

— Je confirme.

— Je suis désolée pour ce qui t'est arrivé avec ton ex et que tu n'en aies pas fini avec elle, mais c'est ton problème…

— Ce n'est pas cela ! l'interrompit Dominic.

Victoria haussa les sourcils, et Dominic dut admettre intérieurement qu'il ne donnait pas vraiment l'impression d'avoir tourné la page après Lorna. Victoria devait penser qu'il était venu en Angleterre à cause de cette rupture.

Il fallait qu'il expose plus clairement la situation.

— L'homme avec qui Lorna me trompait était mon frère.

— Oh !

Il s'attendait à ce qu'elle détourne les yeux ou change de sujet comme le faisaient tous les autres, mais elle lui adressa une petite grimace.

— Plutôt gênant !

— Je ne te le fais pas dire, marmonna-t-il.

— Vous étiez proches, ton frère et toi ?

— Très.

— Et tu étais avec elle depuis longtemps ?

— Oui.

— Vous viviez ensemble ?

— Oui… Mais je n'ai pas très envie d'en parler.

Il ne souhaitait pas répondre à ses questions. Il tentait seulement de lui faire comprendre pourquoi il avait réagi aussi vivement à l'annonce de sa grossesse.

En réalité, il n'en avait parlé à personne de son entourage. Dans sa famille, tout le monde s'efforçait de ne pas aborder le sujet et de se comporter comme si rien ne s'était passé. Mais

Victoria n'était pas ainsi… Et elle parvint même à le faire sourire lorsqu'elle reprit la parole.

— Tu es pourtant un très bon coup !

— Merci du compliment.

— Est-ce que vous couchiez tous les deux avec elle dans la même période ?

— Victoria ! Je t'ai dit que je ne voulais pas en parler.

— Je comprends. Dans ce cas, je vais aller boire un verre avec mon comité.

— Nous n'avons pas de points à régler ?

— Je vais me débrouiller. D'ailleurs, à ce stade, il n'y a pas grand-chose à dire. Si tu veux faire un test ADN, on le fera après la naissance du bébé. Ce n'est pas un problème.

Ils empruntèrent un couloir mais, au lieu d'aller tout droit, Victoria tourna à gauche.

— Où vas-tu ?

— C'est un raccourci.

Il n'avait pas envie de prendre un raccourci. Au contraire, il aimait bien passer du temps avec elle et, quoiqu'il ne le lui dise pas, il appréciait de marcher à son côté tout en bavardant.

Victoria le fit passer par une cour carrée dont il ignorait l'existence. Au-dessus de leurs têtes, il pouvait apercevoir un coin de ciel bleu marine et il inspira une bouffée d'air frais.

C'était un coin à connaître pour quand il travaillerait le week-end !

— Finalement, le chemin n'est pas plus court, admit Victoria. Disons que c'est un trajet touristique.

— Tu connais vraiment l'hôpital comme ta poche ! Ton père t'y amenait souvent ?

Victoria haussa les épaules.

— Oui, les nounous ne cessaient pas de changer, alors il était obligé de m'emmener en attendant la suivante… J'ai été proche de deux d'entre elles, mais elles découvraient toutes très vite qu'elles ne pouvaient pas supporter de travailler pour mon père et elles s'en allaient. Cela a été la même chose avec les petites amies de mon père. Au début, elles s'efforçaient de me séduire pour l'impressionner mais, dès qu'il les laissait tomber, c'était fini.

— Et ta mère ?

— Ils ont rompu...

Elle se tourna vers lui.

— Je ne te permettrai pas d'entrer dans la vie de mon enfant et d'en sortir. Il n'est pas question que tu le négliges parce que tu as du travail. Mon bébé vivra à la maison avec moi.

Si Victoria s'imaginait qu'il serait un père absent, elle se trompait. Mais il ne comptait pas en discuter maintenant.

— Je voudrais assister à l'échographie, dit-il.

— Désolée, mais la proposition ne tient plus.

— Puis-je te demander pourquoi ?

— C'est comme ça.

Sachant qu'il n'avait aucun droit d'y être, il n'insista pas, du moins pour l'instant.

Ils se dirigeaient vers le pub, quand Victoria décida soudain de ne pas y entrer.

— Tu viens ?

— Non.

Comme elle s'éloignait, il lui courut après.

— Quoi ? demanda-t-elle.

— On a sûrement d'autres choses à régler.

— Je ne vois pas à quoi tu fais allusion. Je t'enverrai des copies des clichés, et tu peux... Tu peux faire ce que tu veux, ajouta-t-elle en haussant les épaules. Tu n'as qu'à mesurer la longueur vertex-coccyx pour t'assurer que le bébé est bien de toi.

Cette fois, Victoria s'éloigna très vite.

Tout cela prenait une tournure vraiment réelle. Pendant des semaines, elle avait refoulé l'idée qu'elle pouvait être enceinte. Maintenant, elle était sûre de l'être, mais ce n'était plus l'enfant qui l'inquiétait. C'était Dominic MacBride en personne.

Elle avait perçu son inquiétude à propos de son travail, l'autre soir, et maintenant elle sentait bien qu'il voulait être davantage présent. Et ça ne faisait que commencer. Or, elle ne voulait en aucun cas se mettre à compter sur lui.

D'abord, il y avait eu sa propre mère qui était partie, puis les nounous, les petites amies, les épouses successives de son père... Rien n'avait été constant ni stable dans sa vie, hormis son père qui l'avait traînée à son travail et confiée à d'autres.

Non, elle ne voulait pas dépendre d'un homme qui finirait sans aucun doute par se désintéresser d'elle et s'en aller.

Elle ne pouvait tout simplement pas infliger ça à son enfant.

8

Dominic fut réveillé par le son des sirènes dans la rue.

À son arrivée à Londres, il avait décidé d'acheter ce trois-pièces proche de l'hôpital. Comme la station d'ambulances se trouvait tout près, il entendait souvent les sirènes.

Maintenant, il se demandait chaque fois si Victoria ne se trouvait pas dans l'ambulance qui partait pour une mission quelconque.

Vu qu'elle ignorait où il vivait, elle ne saurait jamais qu'elle passait aussi près de son appartement...

Ils étaient tellement distants l'un de l'autre, et si proches à la fois ! Car il ne cessait de penser à elle. Depuis leur nuit dans la tourelle, et même avant.

Elle lui plaisait. Ou plus exactement, elle l'attirait énormément, et ça ne l'aidait pas à réfléchir.

Après avoir découvert la liaison entre Lorna et Jamie, il s'était fermé aux autres et s'était réfugié dans le travail. C'était son seul moyen pour échapper au chagrin et à la colère. L'idée de commencer quelque chose avec une autre femme était à mille lieues de son esprit.

Et puis, Victoria avait fait irruption dans ses pensées avec ses grosses bottes et ses manières hardies chaque fois qu'elle amenait un patient. Son sourire confiant avait beau l'agacer, il s'était surpris à guetter ses interventions. Elle était différente de toutes les femmes qui lui avaient plu jusqu'alors. Elle excitait sa curiosité, même quand il ne voulait pas être distrait. Lorsqu'il parlait avec un patient, il avait conscience de sa présence à la réception. Plus tard, il l'avait vue se glisser derrière l'armoire à dossiers, il en avait fait autant et avait trouvé l'endroit où elle se réfugiait. Par la suite, il y était retourné souvent.

Une fois, Glen et Victoria avaient amené une petite fille. Il se revoyait en train de courir près du brancard qu'on amenait au bloc, mais les chirurgiens avaient été incapables de sauver cette enfant.

Il avait vécu un calvaire quand il avait fallu l'annoncer aux parents. Il était souvent confronté à la mort, mais celle-ci avait été particulièrement douloureuse.

Les parents souhaitaient que leur fille fasse don de ses organes, et en particulier que son cœur aille à un autre enfant. Au grand soulagement de Dominic, Rebecca, la chirurgienne qui dirigeait le service de transplantation pédiatrique, les avait rejoints. Il avait admiré l'empathie qu'elle témoignait aux parents. Elle avait longuement parlé avec eux et leur avait expliqué ce qui pouvait être fait pour redonner de l'espoir à un autre enfant.

Cette nuit avait été la pire de sa vie. De retour dans la chambre de garde, il n'avait cessé de se demander ce qu'il aurait pu faire pour sauver cette petite vie, même s'il savait que le sort de la fillette avait été scellé au moment de l'impact. Incapable de dormir, il était monté dans la tourelle, où il avait contemplé Londres sous un ciel nocturne. Ce lieu tranquille lui avait procuré une sorte d'apaisement. Là, loin du bruit constant qui régnait dans l'hôpital, il avait pensé aux médecins qui avaient tellement lutté pour sauver son petit frère et il avait admis qu'il en avait fait autant pour cette enfant.

Victoria et lui y avaient trouvé un autre genre d'apaisement lors de cette autre nuit au cours de laquelle le petit William était né. Ce soir-là, elle avait prétendu n'être préoccupée que par la fermeture annoncée de Paddington, mais il était persuadé qu'autre chose l'avait blessée. Il ne savait toujours pas quoi.

Le bébé qu'elle portait mis à part, ainsi que ses propres réticences, il voulait connaître la femme qui se cachait derrière cette froideur apparente.

Il était temps de faire quelque chose dans ce sens.

Victoria revenait d'une mission avec Glen, quand la voix moqueuse d'un collègue l'apostropha.

— Victoria, tu as un admirateur !

Un gros bouquet de fleurs l'attendait à la station. Il était composé entre autres de freesias, ses fleurs préférées, ainsi que de jacinthes. L'atmosphère de la pièce était chargée de leur parfum suave, et toutes les couleurs radieuses du printemps étaient présentes.

Bien que son cœur batte à un rythme accéléré, elle demeura impassible.

Si Dominic s'imaginait que cet envoi suffirait à l'adoucir et qu'elle lui permettrait d'assister à l'échographie, il se trompait lourdement !

Presque sûre de connaître l'identité de l'expéditeur, elle ouvrit l'enveloppe en affectant de lever les yeux au ciel.

Mais, lorsqu'elle lut la carte, ce fut pour s'apercevoir qu'elle avait fait fausse route.

— Ça vient des parents de Lewis, annonça-t-elle.

— Comment va-t-il ? demanda son chef.

— Apparemment, son état évolue très bien, il pourra bientôt rentrer chez lui, intervint Glen.

Contrairement à Glen qui prenait toujours des nouvelles des patients, elle avait choisi de ne pas les suivre. Ce n'était pas par indifférence, mais parce qu'elle avait fait le choix conscient de ne jamais s'impliquer affectivement.

De son côté, Glen avait reçu une très bonne bouteille de vin, qu'il décida de laisser dans son casier jusqu'à ce qu'il ait terminé son service de nuit à la fin de la semaine. Le lundi suivant, il comptait fêter avec Hayley leur anniversaire de mariage.

Pendant qu'ils effectuaient leur mission, Glen lui exposa ses projets pour cette soirée.

— Déjà dix ans ! Je n'arrive pas à y croire.

— Tu comptes lui faire un cadeau ?

— Elle dit qu'elle ne veut rien sauf...

Glen s'interrompit avant de reprendre :

— Je vais lui offrir une bague d'éternité... Saphir et diamants.

Victoria se tourna vers Glen, qui fixait la route.

— C'est super ! Mais dis-moi ce qu'elle veut vraiment.

— Laisse tomber, Victoria.

En réalité, elle devinait ce que Hayley voulait. Depuis deux ans qu'ils travaillaient ensemble, elle connaissait suffisamment bien son équipier pour savoir qu'il était stressé. Contrairement à elle, il s'était confié dès le début de leur collaboration. Il était amical, détendu et très compétent, mais récemment les choses avaient changé.

Cela datait de deux mois environ, quand ils avaient été appelés pour secourir une petite fille blessée lors d'un accident de voiture. Ils l'avaient emmenée à Paddington, où elle était morte peu de temps après.

Certaines missions étaient plus dures que d'autres, mais Glen avait vécu celle-ci de façon très personnelle. La fillette avait le même âge que sa propre fille, et l'accident était arrivé sur une route que sa femme empruntait souvent.

Deux semaines plus tard, Victoria avait constaté que Glen n'était plus tout à fait le même, sa belle sérénité l'avait abandonné. Il lui arrivait d'être très tendu, et il ne cessait d'appeler chez lui pour s'assurer que sa femme et ses enfants allaient bien.

Malgré ses dénégations, elle était certaine que Hayley insistait pour qu'il consulte un psychologue et qu'il s'y refusait obstinément.

En attendant d'en apprendre davantage, elle décida de surveiller son équipier d'un peu plus près.

— Ce bouquet était vraiment très beau, remarqua-t-il.

— Magnifique.

C'était vrai, bien sûr. Mais elle était tracassée au souvenir de sa déception en découvrant que ces fleurs ne lui avaient pas été offertes par Dominic.

Voilà qui était extrêmement troublant.

La matinée fut très chargée. Ils s'apprêtaient à déjeuner quand on leur demanda de prendre en charge une femme qui venait de s'évanouir dans un magasin.

— Je n'ai pas le temps d'aller à l'hôpital ! protesta la femme lorsqu'ils arrivèrent.

Sa fille de neuf ans se trouvait avec elle et paraissait bouleversée.

Quand ils installèrent la mère dans l'ambulance, ils apprirent que la fillette fêtait ce jour-là son anniversaire.

— Tu ne vas pas à l'école, aujourd'hui ? lui demanda Glen.

— Elle fréquente l'école de Westbourne Grove, répondit la mère.

Levant les yeux, Victoria sourit à l'enfant.

— Si je comprends bien, tu es en vacances ?

— Oui. Mais mon copain Ryan est très malade.

— Ça doit être dur pour toi.

Ils emmenèrent la mère et la fille à Riverside.

Une fois que l'équipe médicale eut pris le relais, Victoria aperçut son père qui entrait dans le service.

Il lui adressa un signe de tête glacial.

— Victoria.

Elle lui rendit son salut et laissa échapper un soupir une fois qu'il fut passé.

— Qui est-ce ? demanda Glen.

Elle haussa les épaules, comme si elle n'était pas capable de nommer avec certitude l'homme qui venait de les croiser.

Elle n'allait pas dire à Glen que c'était son père !

Pendant le trajet, son équipier ne cessa de parler de sa famille.

Même si parfois cette obsession la rendait folle, elle appréciait ces aperçus d'une vie familiale normale. La sienne avait été tellement différente !

Ils envisageaient de nouveau de prendre une pause pour se restaurer, quand on leur demanda de transférer un enfant actuellement hospitalisé à Riverside au centre de traitement des brûlés à Paddington.

Jusque-là, ce service était comble et ne pouvait pas accueillir de nouveaux patients, mais un lit venait d'être libéré, si bien qu'une très gentille petite fille nommée Amber allait ce matin-là être accueillie au Château.

— Bonjour, Amber, dit Victoria lorsqu'elle fit sa connaissance.

Amber souffrait d'une brûlure profonde, allant de la main à l'épaule, qui nécessiterait une greffe. Elle se mit à pleurer en voyant le brancard.

— Pas de problème, déclara Glen. On peut t'amener jusqu'à l'ambulance en fauteuil roulant, si tu préfères.

Cette perspective fit naître un sourire sur les lèvres de la fillette, et le petit problème fut très vite résolu. Malheureusement, la vue de l'ambulance angoissa Amber, qui se rappelait certainement la souffrance qu'elle avait subie la dernière fois qu'on l'avait emmenée, tout comme elle se souvenait du gyrophare et de la sirène.

— Je vais te fabriquer une petite poule pour te tenir compagnie, proposa Glen.

Victoria sourit lorsqu'il prit un gant de caoutchouc et se mit à souffler dedans.

Il était très bon avec les enfants et il trouvait toujours le moyen de les distraire.

Très vite, Amber se mit à jouer avec sa « poule », et le transfert se fit en douceur.

Quand ils empruntèrent le couloir menant au centre de traitement des brûlés, Victoria vit Dominic venir en sens inverse, vêtu en costume cravate, incroyablement beau.

Il leur adressa un bref signe de tête, et elle lui sourit en retour.

— Admission immédiate, lui annonça Glen au passage. On l'emmène directement dans le service.

— Je suis ravi de l'apprendre, répliqua Dominic.

Ce n'était qu'un échange rapide, et le ton était plutôt sec, mais le son de sa voix suffit à faire rougir Victoria.

Le centre de traitement des brûlés bourdonnait d'activité, mais Amber fut chaleureusement accueillie.

— Bonjour, Amber, lança Matthew, le médecin spécialiste des brûlures. Je m'appelle Matt.

Pendant que Glen et Victoria emmenaient Amber dans sa chambre, Matthew discuta un moment avec la mère de la fillette, qui venait de les rejoindre.

— Tu vas être bien, ici, dit-elle à sa fille. Deux de tes copains y sont déjà.

— C'est comme à l'école, alors ! fit Victoria en souriant.

En sortant du centre où régnait une forte chaleur indispensable aux patients, Victoria mourait de soif. Mais le distributeur de boissons était en panne et, lorsqu'ils passèrent devant la cafétéria, Glen lui décocha un coup de coude.

— Il faut qu'on déjeune, déclara-t-il.

Elle n'avait aucune raison de protester, puisqu'ils n'avaient pas de brancard à pousser jusqu'à l'ambulance. Mais, si Dominic était là, elle aurait du mal à l'éviter. Il ne restait plus qu'à espérer qu'il n'y soit pas.

— Qu'est-ce que tu veux ? demanda Glen.

Ils avaient leurs habitudes. D'ordinaire, elle cherchait une table libre pendant qu'il s'occupait des plateaux.

Sauf que, cette fois, Dominic était là.

Elle l'avait su dès qu'elle était entrée dans la salle et elle avait fait exprès de ne pas lever les yeux, consciente qu'il se trouvait dans un coin, en train de bavarder avec une femme.

Il ne faudrait pas qu'il la croie seule et qu'il vienne vers elle pour engager une nouvelle « discussion. »

— Victoria ? demanda Glen. Tu ne m'as pas répondu.

— Je ne sais pas trop, en fait. Je vais venir avec toi.

Elle choisit un sandwich crudités, un chocolat chaud et une bouteille d'eau. Glen prit une soupe à la tomate et deux petits pains. Ils trouvèrent ensemble une table, par bonheur éloignée de celle de Dominic.

Elle but la moitié de sa bouteille avant d'entamer son sandwich sans enthousiasme, pendant que Glen ingurgitait sa soupe à grand bruit.

— Je peux te poser une question, Victoria ?

Oh non, Glen n'allait pas encore l'interroger sur l'identité du père de son enfant !

— Laquelle ? s'enquit-elle sèchement.

— Est-ce que tu ajoutes du beurre dans tes sandwichs au beurre de cacahuète ?

Victoria sourit. Elle appréciait ce genre d'échange futile, qui l'aidait à oublier Dominic.

— Bien sûr !

— Eh bien, pas Hayley. Et, apparemment, Adam a demandé que quand c'est mon tour de les préparer je n'en mette pas non plus.

— Adam a neuf ans, c'est ça ? Eh bien, je suggère qu'il fasse lui-même ses sandwichs, s'il est si pointilleux.

— Tu n'as jamais essayé d'emmener quatre enfants à l'école, hein ? S'ils confectionnaient eux-mêmes leur déjeuner, la cuisine serait sens dessus dessous, et on serait tous en retard.

Elle admit qu'elle n'avait en effet jamais fait cette expérience.

Mais, si tout allait bien, elle aurait à s'occuper d'une petite personne dans quelques mois. Sa grossesse devenait de plus en plus réelle dans son esprit, et la perspective d'être mère commençait à l'exciter. Et les petites anecdotes de Glen l'aidaient à se représenter ce que serait sa vie.

Quand il ne prenait pas son service trop tôt, Glen préparait le repas de midi pour permettre à sa femme de se reposer. Cet accord fonctionnait bien — sauf qu'il avait oublié le sien ce jour-là.

Elle n'imaginait pas son père en train de lui confectionner un sandwich. Et ils ne mangeaient jamais ensemble, à moins qu'ils n'assistent à une même réception.

— Tu n'as pas encore dit à ce type qu'il est père ? demanda Glen.

Elle laissa échapper un soupir.

Elle allait dire à son équipier de se mêler de ses affaires, quand quelqu'un répondit à sa place.

— Si, Glen, elle l'a fait.

Et Dominic s'assit tranquillement à leur table.

— C'est très embarrassant, maugréa-t-elle en fixant son sandwich à moitié mangé.

— En quoi est-ce embarrassant ? demanda Dominic. Nous savons tous les trois que tu es enceinte ! Saviez-vous que j'étais le père, Glen ?

— Cette idée m'a effleuré, admit Glen.

Comprenant que son équipier l'avait délibérément entraînée dans la cafétéria, elle lui jeta un regard furieux.

Glen prit ses petits pains et se leva.

— On se retrouve tout à l'heure à l'ambulance, Victoria.

Lorsqu'il s'éloigna, elle regarda Dominic.

— Je vais avoir une petite discussion avec Glen.

— De toute façon, je comptais passer à la station ce soir pour te laisser un message.

— Pourquoi ?

— Parce que nous devons parler.

— À quel propos ?

— Eh bien... Glen est au courant, commença Dominic.

Était-il contrarié à l'idée que d'autres le sachent ?

— Il a deviné que j'étais enceinte !

— Victoria, j'en suis très content. Je me réjouis qu'il y ait quelqu'un pour veiller sur toi. Cela dit, il aurait pu t'empêcher de te précipiter vers un immeuble en feu.

— Ne te mêle pas de mon boulot. Glen est mon équipier, pas mon chef. Je fais mes propres choix.

— Touché, admit Dominic.

Selon lui, il avait tous les droits de s'inquiéter pour elle, puisqu'il était le père de son enfant. Sauf que, le jour de l'incendie, il ignorait l'existence de ce bébé.

Quand l'explosion avait eu lieu, il portait un garçonnet en direction d'une ambulance. Il s'était retourné et avait vu Victoria en train de foncer vers ce pompier, puis Glen se lancer à sa suite.

Bien sûr, il voyait aussi les pompiers entrer dans le bâtiment et en sortir, mais c'était Victoria qu'il aurait voulu aller chercher, quitte à la ramener par la peau du cou.

Il savait déjà qu'elle ne ressemblait en rien aux femmes qui l'attiraient d'habitude. Et il s'étonnait lui-même des réactions qu'elle suscitait en lui.

Un instant plus tôt, il l'avait vue arriver dans la cafétéria, le visage un peu rouge. En la voyant boire la moitié de sa bouteille d'eau, il s'était rappelé que Glen et elle sortaient du centre de traitement des brûlés où il régnait une chaleur infernale. Dans ces conditions, cette tenue et ces lourdes bottes ne devaient pas être particulièrement agréables à porter.

En réalité, il se réjouissait que son équipier sache qu'elle était enceinte.

— En dehors de Glen, reprit-il, qui d'autre est au courant ?

— J'ai dit à mon père que j'attendais un enfant.

— Comment a-t-il réagi ?

— Il n'a pas dit grand-chose.

— Il t'en veut parce que tu es célibataire ?

— Je crois qu'il ne m'accorde pas assez d'importance pour ça. Il était juste agacé. Je lui ai demandé s'il pouvait user de son influence pour que j'accouche à Paddington, et il l'a fait…

Victoria s'interrompit quelques secondes avant de continuer :

— En fait, je viens de le croiser à Riverside. Je n'ai même pas confié à Glen qu'il était mon père. C'est à peine si nous nous sommes salués. L'autre jour, nous nous sommes disputés.

— À cause du bébé ?

— En quelque sorte, répliqua-t-elle en haussant les épaules.

— Il m'est arrivé de parler à ton père.

Elle battit brièvement des paupières lorsqu'il lui expliqua à quel point il trouvait cet homme odieux.

— Et ta mère ? enchaîna-t-il comme elle ne répondait pas.

— Je crois t'avoir déjà dit qu'elle ne fait pas partie de ma vie… C'est à son sujet que mon père et moi avons eu cette petite discussion. Il m'a suggéré de réfléchir avant de poursuivre cette grossesse, parce qu'il était bien placé pour savoir qu'il n'est pas facile d'élever un enfant seul.

Les lèvres de Victoria étaient pâles. Elle les pressa un instant et poursuivit :

— En fait, il peut difficilement affirmer qu'il m'a élevée.

— Tu le lui as dit ?

— Non.

— Qu'est-ce que tu lui as dit, alors ?

— Oh ! rien.

Il devina qu'elle mentait — tout comme il était à présent certain d'être bien le père de l'enfant qu'elle portait.

— Je devrais m'habituer à l'idée que je suis la seule à me réjouir de la naissance de ce bébé.

Elle le foudroya du regard comme pour le défier de prétendre le contraire.

Pourtant, c'était bien ce qu'il était : ravi !

Dominic fixa Victoria sans répondre, et elle aurait été bien incapable de déchiffrer son expression.

De toute façon, même s'il lui avait juré que cette paternité le comblait de joie, elle ne l'aurait pas cru. Comment aurait-il pu se féliciter qu'une seule nuit d'amour aboutisse à ce résultat ?

Pourtant, elle éprouvait elle-même un grand plaisir à être assise là, près de lui. Entre eux, l'attirance était si forte que c'était comme s'ils avaient été seuls dans cette immense cafétéria.

— Accepterais-tu de dîner avec moi ce soir ? demanda-t-il.

— Dîner ? répéta-t-elle en fronçant les sourcils. Je viens juste de te dire que je suis la seule à me réjouir d'être enceinte, et c'est tout ce que tu trouves à répondre ?

— Je trouve ma proposition très raisonnable.

En tout cas, il ne se donnait pas la peine de feindre un bonheur qu'il n'éprouvait pas !

— C'est une demande de rendez-vous galant, précisa-t-il.

— Non !

— Juste un repas ! On ne parlera pas du bébé ou de tests ADN. Nous verrons si nous nous plaisons mutuellement et si nous comptons nous revoir.

Elle éclata de rire.

On ne pouvait nier que Dominic avait un certain sens de l'humour.

— Je crois que c'est un point que nous avons déjà vérifié.

Il arbora un sourire satisfait.

— C'est un bon début, dit-il. En tout cas, pour un premier rendez-vous.

9

Jamais un premier rendez-vous n'avait excité Victoria à ce point. C'était bien la première fois que la perspective de recevoir un homme la mettait dans un état pareil...

Dès la fin de son service, elle quitta la station au pas de course, poursuivie par Glen parce qu'elle avait oublié son bouquet. Elle se précipita ensuite dans les magasins pour acheter — honte sur elle ! — des draps neufs.

Pour sa défense, cela faisait longtemps qu'elle en avait besoin, et ils étaient en solde.

Agréablement survoltée, elle fit son lit, mit les fleurs dans un vase qu'elle posa sur le rebord de la fenêtre de la salle de séjour. Ensuite, elle alla dans sa chambre choisir soigneusement ses dessous et sa tenue, après quoi elle prit une douche rapide.

Quand Dominic sonna à sa porte, elle était encore en peignoir de bain, les cheveux humides.

— Désolée, on a eu un dernier appel juste au moment où on regagnait la station.

C'était vrai, mais elle omit de mentionner ses efforts pour embellir son appartement.

— Pas de souci, affirma-t-il.

— Je n'en ai pas pour longtemps.

L'appartement de Victoria était minuscule et ravissant, même s'il disposait d'une vue imprenable sur le métro. En tout cas, il était bien mieux rangé et chaleureux qu'il ne l'aurait cru, connaissant sa propriétaire. Il y avait un canapé à deux places et un fauteuil confortable, qui était visiblement son coin préféré s'il en croyait la pile de magazines posée tout près sur un tabouret rembourré. La petite étagère débordait de manuels sur les procédures que devaient respecter les ambulanciers.

Il s'approcha du bouquet magnifique posé près de la fenêtre. Au moment où il sortait la carte de son enveloppe, pour connaître le nom de l'expéditeur, Victoria le rejoignit dans la salle de séjour.

— Ce sont les parents de Lewis qui m'ont envoyé ces fleurs, expliqua-t-elle avec un sourire moqueur. Tu sais ? Le petit garçon blessé à la nuque.

— Je vois très bien.

— Je n'ai pas d'admirateur secret.

— À partir de maintenant, tu en as un, dit-il. Tu es magnifique !

Et il était sincère.

Même vêtue de sa tenue verte, ses lourdes bottes aux pieds, il l'avait toujours trouvée belle. Mais ce soir, dans cette robe de velours violette, ces escarpins noirs et les cheveux flottant sur les épaules, elle était à croquer.

— Où allons-nous ?

Il brûlait de répondre « au lit », mais il ne voulait pas bâcler les préliminaires une deuxième fois.

— J'ai entendu parler d'un restaurant français sympathique, répondit-il.

— Bonne idée !

Victoria aimait tellement l'accent de Dominic que, s'il lui avait proposé de manger un *fish and chips*, elle aurait accepté avec enthousiasme.

Elle avait espéré un instant qu'il allait dire « au lit », mais ils avaient tant de choses à régler que ce serait sans doute plus facile si une table les séparait.

Lorsqu'elle mit ses boucles d'oreilles en diamant, elle vit qu'il l'observait.

— Elles nous ont mis dans le pétrin, remarqua-t-elle.

— Ce n'est pas le pétrin, Victoria, c'est un bébé. Et tout va bien se passer.

Mouais.

Pour l'instant, rien n'était très clair dans sa tête. Elle aurait voulu qu'il l'embrasse, qu'il la caresse… Qu'ils soient un couple s'apprêtant à sortir ou décidant de rester à la maison et de commander une pizza. Malheureusement, ils étaient loin de former ce couple idyllique. Avant de savoir qu'elle était enceinte, Dominic ne l'aurait jamais invitée à dîner.

— On y va, dit-il.

Le restaurant était à la fois somptueux et intime. On les guida jusqu'à une table à l'écart. L'espace était si restreint que leurs genoux se frôlaient, ce dont ils ne se plaignirent ni l'un ni l'autre.

Le menu était appétissant, et elle laissa échapper un gémissement à la vue de tous ces fromages et ces sauces dont elle devrait se passer.

— Quand je ne serai plus enceinte, je reviendrai et je mangerai tout ce que je ne peux pas choisir aujourd'hui, déclara-t-elle.

— Je n'aurais pas dû t'amener ici ?

— Oh ! je ne me plains pas !

Elle commanda un coq au vin et Dominic un steak à la sauce béarnaise. Jusqu'à ce qu'on les serve, la conversation tourna un peu au ralenti.

— C'est délicieux ! dit-elle après la première bouchée. Il m'arrive d'en faire, mais mon plat n'atteint pas ce degré de perfection.

— Je te rappelle que tu n'es pas un chef français, remarqua Dominic, souriant.

— J'aurais très bien pu l'être si j'en avais eu envie, monsieur ! Enfin, en dehors du fait que je ne suis pas française.

Ils discutèrent un peu de la campagne pour sauver Paddington et du bal de collecte de fonds, puis elle lui demanda si l'hôpital où il travaillait en Écosse ne lui manquait pas.

Dominic réfléchit un instant avant de répondre.

Il avait été heureux là-bas, mais travailler à Paddington lui avait permis de développer ses compétences. Il commençait vraiment à s'y sentir chez lui et à s'y plaire.

— Moins que je ne m'y attendais, dit-il. Quand j'ai quitté Édimbourg, je ne pensais pas que ma carrière évoluerait à ce point. Mais je doute qu'on m'aurait offert ce poste si l'hôpital n'avait pas été sur le point de fermer.

— Beaucoup de médecins s'en vont ?

Il hocha la tête.

— Ils viennent de recruter un cardiologue, mais je sais que de nombreux services sont tenus par des remplaçants.

— Ça a été dur de quitter Édimbourg ?

— Bien sûr.

— Ta ville te manque ?

Il ne savait pas très bien comment répondre à cette question. Il se l'était posée lorsqu'il y était retourné pendant son congé annuel. En réalité, son travail lui plaisait, et il avait eu hâte de retourner à Londres.

Il jeta un coup d'œil à Victoria, qui avait cessé de manger pour le regarder.

— En partie, oui.

Certains sujets de conversation passent mieux quand on déguste en même temps des crêpes au chocolat ou de la glace à la vanille. Lorna et Jamie en faisaient partie.

Le repas était délicieux. Ce sujet l'était moins, mais il ferait son possible pour en venir à bout.

— Est-ce que tu te doutais qu'il y avait quelque chose entre eux ? demanda Victoria.

— Non. Ils ne s'étaient rencontrés qu'une seule fois...

Il déglutit péniblement avant de poursuivre :

— Tous les deux ans, j'allais travailler quelque temps en Inde. J'avais commencé pendant mes études de médecine, et un certain nombre d'entre nous avait continué. La semaine précédant mon départ, nous avons eu une réunion familiale à laquelle mon frère, Jamie, a participé. Jusque-là, Lorna et Jamie ne se connaissaient pas. Il venait juste de revenir de l'étranger. Ils se sont tout de suite très bien entendus...

— C'est clair ! s'exclama Victoria.

Il sourit à cette réaction rafraîchissante.

C'était agréable de parler à cœur ouvert avec quelqu'un qui n'était ni timide ni coincé. Il lui était arrivé d'aborder des sujets délicats avec sa famille, qui se montrait le plus souvent large d'esprit, mais pas cette fois. Ses parents souhaitaient visiblement faire comme si rien n'était jamais arrivé.

— Apparemment, ils se sont revus ensuite par hasard.

— Tu y crois vraiment ?

Évidemment, il s'était lui-même posé la question.

— Non.

— Est-ce que c'est important ?

— Sur le coup, oui. Mais plus maintenant.

Il avait toujours été du genre loup solitaire mais, cette fois, il acceptait de se confier.

Victoria était la première personne pour qui il voulait bien retracer le fil des événements.

— Quand je suis revenu d'Inde, Lorna avait des nausées.

— Ne m'en parle pas, grommela Victoria.

— Tu en as ?

— De moins en moins, heureusement.

Ils n'étaient pas là pour discuter de leur bébé. Ils étaient là pour apprendre à se connaître. Pourtant, il souhaitait en savoir davantage.

— Raconte.

— C'est presque fini, maintenant. Je suis surtout crevée. C'est ta faute si je suis encore debout, parce que je me couche à 20 heures, d'habitude. Et je suis encore de nuit la semaine prochaine, ajouta-t-elle en levant les yeux au ciel.

Il en éprouva une certaine culpabilité.

Victoria se débrouillait complètement seule. Sans lui !

— Tu ne peux pas permuter avec quelqu'un ?

— Je ne fonctionne pas comme ça. Mais continue. Donc Lorna n'était pas au mieux de sa forme ?

— En effet. Je lui ai dit qu'elle était probablement enceinte, et elle m'a répondu que c'était impossible. Je suis allé acheter un test et, évidemment, j'avais raison.

— Tu étais content ?

— Je n'en sais rien... Sans doute, mais je trouvais que c'était un peu précipité.

Conscients de l'ironie de leur propre situation, ils échangèrent un sourire.

— Lorna voulait attendre avant qu'on en parle à nos familles.

— Je m'en doute !

— Je l'ai quand même dit à Jamie. Nous avions toujours été très proches.

— Comment a-t-il réagi ?

— Il m'a félicité, mais il n'a pas dit grand-chose d'autre. Comme il est du genre fêtard, j'ai pensé qu'il ne se voyait pas lui-même devenir père, ce qui expliquait son manque d'enthousiasme.

— Et tu as su la vérité le jour de l'échographie ? demanda Victoria, stupéfaite. Elle n'aurait pas pu te la dire avant ? Cela semble très cruel.

— À la décharge de Lorna, elle avait des pertes, c'est la raison pour laquelle nous sommes allés à l'hôpital. Bien sûr, les médecins ont voulu procéder à une échographie. Au début d'une grossesse, la datation de la conception est toujours très précise. Je pensais qu'elle était enceinte de neuf semaines, mais elle ne l'était que de six.

— C'est là que tu as tout compris.

— Honnêtement, au début j'ai cru à une erreur. J'ai demandé au praticien de répéter, mais il ne se trompait pas.

— Qu'est-ce que tu as fait ?

— Nous n'étions pas seuls, si bien que je n'ai pas posé de questions à Lorna, qui évitait mon regard. Le médecin a dit que tout allait bien. Après son départ, nous avons discuté. Lorna a avoué qu'elle avait rencontré quelqu'un pendant mon absence. Elle avait voulu m'en parler mais, quand elle avait découvert qu'elle était enceinte, elle ne savait plus comment s'y prendre. D'ailleurs, elle ignorait de qui était le bébé, de lui ou de moi.

— Elle t'a dit qui était le père ?

— J'ai dû beaucoup insister.

— Tu te doutais de son identité ?

— Pas du tout. Au point que, lorsqu'elle a avoué que c'était Jamie, je me suis demandé qui portait ce prénom parmi nos connaissances. Plutôt stupide, non ?

— Je ne trouve pas. Qu'est-ce que tu as fait, ensuite ?

— Je lui ai dit qu'elle pouvait rentrer en taxi et lui ai souhaité tout le bonheur possible… Pas très poliment. Puis je suis allé voir Jamie pour lui mettre mon poing sur la figure. Mais mon frère a été victime d'un accident de la circulation quand il avait dix ans. J'étais là quand il a failli mourir, alors j'étais incapable de lui faire du mal. Il pleurait, répétait qu'il l'aimait, qu'ils l'avaient su tous les deux dès leur première rencontre mais qu'ils avaient été incapables de me le dire.

Victoria ferma un instant les yeux.

Tout cela était terriblement triste…

— Tu l'aimes toujours ?

— Non, déclara Dominic, l'air fermé.

Elle n'était pas certaine de le croire, mais cela avait-il de l'importance ?

Oui. En tout cas pour elle.

— Je lui ai dit de se charger d'en parler à nos parents, conclut Dominic en haussant les épaules. Ensuite, j'ai laissé derrière moi ma vie antérieure.

— Tu n'es pas retourné dans ta famille ?

— Non.

— Pourtant, tu viens d'aller en Écosse.

— Oui, mais je n'ai revu aucun d'entre eux.

Elle avait du mal à comprendre que, après tous ces mois, il soit encore brouillé avec ses proches. À ses yeux, ce comportement était quasi inadmissible.

— Et tes parents ?

— Nous nous téléphonons, mais ils préfèrent oublier cette histoire et que tout redevienne comme avant.

— Qu'est-ce que tu es allé faire en Écosse, alors ?

— J'ai réfléchi.

Désormais, Dominic lui apparaissait comme un homme qui avait fui, et ça ne lui plaisait pas.

— Tu n'es pas prêt à te battre pour ce qui est important, en l'occurrence ta famille ?

— Je fais de mon mieux pour avancer, mais j'ai besoin de temps. Quand on dit que tout est pardonné, il faut que ce soit vrai, et pour l'instant j'en suis incapable, décréta Dominic.

Elle cessa de discuter, et il demanda l'addition.

Pendant tout le trajet du retour, elle pensa à sa propre mère, partie sans un regard en arrière.

Bien sûr, Dominic avait des raisons pour cela, mais elle ne parvenait pas à admettre qu'il ait tourné le dos à tous ceux qu'il aimait.

Il n'était plus question de prolonger agréablement la soirée. Elle avait juste envie d'être seule.

— Merci pour l'invitation, dit-elle à Dominic avant de le quitter. C'était vraiment sympa.

Elle ne lui proposa pas de monter chez elle, et il n'y eut pas de baiser d'adieu.

— On se voit à l'hôpital.

— Victoria...

Voyant que Dominic tendait le bras vers elle, elle s'écarta.

— Restons-en là. S'il te plaît, Dominic, reste à l'écart. Je veux me concentrer sur ma grossesse et je n'aurai le temps pour rien d'autre.

C'était le plus long discours de rupture qu'elle ait adressé à un homme, mais elle savait que cela restait un peu bref. Pourtant, Dominic n'insista pas, et elle lui en fut reconnaissante.

Lorsqu'elle rentra chez elle, elle fut accueillie par le doux parfum des freesias. Elle se déshabilla et se glissa entre ses draps neufs et froids.

Il était clair que Dominic avait aimé Lorna. Ils avaient vécu ensemble, avaient eu un bébé ensemble — ou du moins, c'était ce qu'ils avaient cru pendant un temps.

Elle enviait cette vision de bonheur, mais elle savait qu'il n'était pas pour elle. Dominic et elle étaient unis par obligation. C'était un homme bien, qui voulait se comporter honorablement envers elle parce qu'elle portait son enfant. Bien sûr, il avait dit qu'il n'aimait plus Lorna, mais était-ce la vérité ? S'il avait quitté Édimbourg, n'était-ce pas parce qu'il était encore amoureux d'elle ? Et que se passerait-il si cette femme finissait par changer d'avis ?

Elle-même, Dominic ne l'avait invitée ce soir que parce qu'elle était enceinte, c'était l'évidence. Elle ne pouvait pas se permettre de tomber amoureuse de lui pour souffrir quand il la quitterait finalement, ce qu'il ferait à coup sûr.

Elle n'avait confiance qu'en elle-même. Mieux valait assumer sa maternité seule.

10

Les jours suivants, Dominic put constater que Victoria se comportait normalement et ne tentait pas de l'éviter. Lorsqu'elle amenait des patients, elle soutenait son regard sans ciller et ne filait pas à toute vitesse.

Peut-être préférait-elle être mère célibataire ?

Certaines femmes faisaient ce choix. Il savait combien elle était indépendante et il avait cru comprendre que ses relations avec les hommes s'étaient jusqu'alors conclues par un échec. Pourtant, il s'habituait de plus en plus à l'idée d'être père et il aurait voulu qu'ils s'accordent une chance.

En outre, il commençait à s'inquiéter pour elle. Il supportait mal l'idée de la savoir dans les rues la nuit pendant tout le week-end.

La voyant quitter le service, il la suivit dehors. Il était à peu près sûr que Glen et elle allaient nettoyer l'ambulance et tout remettre en état avant de repartir.

Elle était assise à l'arrière, en train de boire un thé, une bouteille thermos à la main.

Auparavant, Glen et elle buvaient à l'intérieur, devant le distributeur de boissons. C'était quand même un signe que Victoria préférait ne pas croiser son chemin.

— Comment vas-tu ? lui demanda-t-il.

— Très bien, répliqua-t-elle avec un sourire.

Glen annonça qu'il devait appeler sa femme et s'éloigna.

— Quand seras-tu de nuit ? s'enquit Dominic.

— Nous commençons demain.

— Tu crois pouvoir tenir le coup ?

— Bien sûr.

— En tout cas, si tu as besoin de quoi que ce soit, je suis de garde ce week-end, alors...

— Je n'aurai besoin de rien, Dominic.

— Il faut que tu en parles à tes collègues.

— Je sais ce que j'ai à faire.

Elle se détournait comme pour lui signifier que la conversation était close, mais il insista :

— Que s'est-il passé, l'autre soir ?

— Rien du tout.

— Ce n'est pas parce que je ne parle plus à ma famille que cela implique...

— Dominic, l'interrompit-elle, ce qui se passe entre ta famille et toi te regarde. Je ne veux pas m'en mêler. J'ai assez à faire avec ma propre vie. En dehors de la grossesse, il y a la campagne de défense de Paddington qui s'intensifie de jour en jour.

— Et nous ?

— Il n'y a pas de « nous », Dominic. Tu m'as invitée à sortir avec toi quand tu as su que j'étais enceinte.

Il ouvrit la bouche, mais elle fut plus rapide que lui.

— Si j'avais voulu davantage que cette soirée, je crois être assez hardie pour te demander de recommencer, mais je ne l'ai pas fait. Nous sommes des adultes... Nous aurons le temps de prendre des décisions quand la date de l'accouchement se rapprochera.

Victoria se força à regarder Dominic dans les yeux et faillit craquer.

Bien sûr qu'elle aurait voulu pouvoir compter sur lui, l'entendre lui répéter qu'il ne considérait pas qu'ils étaient dans le pétrin et que tout allait bien se passer ! Mais les sentiments qu'elle éprouvait pour lui la terrifiaient, au point qu'elle ne pouvait pas se permettre de le laisser l'approcher de trop près.

— Tu as eu un nouveau rendez-vous, pour l'échographie ? demanda Dominic.

— Oui. Lundi prochain à 10 heures. Je leur demanderai de t'envoyer un double des clichés.

— Victoria ! appela Glen. On a un nourrisson en état de détresse respiratoire.

Elle referma sa thermos et la rangea.

— À plus tard, dit-elle.

L'appel concernait un bébé qui semblait hypotonique. Ses parents et lui se trouvaient dans un hôtel.

Glen se gara devant la porte, puis ils chargèrent leur équipement sur le brancard. Une employée les accueillit.

— Le père a appelé la réception et a dit qu'il fallait une ambulance tout de suite, expliqua-t-elle. C'est tout ce que je sais.

Dans l'ascenseur, Glen resta silencieux, ce qui était devenu habituel chez lui chaque fois qu'il s'agissait d'enfants ou de bébés. La femme qui les guidait frappa à une porte avant de l'ouvrir avec une carte magnétique, et à l'intérieur un homme élégant les apostropha d'une voix affolée.

— Pourquoi avez-vous mis si longtemps ?

Pour la première fois de sa vie, Victoria faillit défaillir.

L'espace d'un instant, elle avait cru voir Dominic.

Occupait-il à ce point son esprit pour qu'elle le confonde avec un parfait inconnu ? L'homme était plus jeune, c'était son accent écossais qui avait causé la confusion. D'ailleurs, Dominic n'aurait jamais été dans un tel état de panique…

De façon simultanée, elle devina qu'elle avait devant elle le frère de Dominic… Et la jeune femme en larmes agenouillée près du lit devait être Lorna.

L'ex de Dominic.

— Jamie ! s'exclama Lorna, il devient tout gris ! À l'hôpital, ils ont dit que tout allait bien, mais je savais que quelque chose n'était pas normal.

Pas normal du tout, en effet.

Le bébé était étendu sur le lit, ses petits bras tout flasques le long du corps. Il ne portait qu'une couche et, avant même de s'approcher, Victoria vit qu'il avait du mal à respirer.

— Allez, William ! cria son père. Allez, mon fils !

Pendant que Glen vérifiait ses constantes, Victoria administra de l'oxygène au nourrisson, grâce à un masque et à un ballon de ventilation. Il respirait, mais avec effort, aussi le ventila-t-elle durant un moment, poussant l'oxygène dans ses petits poumons pour l'aider.

Glen le relia au moniteur cardiaque. Le tracé et les bips prouvèrent que le cœur de l'enfant battait trop vite.

— Nous sommes venus à Londres pour l'amener à Paddington, expliqua Jamie. Mon frère y travaille en tant que médecin.

— Je le connais, dit Victoria en levant brièvement les yeux. Je vous ai pris pour lui pendant une seconde.

Autant le dire plutôt que de faire comme si de rien n'était, mais le temps n'était pas aux bavardages.

L'oxygène faisait du bien au bébé, qui commençait à aller mieux. Maintenant, ses petites mains se refermaient, et il agitait les pieds. Il se mit à pleurer, ce qui était le meilleur moment pour le ventiler. Victoria le vit rosir sous ses yeux.

Derrière elle, les parents expliquaient ce qui s'était passé.

— J'étais en train de le nourrir, dit Lorna, et il est devenu tout flasque d'un seul coup.

— Vous l'allaitez ? demanda Victoria.

— La plupart du temps, oui. Il a eu un biberon hier, pendant que nous voyagions. Quelquefois, il se nourrit bien, et à d'autres moments ce n'est pas facile, alors on alterne.

Le petit William pleurait vraiment, maintenant. Il allait bien mieux que lorsqu'ils étaient arrivés.

Victoria et Glen envisagèrent plusieurs options : le perfuser ne semblait pas une bonne chose, pas plus que de réclamer un soutien médical. Bien que son état se soit stabilisé, il fallait l'emmener à l'hôpital au cas où il se dégraderait de nouveau. Ils prirent donc la décision de le transférer dans les bras de sa maman pour qu'il reste calme.

— Il sera mieux installé si vous le maintenez contre vous, expliqua Victoria à Lorna.

Elle aida la jeune femme à monter sur le brancard, puis le

petit William fut placé dans ses bras. Glen déposa le moniteur cardiaque à côté des jambes de la mère.

Bientôt, ils furent dans l'ambulance, en route pour le Château.

— J'étais tellement inquiète ! dit Lorna. Depuis des semaines, je répétais que quelque chose n'allait pas, et tout le monde me prenait pour une folle.

— Vous n'êtes pas folle, assura Victoria.

La jeune femme se mit à pleurer, visiblement partagée entre le soulagement d'être entendue et la crainte que son bébé ne soit vraiment malade.

— Il s'est passé tant de choses...

— Ce n'est pas ta faute, Lorna, dit Jamie.

Se tournant vers Victoria, il ajouta :

— Notre famille a vécu des événements pénibles, récemment. Mon épouse en a beaucoup souffert.

Donc, ils étaient mariés.

Le petit William semblait maintenant parfaitement satisfait de son sort, tout rose et bien au chaud dans les bras de sa mère. Mais Victoria ne le quittait pas des yeux, tout en écoutant les deux jeunes gens, qui tentaient de se réconforter mutuellement malgré la peur que leur inspirait l'état de leur enfant.

— Tu veux qu'on téléphone à tes parents en Grèce ? demanda Jamie à sa femme.

Celle-ci secoua la tête.

— On va attendre de savoir ce que disent les médecins, suggéra-t-elle.

Paddington fut enfin en vue. Plusieurs ambulances stationnaient devant la porte, et les urgences bourdonnaient d'activité, mais le bébé fut immédiatement pris en charge. Victoria expliqua que, malgré sa roseur et ses pleurs, mon cas était plus urgent qu'il n'y paraissait. Ils furent emmenés en réanimation, qui grouillait aussi de monde car il y avait eu un accident de voiture.

Elle se dirigea vers Dominic, qui discutait avec Alistair North, un neurochirurgien pédiatrique.

Il leva les yeux à leur approche et fronça les sourcils à la vue de Lorna et de son bébé.

— Dominic ! s'écria Jamie d'une voix rauque. Il ne va pas bien du tout !

Dominic ne connaissait pas la panique. Il adressa quelques mots à Alistair avant de venir vers eux.

— William MacBride, annonça Glen. Il a cessé de réagir pendant que sa mère le nourrissait...

Il continua de fournir des détails pendant que Victoria prenait le bébé des bras de sa mère et le déposait sur une table d'examen.

— J'allais t'appeler aujourd'hui et te demander de le voir, dit Jamie à son frère aîné.

— Vous êtes au bon endroit, maintenant. Que s'est-il passé ?

— Il a du mal à s'alimenter et à prendre du poids. Le docteur ne semblait pas s'inquiéter, et l'infirmière prétendait que Lorna...

— Elle disait que j'étais exagérément anxieuse, précisa la jeune femme.

— Comment s'est passée la grossesse ?

Lorna se tordit les mains pendant que son enfant passait du moniteur cardiaque de l'ambulance à celui de l'hôpital.

— Très bien, répondit-elle. Je me suis inquiétée ces deux dernières semaines, mais personne ne m'écoutait. Finalement, j'ai pris rendez-vous avec un pédiatre, mais il fallait attendre quinze jours. Alors Jamie a suggéré qu'on te l'amène.

Dominic hocha la tête sans répondre. Il était occupé à examiner le bébé et, malgré la pression qui pesait certainement sur lui, il ne perdait pas un mot de ce qu'on lui disait. Il était en train de palper la fontanelle de l'enfant, ce que Victoria avait fait avant lui. Elle était creuse, signe de déshydratation.

Pendant que Victoria aidait Lorna à descendre du brancard, Dominic demanda :

— Racontez-moi ce qui s'est passé aujourd'hui.

— Nous étions à l'hôtel, répliqua Lorna.

— Depuis combien de temps ?

— Nous sommes arrivés vers minuit. Le trajet s'était bien passé, et William a passé une très bonne nuit. Nous commencions à penser que nous nous étions affolés pour rien. J'étais en train de l'allaiter, quand William s'est mis à faire ces bruits, comme s'il s'étouffait, et ensuite il est devenu tout flasque.

Elle se mit à pleurer.

Karen suggéra d'aller chercher quelqu'un à qui les parents pourraient raconter toute l'histoire en détail, et Dominic acquiesça d'un signe.

Au moment où le couple allait être emmené ailleurs, Jamie s'adressa à son frère.

— Dominic, il a l'air bien maintenant, mais...

— J'ai bien compris qu'il est souffrant, Jamie. Il faut te ressaisir et retrouver ton calme.

— Je sais, mais...

Victoria devina que ce n'était pas la première fois que Dominic s'adressait aussi fermement à son frère.

— Venez, dit Karen en entraînant ce dernier dehors.

Le bébé était de nouveau hypotonique, il semblait même trop fatigué pour pleurer. Dominic l'ausculta longuement, profitant de ce qu'il ne bougeait pas.

Victoria le regarda faire une prise de sang puis effectuer une radio pulmonaire du bébé avec un appareil portable.

Pendant ce temps, Glen replia le brancard puis sortit. Mais, au lieu de regagner l'ambulance, il revint rapidement dans la pièce.

— Victoria ! appela-t-il. Une autre mission nous attend.

Elle savait qu'ils devaient partir, mais elle avait envie de s'attarder pour en savoir davantage. Elle admirait le calme de Dominic. Bien sûr, c'était son travail, mais personne d'autre qu'elle ne pouvait deviner ce qu'il endurait à cet instant.

— Est-ce qu'on peut demander à un cardiologue de descendre ? s'enquit-il d'une voix brève.

Il leva la tête, et leurs regards se croisèrent.

Elle lui adressa un sourire d'encouragement signifiant qu'elle savait combien c'était dur.

Il la remercia d'un petit hochement de tête.

— On doit partir, répéta Glen.

Malgré sa réticence, elle le suivit.

La journée lui sembla incroyablement longue. Les patients avaient tous plus de soixante-cinq ans, et ils n'eurent donc pas l'occasion de retourner à Paddington une seule fois.

Ils firent une pause au Riverside pour prendre un café.

Pendant que Glen téléphonait à son épouse, les pensées de Victoria retournèrent vers Dominic et le petit William, et elle revit aussi le visage angoissé de Lorna, la femme que Dominic avait aimée et qu'il aimait peut-être encore.

Jusqu'alors, elle se l'était représentée comme une sorte de mégère, mais c'était juste une jolie jeune femme à la voix douce. Quant à Dominic et Jamie, leur ressemblance n'était qu'apparente. Jamie était quelqu'un d'émotif et de confus. Bien sûr, ça pouvait se comprendre en de telles circonstances, mais elle ne pouvait imaginer Dominic en train de se laisser aller en public comme Jamie l'avait fait.

C'était le plus stoïque des frères MacBride qu'elle aimait...

C'était un peu effrayant, et elle n'avait pas trop envie d'y penser mais, à la fin de cette longue journée, elle n'y tenait plus.

— Est-ce qu'on pourrait passer par le Château en rentrant à la station ? demanda-t-elle.

— Bien sûr, répondit Glen.

La journée avait été longue pour Dominic. Il fut soulagé de passer le relais au Dr Thomas Wolfe, le cardiologue qui venait de prendre son poste à Paddington, d'autant que celui-ci semblait extrêmement consciencieux, voire austère.

— C'est mon neveu, confia-t-il au cardiologue après lui avoir donné le résultat de ses constatations.

— En ce cas, vous devez immédiatement vous retirer, dit le Dr Wolfe. Je parlerai plus tard avec la famille.

Dominic transmit cette information à Jamie et Lorna.

Celle-ci contacta ses parents en vacances en Grèce, et il en fit autant avec les siens.

Bouleversés, ces derniers mirent rapidement fin à la conversation et le rappelèrent un instant plus tard pour dire qu'ils prenaient l'avion pour Londres et qu'ils le retrouveraient à l'aéroport.

Aussitôt, il appela sa femme de ménage et lui demanda de faire un saut chez lui pour ranger l'appartement. Il venait à peine de raccrocher quand il aperçut Victoria qui venait vers lui.

Il crut d'abord qu'elle amenait un patient.

— Tu veux que j'aille jusqu'à l'ambulance ?

— Non, non. Je suis juste passée voir comment se portait le petit William.

Sachant qu'elle s'abstenait d'habitude de s'impliquer personnellement dans ses relations avec les patients, il fut touché.

— On lui a fait toute une batterie d'examens, et je crois qu'il va devoir être opéré.

— Chirurgie cardiaque ?

— Oui.

— Comment vont ses parents ?

— Ils sont épuisés, mais ils vont rester près de lui cette nuit, évidemment.

Et le lendemain ? Les inviterait-il à séjourner chez lui ?

— Ton père et ta mère sont au courant ?

— Bien sûr. Ils atterrissent dans une heure environ. Je vais aller les chercher.

— Je croyais que tu ne leur parlais plus.

— Nous nous téléphonions, mais très rapidement. En réalité, nous ne savions pas quoi nous dire.

Victoria le fixa comme s'il parlait une langue étrangère, puis elle lui sourit.

— Il faut que j'y aille.

— D'accord.

— J'espère que tout va bien se passer.

Il la regarda s'éloigner.

Comment faisait-elle pour parvenir à paraître élégante malgré ses grosses bottes et sa tenue verte ?

— Victoria ! appela-t-il.

Mais elle continua de marcher.

Décidément, elle était du genre compliqué ! Mais il commençait à la comprendre.

11

Dominic n'avait pas l'habitude de partager ses pensées et ses émotions avec quiconque, et il lui avait fallu beaucoup d'énergie pour les cacher pendant toute la journée.

Il était plongé dans ses réflexions quand il vit Jamie s'approcher.

— Comment va William ? lui demanda-t-il.

— Mieux que ce matin. Il a un trou dans le cœur. Un chirurgien cardiaque doit l'examiner de nouveau demain pour savoir si on peut l'opérer.

— En tout cas, il est certainement au bon endroit.

C'était la formule habituelle, mais de sa part elle était parfaitement sincère. Le petit William bénéficierait des meilleurs soins à Paddington. Cet hôpital était vraiment spécial. Il n'y avait rien d'étonnant à ce que Victoria et les autres se battent pour le sauver.

— Lorna le constate aussi, maintenant. Elle ne voulait pas venir à Londres, étant donné...

Jamie haussa les épaules avant de poursuivre :

— Mais j'ai insisté parce que je tenais à ce que ce soit toi qui examines notre fils.

— Tu as bien fait.

— Écoute, à propos...

— Ce n'est pas le moment d'en parler.

— Mais je ne peux pas attendre, s'écria Jamie d'une voix angoissée. Je suis hors de moi, Dominic !

— Pour une fois, concentre-toi sur Lorna et William. Il n'y a rien de mieux à faire.

— J'ai besoin de savoir que je peux compter sur toi !

— Tu as toujours pu compter sur moi, et tu le sais très bien. Sinon, tu ne serais pas venu à Londres pour que je voie William.

Jamie hocha la tête.

Il souhaitait clairement se réconcilier avec lui, mais Dominic se refusait à en discuter pour l'instant. Il aurait voulu dire à son frère qu'il était temps de grandir, mais mieux valait s'abstenir d'une remarque aussi personnelle.

— Le reste peut attendre, reprit-il. Tu dois t'occuper de ta femme et de ton fils et exclure toute autre préoccupation.

— Je sais… Les parents arrivent à quelle heure ? demanda Jamie.

— Bientôt. En fait, je dois partir tout de suite pour l'aéroport.

Dominic ramena ses parents à l'hôpital, où ils laissèrent libre cours à leur anxiété pendant un moment. Ensuite, ils firent comme la plupart des familles en cas d'urgence : ils mirent leurs différends de côté et affrontèrent ensemble la réalité à laquelle ils étaient confrontés.

La plupart des familles…

Il saisissait maintenant pourquoi Victoria l'avait fixé aussi bizarrement, comme si elle ne comprenait pas ce qu'il disait.

Mais il voulait qu'elle comprenne ! Et plus encore, il voulait la voir.

Il était tard, il était fatigué, et Victoria lui avait bien fait comprendre qu'il ne devait plus l'approcher, mais il se retrouva quand même devant sa porte.

Lorsqu'elle lui ouvrit, elle portait le même peignoir que la dernière fois qu'il était venu.

— Ça ne s'est pas bien passé, c'est ça ? s'exclama-t-elle dès qu'elle le vit.

— Quoi ?

— La réunion de famille.

— Bien au contraire, Victoria. Je suis juste là pour te voir.

— Pourquoi ?

Elle se mit à rire et ajouta :

— Quelle question stupide !

Le sexe était pourtant la dernière chose qu'il avait à l'esprit. Enfin, pas tout à fait, pour être honnête.

— Je suis là parce que j'ai passé une journée de merde et que j'avais besoin de te voir. Tu comptes m'inviter à entrer ?

L'appartement était plongé dans l'obscurité. Il était clair que Victoria s'apprêtait à se coucher, mais elle le laissa passer et alluma une lampe.

Il s'assit sur le canapé, et elle prit place sur une chaise, comme s'ils se trouvaient dans une salle d'attente.

— Comment va le bébé ?

— Il est en cardiologie. Lorna va rester auprès de lui cette nuit.

— Jamie est retourné à l'hôtel ?

— Non, il est chez moi.

Comme Victoria écarquillait les yeux, il se vit dans la nécessité de lui expliquer comment et pourquoi il avait accueilli son frère chez lui.

— Jamie ne connaît rien au métro ni aux cartes de transport, alors je lui ai dit de régler sa note à l'hôtel et de s'installer chez moi.

— Vous avez discuté, alors ?

— Un peu... C'est-à-dire, pas vraiment.

— En ce cas, comment se fait-il que tu l'héberges ?

— C'est mon frère, et son bébé est malade. Pour l'instant, cet enfant est la priorité. Le reste peut attendre !

Prenant conscience qu'il s'était exprimé un peu sèchement, il secoua la tête, mal à l'aise.

— Désolé.

— Ce n'est pas grave.

— Thomas pense que William doit être opéré.

— Thomas ?

— Thomas Wolfe, le nouveau cardiologue.

— Il n'est pas nouveau.

— Bien sûr que si ! Il a pris son poste il y a à peine quelques jours.

— Quand j'ai moi-même débuté, il y a quelques années, il travaillait déjà à Paddington. C'est un type charmant.

Dominic n'aurait pas choisi le terme *charmant* pour décrire le cardiologue, mais il préféra s'abstenir de ce commentaire. Fermant les yeux, il se renversa contre le dossier du canapé et inspira profondément.

C'était sa première pause depuis qu'il avait vu Victoria arriver aux urgences, Lorna et William sur le brancard et Jamie à leur côté.

— Jamie comptait m'appeler cet après-midi pour me demander d'examiner William, lâcha-t-il.

— Je sais, dit Victoria.

À cet instant, elle eut aussi la certitude qu'elle aimait Dominic MacBride. Elle n'avait même pas besoin de lui demander ce qu'il aurait répondu à Jamie si ce dernier lui avait téléphoné.

Certes, elle aurait voulu l'entendre dire que tout était réglé avec sa famille, parce qu'elle aimait bien les fins heureuses, mais elle commençait à comprendre que Dominic ne disait pas ce qu'on voulait entendre. Il disait la vérité.

Maintenant qu'elle avait vu de ses yeux Jamie et Lorna, elle percevait mieux l'énormité de la trahison. C'était un miracle si Dominic l'avait suivie dans le métro, le soir où elle lui avait annoncé qu'elle était enceinte, et qu'il soit revenu à la charge alors que tant d'hommes auraient pris leurs jambes à leur cou. Elle aurait voulu lui demander ce qu'il avait ressenti en revoyant Lorna, mais ce n'était pas le moment.

— Jamie a essayé de parler de ce qui s'était passé, mais je lui ai dit que, pour le moment, il devait se concentrer sur le bébé. J'essaye d'arranger les choses avec ma famille, Victoria, mais je le fais à mon propre rythme, pas au leur.

— J'en suis consciente, mais comment comptais-tu t'y prendre, en vivant si loin d'eux ?

— En fait, là-bas, je n'y serais jamais arrivé. Il y a des brouilles dans toutes les familles, Victoria. Toi-même, tu m'as dit que tu t'étais disputée avec ton père.

— La différence, c'est que tes proches à toi veulent que tu fasses partie de leur vie.

— Pas ton père ?

— Il compte seulement sur moi pour l'accompagner aux réceptions entre deux épouses.

— Quel était le sujet de la dispute ?

— Je lui ai dit que je comprenais pourquoi ma mère l'avait quitté.

— Qu'est-ce qu'il a répondu ?

Incapable de répondre pour l'instant, elle haussa les épaules.

— Tu veux boire quelque chose ? proposa-t-elle.

— J'en aurais envie, mais je conduis.

— Je pensais à du thé.

— Non merci.

Elle se leva pour lui remplir un verre de scotch ou de ce qu'elle trouverait.

— Je t'offre un verre et ensuite je te reconduirai chez toi.

— Malheureusement, j'ai besoin de ma voiture au cas où il se passerait quelque chose cette nuit.

Ils se turent, réfléchissant tous les deux aux options qui s'offraient à eux.

Dominic aurait souhaité emmener Victoria chez lui — il avait besoin d'elle, ce soir —, mais la présence de sa famille lui interdisait de le lui proposer. Il aurait aussi voulu rester un peu plus longtemps avec elle, mais ils savaient tous les deux comment cela finirait.

Tout en le souhaitant désespérément, il n'était pas venu pour cela, et il craignait d'embrouiller davantage la situation. La vie serait plus simple s'il n'y avait pas cette maudite attirance entre eux.

Ses seins pointaient à travers le tissu du peignoir... Malheureusement, il ne pouvait pas rester avec elle cette nuit.

— Il faut vraiment que je rentre, dit-il. Je voulais juste te mettre au courant des derniers événements.

— Tes parents s'inquiéteront, si tu rentres tard ?

Il lui tendit la main et, lorsqu'elle la prit, il l'attira sur ses genoux.

— Ma mère m'a demandé où j'allais à une heure aussi avancée. Ils me rendent déjà fous.

— Comment ça ?

— J'ai beau être parti de chez eux depuis vingt ans, rien n'a changé. Ils n'avaient pas dîné, et j'ai suggéré de commander quelque chose chez un traiteur, mais non, ils voulaient s'asseoir autour de la table et faire « un repas convenable », comme ils disent.

Le sourire de Victoria s'élargit.

— En réalité, continua-t-il, je n'ai pas les ingrédients nécessaires dans ma cuisine pour préparer ce « repas convenable ». Alors j'ai dit que j'allais faire des courses, et bien sûr ma mère voulait m'accompagner. Sais-tu combien de sortes de pommes de terre il existe ? Eh bien, elle n'en a pas trouvé qui lui convienne au supermarché !

Victoria émit un petit rire.

— C'était couru.

Il leva les yeux vers la femme assise sur ses genoux, et leurs regards s'accrochèrent l'un à l'autre.

— Je suis désolée que tu aies passé une aussi mauvaise journée, chuchota Victoria.

Il glissa une main autour de sa taille et la pressa légèrement.

— Ce n'est plus le cas, maintenant.

Dehors, le monde et ses problèmes l'attendaient, et il leur accorderait toute son attention le moment venu. Mais, pour l'instant, la nuit se montrait plus bienveillante que le jour.

— Je vais quand même devoir partir, répéta-t-il encore.

— Je le sais bien.

Mais elle ne fit pas mine de quitter ses genoux.

Il fixa sa bouche, puis caressa du regard sa chevelure emmêlée qui lui tombait sur les épaules.

Il savait qu'elle ne portait rien sous ce peignoir.

Cette journée avait été un véritable calvaire. Il avait dû se maîtriser, contenir ses émotions, et maintenant il n'en pouvait plus. Mais, à cet instant, la nuit n'était pas seulement bienveillante, elle lui offrait une évasion qu'il accueillait avec reconnaissance.

Attirant Victoria contre lui, il plongea les doigts dans ses cheveux.

Apparemment, elle en avait décidé autrement, car elle les repoussa. Se soulevant légèrement, elle s'assit à califourchon sur ses cuisses, et ce fut elle qui se pencha pour l'embrasser sur la bouche.

Il se laissa faire, trop content qu'elle prenne les commandes, et posa les mains sur ses fesses pendant qu'elle explorait sa bouche à son gré.

Victoria savait l'heure grâce au passage du métro. Elle appréciait ce bruit. C'était comme si elle avait une horloge à coucou un peu capricieuse chez elle. Celui-ci était le dernier de la soirée, et elle entendrait le prochain un peu après 5 heures du matin.

À quoi ressemblerait sa vie aux premières lueurs de l'aube ?

Elle serait plus compliquée. Tant pis. Ils avaient trop faim l'un de l'autre.

D'abord, Dominic lui avait opposé une certaine résistance. Mais tout était devenu très clair lorsqu'il lui avait rendu son baiser, et ensuite ce fut encore plus simple : il dénoua la ceinture du peignoir qui s'entrouvrit. Quand il se mit à jouer avec ses seins, elle crut mourir de désir. Enfin, il la souleva de façon à la poser plus haut, sur ses cuisses, si bien qu'elle sentit son sexe dressé contre son intimité. Le visage de Dominic entre ses mains, elle l'embrassa passionnément tandis qu'il la serrait très fort pour qu'elle sente la force de son érection.

Reprenant le contrôle des opérations, elle se hissa de nouveau plus haut pour qu'il puisse goûter ses seins. Quand les lèvres humides de Dominic s'en emparèrent, elle faillit défaillir.

Elle n'avait jamais désiré un homme à ce point.

Alors que tant de questions restaient à éclaircir, il y avait au moins une chose dont elle était certaine : contre cette attirance mutuelle, ils étaient incapables de lutter.

— S'il te plaît, gémit-elle.

Elle s'écarta pour lui permettre d'ôter son pantalon et son caleçon. Les mains posées sur ses épaules, elle sentait son souffle sur sa poitrine. Mais, au moment où elle allait reprendre sa position initiale, il posa la main sur l'intérieur de sa cuisse et joua avec elle un moment avant de glisser ses doigts en elle.

Elle n'eut cependant pas à le supplier une seconde fois pour qu'il la prenne. Elle n'eut qu'à le chevaucher de nouveau et à s'abaisser lentement pour qu'il la pénètre en gémissant de plaisir.

Maintenant, elle voulait sentir la peau de Dominic contre la sienne. Mais elle avait à peine défait deux boutons de sa chemise qu'il s'enfonça en elle profondément et qu'elle faillit jouir, ses muscles internes bandés autour de lui.

Mais le moment n'était pas encore venu.

Cessant de l'embrasser, il la repoussa légèrement pour la regarder. Puis, soulevant les hanches, il opéra une petite poussée. Le plaisir la rendit véritablement folle. Incapable de se retenir plus longtemps, elle s'abandonna à l'orgasme.

Dominic ne tarda pas à la rejoindre et, tandis qu'elle posait la tête sur son épaule, il continua de bouger en elle jusqu'à extraire de son propre corps la dernière larme de volupté.

— Tu dois t'en aller, dit-elle après un long moment.

Elle voulut se redresser, mais Dominic la retint.

— Et comme ça, tu pourras dire que j'ai eu ce que je cherchais en venant te voir ?

Il commençait à trop bien la connaître.

— Mais il faut que tu t'en ailles, insista-t-elle après avoir émis un rire bref.

— Je pourrais passer un coup de fil et leur dire de m'appeler s'il y a un problème... Ou alors, viens avec moi.

— Tu ne crois pas que ce serait un peu précipité, si je rencontrais ta famille maintenant ?

— Que tu le veuilles ou non, nous allons être parents et nous ne pourrons pas régler cette situation à distance.

— Demain, je suis de nuit. Il faut que je dorme.

— Quand nous reverrons-nous ?

— À l'hôpital, j'imagine.

— Je voulais dire en dehors du travail. Notre relation ne va pas être basée sur la fréquence de tes passages à Paddington. Et ce n'est pas en me fichant dehors que ça va nous aider.

— Je ne te fiche pas dehors. Tu as une famille, et j'ai besoin de sommeil, voilà tout.

Il fallait qu'il parte ! Sinon elle allait lui avouer qu'elle était folle de lui ou lui demander ce qu'il éprouvait pour Lorna. Et, quand il découvrirait à quel point elle était peu sûre d'elle, il ne voudrait plus d'elle...

— Tu demandes toujours ce que tu peux faire pour moi. Eh bien, rentre chez toi.

— Tu le penses vraiment ?

— Absolument !

Ce fut elle qui lui ouvrit la porte, un instant plus tard.

Mais, quand le premier métro passa, elle n'avait toujours pas trouvé le sommeil.

Dominic pourrait s'impliquer autant qu'il le voudrait dans la vie du bébé, mais elle ne le laisserait pas s'approcher d'elle de trop près.

12

Quand Dominic entra dans la cuisine le lendemain matin, ses parents occupaient déjà les lieux.

— À quelle heure es-tu rentré hier soir ? demanda sa mère.

Il n'avait pas eu à répondre à cette question depuis vingt ans et il n'était pas d'humeur à le faire maintenant.

— Tu as entendu ce que ta mère t'a dit ? intervint William.

Il était en train de lire le journal, assis devant la table. Il s'était certainement levé à 6 heures pour aller l'acheter, comme il en avait l'habitude en Écosse.

— J'ai entendu, dit Dominic. Je n'ai pas pris garde à l'heure en rentrant.

Il but le thé, mangea les toasts préparés par sa mère et rit intérieurement à l'idée qu'il avait pu envisager un instant d'amener Victoria chez lui la veille.

Il adorait ses parents, mais il ne pouvait pas imaginer la très indépendante Victoria affrontant leur curiosité.

Il quitta l'appartement avec trente minutes d'avance.

— Tu reviens quand ? demanda sa mère.

— Je n'en sais trop rien. Et demain, je suis de garde tout le week-end, alors je resterai à l'hôpital.

— Et pour Jamie et Lorna ? s'enquit son père. Tu comptes passer voir ton neveu ?

— Je te ferai remarquer que je travaille.

— Tu devrais parler avec ton frère, au lieu de l'éviter.

— Jamie habite ici, maintenant. Comment pourrais-je l'éviter ?

Sauf que c'était bien le cas.

Le vendredi fut abominable.

Le petit William fit un passage de fibrillation auriculaire, et Dominic dut aller chercher Jamie pour le ramener à l'hôpital.

Assis dans la salle d'attente, il vit à la télévision qu'il y avait eu des bagarres à Piccadilly.

Jamais il n'avait eu peur en regardant les informations jusqu'à ce qu'il rencontre Victoria, mais c'était infernal de voir sur l'écran les lumières clignotantes et les affrontements en sachant qu'elle se trouvait peut-être au milieu.

Qu'est-ce qu'il était censé faire ? Lui envoyer un SMS pour lui demander si tout allait bien, ce qui ne ferait que l'énerver, ou rester assis là à trembler pour elle tout en espérant qu'elle était en sécurité ?

Victoria n'était pas du genre à foncer dans la mêlée, mais on ne pouvait pas non plus l'accuser de rester en arrière. Pourtant, lorsqu'elle descendit de l'ambulance, elle hésita pour la première fois de sa vie.

Elle craignait de prendre un risque inutile.

Un homme étendu sur le trottoir décochait des coups de pied à Glen.

— Eh ! s'exclama ce dernier. On est là pour aider ! Tu peux rapprocher le brancard, Victoria ?

Il demanda ensuite aux policiers qui tentaient de maintenir l'homme de mieux assurer leur prise.

Ce fut elle qui conduisit l'ambulance pendant que Glen restait à l'arrière.

Rien ne fut dit, mais elle savait qu'elle ne faisait pas sa part de travail. Glen était adorable, comme toujours. Il avait perçu sa peur et s'était interposé entre elle et les patients pendant les moments les plus animés. Mais plus tard, dans la nuit du dimanche au lundi, après qu'ils étaient intervenus dans une querelle domestique, il lui tapota le bras.

— Il faut que tu le dises au boulot.

— Je sais.

Elle comptait en parler à leur chef dès qu'ils seraient de retour à la station. Ensuite, elle avait un congé. Lorsqu'elle reviendrait, elle ne travaillerait plus sur le terrain.

— Ton échographie est à quelle heure ?

— 10 heures.

— Tu vas être crevée.

— Je vais dormir une heure à la station quand on aura terminé.

— Dominic t'accompagne ?

— Je ne veux pas qu'il le fasse.

— Tu as tort !

— Laisse tomber.

Elle mordit dans son sandwich, refusant de discuter, mais elle nota que, cette fois, Glen ne lui proposait pas de venir avec elle.

Maintenant qu'il connaissait l'identité du père, il estimait sans doute que ce n'était pas sa place.

Cela ne l'empêcha pas de se sentir terriblement seule.

Elle adorait son métier et était très excitée à l'idée de devenir mère, mais comment ferait-elle pour travailler, en tant que mère célibataire ? Qui veillerait sur l'enfant pendant des nuits comme celle-ci ? Pourrait-elle compter sur Dominic ?

Elle tenta d'imaginer celui-ci arrivant chez elle pour s'occuper du bébé en son absence ou bien l'emmenant chez lui... Combien de temps cela durerait-il ? Combien de temps lui faudrait-il pour se lasser de ces arrangements ?

Il serait évidemment appelé à l'hôpital, comme cela arrivait si souvent à son père quand elle était petite. Il déciderait alors peut-être que son métier était plus important que le sien.

Et s'il la quittait pour une autre femme et estimait que sa nouvelle famille était sa priorité, comme sa mère l'avait fait ?

C'était sa plus grande crainte : que Dominic les aide au démarrage, le bébé et elle, puis qu'il se lasse et les quitte.

Et puis, il y avait encore la possibilité que leur accord ne fonctionne pas. Dominic n'avait toujours pas résolu son problème avec sa famille. Et, malgré ce bébé si malade, les deux frères étaient incapables de se rapprocher.

Et elle ?

Elle n'avait jamais été proche de personne.

— Comment vous faites pour que ça marche, Hayley et toi ? demanda-t-elle.

Glen n'eut pas le temps de répondre, car ils venaient de recevoir un nouvel appel.

— C'est l'adresse de Penny ! s'écria Victoria.

Ils branchèrent le gyrophare, et Glen évolua habilement parmi les rues sombres de Londres.

Bientôt, ils arrivèrent devant la maison.

Les lumières étaient allumées au rez-de-chaussée comme à l'étage et, en remontant l'allée, Victoria vit qu'on avait laissé la porte ouverte.

Inspirant profondément, elle entra dans la salle de séjour.

— Bonjour, ma jolie.

Elle arborait un large sourire, et personne n'aurait pu deviner combien son cœur s'était serré à la vue de Penny.

Julia était étendue sur le canapé, sa fille dans les bras. Les cheveux de l'enfant tombaient sur ses épaules, humides de sueur. Ses yeux étaient enfoncés dans leurs orbites, et elle avait du mal à respirer.

Glen sortit l'oxygène pendant que Victoria examinait soigneusement la fillette.

— Je vais me servir du ballon pour t'aider à respirer, dit Glen en posant un masque sur le petit visage.

Penny aspira, assistée de Glen qui insufflait l'oxygène vital dans ses poumons.

La petite fille était brûlante, et quand Victoria repoussa la couverture elle vit qu'elle avait gardé son tutu.

Elle souffrait visiblement d'un œdème des poumons. Elle réagit à peine quand Victoria la perfusa.

— Tu es très courageuse. Maintenant, je vais te donner un médicament qui va t'aider à te débarrasser de cet horrible liquide qui t'empêche de respirer.

Penny s'agita un peu.

— Elle n'aime pas les diurétiques parce que parfois elle

n'arrive pas à se retenir, expliqua Julia. Mais ça n'a pas d'importance, Penny.

Pour la petite fille, ça en avait.

— J'ai un bassin dans l'ambulance, dit Victoria, et je vais mettre plein de compresses sur le brancard. Comme ça, si tu as un petit accident, on aura tout nettoyé avant d'arriver au Château.

Penny hocha la tête et se laissa administrer les remèdes. L'oxygène faisait son effet, et grâce à la perfusion elle commença à se calmer. Elle se mit à respirer plus facilement, et sa peau reprit sa couleur normale.

Maintenant, il fallait l'emmener à Paddington.

Glen souleva délicatement l'enfant et la déposa sur le brancard, puis il s'assura qu'elle ne risquait pas de tomber, ensuite les deux ambulanciers le soulevèrent.

— Tu es prête ? demanda Victoria.

D'habitude, Penny hochait la tête en souriant ou, si elle n'était pas assez en forme, elle levait le pouce.

Mais cette fois, elle souffla :

— Pas...

Elle ne parvint pas à terminer sa phrase.

Julia vint auprès d'elle pour la rassurer.

— On a tout ce qu'il faut avec nous, Penny !

Elle vérifiait toujours que sa fille avait avec elle toutes les choses qu'elle aimait. Mais Victoria savait ce que Penny avait voulu dire. Elle avait vu la même réaction chez de nombreux patients : avant de partir, ils voulaient rester encore un moment chez eux.

— C'est bon, Penny, lui dit-elle. On peut s'attarder une minute.

Bien sûr, il fallait faire vite, mais pour l'instant la priorité consistait à causer le moins d'angoisse possible à la petite fille. S'ils se précipitaient dehors contre son gré, ils ne feraient que la bouleverser davantage.

Ils attendirent sans bouger pendant que Penny parcourait la pièce des yeux.

Celle-ci regarda d'abord l'écran de télévision, où un dessin animé avait été mis sur pause et où ses personnages préférés étaient figés. Puis le canapé sur lequel elle avait été étendue, comme si elle l'imprimait dans sa mémoire.

Clairement, elle n'était pas sûre de revenir.

Sa mère, pourtant très forte et habituée à voir sa fille malade, était clouée au sol par l'émotion.

— Si vous alliez boire un verre d'eau, Julia ? suggéra Victoria.

Pendant que sa mère pleurait dans la pièce voisine, Penny s'imprégnait des lieux familiers.

Quand Julia revint, elle vit que sa fille regardait une photo prise sur une plage par un beau jour d'été.

— Tu veux qu'on l'emporte, ma chérie ?

Penny opina du chef, avant de poser la tête sur l'oreiller et de lever le pouce.

Elle était prête.

Peter, son père, l'embrassa et promit de les rejoindre à l'hôpital.

Une fois dans l'ambulance, Glen appela Paddington pour prévenir l'hôpital de leur arrivée imminente et décrire en détail l'état de la patiente qu'ils amenaient. C'était lui qui conduisait, tandis que Victoria se tenait à l'arrière avec Julia et Penny. D'ordinaire, Julia lisait une histoire à sa fille pendant le trajet, mais là elle restait immobile, son visage en larmes parfois éclairé par la lumière bleue du gyrophare.

— Histoire..., dit Penny.

— Laisse-moi réfléchir, répondit Victoria.

Elle avait dit à Dominic qu'elle ne croyait pas aux contes de fées mais, enfant, elle les avait adorés comme n'importe quelle petite fille. Jusqu'à ce jour, elle n'avait jamais eu à en inventer un.

Après avoir réfléchi un instant, elle raconta à Penny l'histoire d'un château magique et d'une fillette qui se glissait derrière une armoire pour monter dans la tour.

Voyant Penny esquisser un faible sourire, elle précisa :

— Il y a une princesse qui y habite. Elle veille sur les bébés et les enfants.

— C'est vrai ? demanda Penny.

— Bien sûr.

Et, tout en tenant la main de sa petite patiente dans la sienne, elle poursuivit ce récit qui semblait l'apaiser.

Le teint de Penny était gris, son cœur battait trop vite, mais lorsqu'elle leva les yeux vers les vitres teintées elle sourit.

Victoria l'imita et laissa échapper un soupir de soulagement à la vue des toits familiers.

Le Dr Wolfe les attendait.

Thomas Wolfe avait travaillé à Paddington plusieurs années auparavant, lorsqu'elle-même débutait dans le métier. Ce n'était pas le moment de le lui rappeler, mais elle était heureuse de confier Penny à un médecin aussi expérimenté.

Il écouta leur rapport pendant qu'ils soulevaient la fillette pour la déposer sur un lit du service de réanimation. Après les avoir remerciés, il examina Penny.

— Tu t'en sors très bien, Penny, lui dit-il en l'aidant à s'asseoir.

Mais Victoria avait noté son expression très sombre pendant qu'il l'auscultait.

L'enfant avait encore du mal à respirer. Autour d'elle, les infirmières s'affairaient pour poser les électrodes du moniteur cardiaque et lui injecter via la perfusion les produits prescrits par Thomas.

Victoria avait fait son travail. Elle avait amené une patiente au Château et elle était censée repartir. Mais elle souhaitait vivement s'attarder pour savoir comment Penny allait.

Était-ce parce qu'elle allait devenir mère que ce genre de choses l'affectait davantage ? Elle était au bord des larmes, avait le sentiment que ses émotions n'avaient jamais atteint un tel niveau.

— Je vais boire quelque chose, dit Glen.

— Vas-y, répliqua-t-elle.

S'exhortant au calme, elle se mit à nettoyer le brancard.

Ce n'était que du travail, après tout…

Dominic aperçut Glen dans la kitchenette du service. Agrippé à l'évier, il inspirait et expirait profondément.

— Salut ! lança Dominic.

Pas de réponse.

Il savait que la présence de Glen impliquait que Victoria

n'était pas loin. Devinant que l'ambulancier s'efforçait de recouvrer son calme, il décida de rester un instant avec lui et de lui parler un peu.

Glen lui apprit que Victoria et lui s'étaient trouvés sur les lieux de l'incident à Piccadilly, le vendredi.

Dominic, très reconnaissant envers cet homme de veiller sur Victoria, n'insista pas pour en savoir davantage.

Ils évoquèrent ensuite l'incendie qui avait ravagé l'école. Glen lui expliqua qu'ils n'avaient pas eu d'autre choix que de s'approcher du bâtiment lorsqu'ils avaient constaté, même de loin, la gravité des blessures de Lewis.

Ensuite, ils en vinrent à Penny. Glen raconta comment la petite fille avait souhaité s'attarder un peu dans la maison avant de partir.

— Pauvre gosse, conclut Glen. On ne peut pas s'empêcher de penser à nos propres enfants, dans ce genre de situation... Vous vous rappelez cette enfant que nous avons amenée, il y a quelques mois ? Elle avait à peu près le même âge que ma fille.

Oui, Dominic s'en souvenait très bien... C'était celle qu'il avait perdue sur la table d'opération.

— Je ferais n'importe quoi pour mes enfants, reprit Glen, et j'espère seulement que j'en ai fait autant pour elle. Mais si j'avais mis moins de temps à la sortir de cette voiture, et si nous avions...

— Glen ! l'interrompit gentiment Dominic. Je me suis posé les mêmes questions que vous, mais sachez que, même si elle avait été opérée sur le lieu de l'accident, l'issue aurait été la même.

— Je le sais... Mais j'avais besoin de l'entendre. Cette histoire m'a profondément affecté.

— Je comprends. C'était affreux.

La perte d'un patient est toujours difficile à vivre. Parfois, cela pouvait même vous détruire, et c'était visiblement ce qui était en train d'arriver à Glen.

— Victoria me harcèle pour que j'en parle à quelqu'un...

Dominic hocha la tête, se réjouissant que ces deux-là veillent mutuellement l'un sur l'autre.

— Elle a raison. Et, s'il vous vient d'autres questions, vous pouvez toujours vous adresser à moi.

Glen hocha la tête.

— Je crois que je vais attendre une minute avant d'y retourner.

— Bien sûr.

Un instant plus tard, Dominic trouva Victoria debout près du brancard, en train de fixer l'écran de son téléphone.

— Ton collègue est en train de pleurer dans la cuisine, dit-il en s'approchant d'elle.

— Je sais. Mais j'ai fait semblant de ne pas m'en apercevoir, par politesse.

— C'était très dur, chez Penny ?

— Pas vraiment.

Il la dévisagea, stupéfait, car Glen venait de lui dire exactement le contraire.

Et puis, d'une voix tout aussi neutre, Victoria lui annonça qu'ils se voyaient à l'hôpital pour la dernière fois, parce que c'était sa dernière mission.

— Désormais, je serai sans doute chargée de répartir les ambulances, dit-elle.

— Mais tout va bien ?

— C'est la procédure. Après la fin de ce service, j'aurai quinze jours de congé et, quand je reviendrai, je ne travaillerai plus sur le terrain.

— Tant mieux ! Enfin... Tu vas me manquer, mais c'est mieux que de prendre des risques.

— De toute façon, on se verra aux réunions du comité de défense de Paddington.

— Certainement.

Il faisait son possible pour ne pas l'attirer dans ses bras, mais c'était un véritable calvaire.

Peut-être devait-il admettre qu'elle souhaitait vraiment qu'il la laisse se débrouiller seule. Pourtant, ça ne correspondait pas à l'aspect passionné d'elle-même qu'elle lui avait parfois laissé entrevoir. Il était certain qu'elle souffrait, même si elle ne le montrait pas.

Il aurait peut-être dû s'éloigner, la traiter aussi froidement qu'elle prétendait le vouloir, mais au lieu de cela il tenta une autre stratégie.

— J'attends un transfert de Riverside, annonça-t-il. Je viens d'en discuter avec ton père.

— Quelle chance tu as ! dit-elle en reprenant son téléphone.

— Quand vous avez eu cette dispute, qu'est-ce qu'il t'a dit ?

— Je ne veux plus en parler, marmonna Victoria.

— S'il te plaît ! Bien sûr, si ça te bouleverse trop…

— Ce n'est pas ça, répliqua-t-elle en haussant les épaules. C'est juste qu'il m'a décrite sous un jour peu flatteur en me faisant remarquer que ma mère ne l'avait pas seulement quitté, lui.

Elle ne le formulait pas clairement, mais il put presque entendre le professeur Christie disant à sa fille que sa mère l'avait quittée, elle aussi.

— En quoi est-ce peu flatteur pour toi ?

— Je n'ai peut-être pas été le plus mignon des bébés.

— Quel âge avais-tu quand elle est partie ?

— J'allais avoir un an… Elle n'a même pas tenu une année.

Fourrant son téléphone dans sa poche, elle regarda Dominic dans les yeux.

— Alors, tu peux comprendre pourquoi je ne veux pas que tu entres et sortes de la vie de mon enfant. Ma mère, elle, est partie pour de bon.

— Tu ne l'as jamais revue ?

— Non. J'ai découvert sur un réseau social qu'elle avait deux grands fils. J'ai tenté de les contacter, mais ils m'ont tous rejetée.

— Je ne ferai jamais ça, Victoria.

— Pas tout de suite, non. Mais tu peux changer d'avis, décider de retourner vivre en Écosse une fois que tes problèmes familiaux seront résolus.

— Victoria, tu te rappelles m'avoir dit que tu n'étais pas mon ex ? Eh bien, ça marche dans les deux sens ! Je serai toujours là pour mon enfant.

Victoria le savait déjà. Au plus profond d'elle-même, elle le savait. Mais ce n'était pas seulement le bébé qu'elle cherchait à protéger. C'était elle...

Et elle se sentait incapable d'endurer la souffrance d'être quittée.

— Et Lorna ? demanda-t-elle. Est-ce que tu ne lui as pas dit à elle aussi que tu serais toujours là pour elle ?

— Non, répondit-il en la regardant dans les yeux.

— Je ne te crois pas.

— Tu devrais, parce que son problème et le mien, c'était que je ne me montrais pas assez démonstratif.

— Est-ce que tu as dit que tu serais toujours là pour ton frère ?

Cette fois, le coup porta, car Dominic tressaillit.

— C'est bien ce que je pensais, dit-elle. Merci. Mais non merci, Dominic. Je souhaite vraiment me débrouiller seule.

— Je ne peux pas te forcer à m'accepter dans ta vie, si tu ne le veux vraiment pas. Je vais rester à l'écart si ça peut t'aider. Mais à une condition.

— Laquelle ?

— Si jamais tu changes d'avis, tu dois me le dire.

— Je ne changerai pas d'avis. À plus tard, conclut-elle en voyant Glen se diriger vers eux.

13

Quand Victoria s'éloigna, Dominic faillit la retenir par le bras.

« À plus tard » ! Comment osait-elle ?

Mais à quoi bon ?

Il aurait voulu assister à l'échographie, mais il ne pouvait pas la contraindre à accepter sa présence. En réalité, il ne pouvait *rien* lui demander !

Il avait détesté la savoir dans une ambulance alors qu'elle était enceinte, mais au moins cela avait impliqué qu'ils se voient régulièrement. Désormais, il devrait se contenter de la croiser à des réunions, en sachant qu'il n'aurait sans doute pas l'occasion de lui parler.

Etant donné ce qui s'était passé la dernière fois, il ne pouvait pas non plus passer à son appartement…

En même temps, il ne regrettait rien. Il ne s'agissait pas seulement de sexe, entre eux. Cette nuit-là, il avait connu chez elle un moment de paix, ils avaient pu discuter… C'était ce qui l'avait calmé après une journée difficile. Et puis, il avait entrevu un autre aspect de Victoria.

Le transfert de Riverside pouvait avoir lieu dans les prochaines heures. Plutôt que de prendre un peu de repos, il s'attarda dans le service au cas où Victoria reviendrait, ce qui pourrait être sa dernière chance de lui parler.

Il y avait peu d'infirmières. Karen travaillait dans l'espace réservé à la réanimation. Elle devait surveiller Penny tout en s'efforçant de s'occuper d'un enfant de deux ans très agité.

Quand la lumière s'alluma au-dessus de la porte de Penny, il y alla, et Karen le remercia d'un signe de tête.

— Bonjour, dit-il en entrant dans la chambre.

— Tu n'es pas une infirmière, remarqua la petite fille, au prix d'un effort visible.

Elle semblait aller mieux et pouvait produire de courtes phrases.

— Tu as raison, répondit-il, mais Karen s'occupe d'un bébé. Tu as besoin de quelque chose ?

— Je voudrais de la glace.

— Je crois que je peux te trouver ça.

Il sortit de la pièce et prit un petit pot de glace au distributeur. Revenu auprès de la fillette, il lui en glissa une cuillerée dans la bouche.

— Maman parle avec le docteur, dit Penny.

— Elle ne devrait pas en avoir pour longtemps. Comment te sens-tu, maintenant ?

— Mieux.

— C'est une bonne nouvelle.

Elle paraissait anxieuse, et il devina que, ce soir, elle devait avoir peur.

Gardant le gobelet à la main, il la laissa respirer un instant et attendit qu'elle parle de nouveau.

— Il y a une princesse qui vit dans la tour, déclara Penny. C'est Victoria qui me l'a dit.

Il sourit.

Apparemment, même si Victoria ne croyait pas aux contes de fées, elle savait les raconter. Il y avait tant de facettes en elle ! Il aurait voulu toutes les connaître.

— C'est bon à savoir.

— Une belle princesse, précisa Penny. Elle veille sur les enfants.

— Tu n'as rien à me dire sur le beau prince ?

— Victoria n'en a pas parlé.

Il ne put réprimer une grimace.

Il donna encore à Penny quelques cuillerées de glace, mais il devinait qu'elle cherchait surtout de la compagnie. Il bavarda donc avec elle à propos de magie, de fées et de souhaits qui se réalisent.

À cause de son accent, la fillette lui demanda s'il connaissait le monstre du loch Ness.

— Nessie ? s'écria-t-il comme si le monstre était un ami très cher. Mon frère et moi, nous l'avons vu pendant les vacances, il y a de nombreuses années.

Penny sourit avant de lui confier un de ses vœux.

— Je voudrais avoir des leçons de danse.

— Je suis certain que la princesse s'en occupe pendant que nous en parlons, assura-t-il.

Il se tourna vers Julia qui venait d'entrer.

— Merci, docteur, dit-elle aussitôt.

— Il n'y a pas de problème.

— Qu'est-ce que le docteur a dit ? demanda Penny.

— Ils vont te garder pendant quelques jours. C'est sa seconde maison, ici, ajouta Julia à l'intention de Dominic.

Elle arborait un large sourire, mais il vit qu'elle s'était maquillée et il devina qu'elle faisait son possible pour dissimuler sa propre détresse.

Les enfants l'étonnaient souvent, mais parfois aussi les adultes. Il était clair que Julia venait d'apprendre des nouvelles terribles sur l'état de sa fille.

Il avait entendu Thomas en discuter avec Karen, et le pronostic n'était pas très bon. Une infection virale ravageait le cœur déjà très affaibli de Penny, augmentant le risque d'arrêt cardiaque.

— Où est papa ? demanda la petite fille.

— Il déplace la voiture, sinon il va encore se faire gronder.

Julia enchaîna en rappelant à Penny comment son papa s'était déjà fait « gronder » deux fois.

D'accord. Soit le pauvre père était dehors en train de pleurer, soit il avait en effet garé sa voiture sur un emplacement interdit, tant il était pressé de retrouver son enfant malade.

Julia continua de bavarder jusqu'à l'arrivée de son mari, qui embrassa sa petite fille.

Dominic les observait.

Personne n'aurait pu deviner leur souffrance, à moins de le savoir…

Et soudain il comprit.

Victoria souffrait ! Bien sûr, qu'elle souffrait ! Et sans doute un peu plus chaque jour.

Il se rappela Glen, répétant qu'il ferait n'importe quoi pour ses enfants. Et les pompiers fonçant dans un bâtiment en feu pour sauver des gamins qui n'étaient même pas les leurs.

Chaque jour, tous ces actes de dévouement rappelaient à Victoria ce que sa propre mère n'avait pas fait.

Victoria souffrait.

Assise à côté de Glen dans l'ambulance, elle déboucha sa thermos pour boire un godet de thé pendant que le soleil se levait sur Londres.

— Ça va me manquer, dit-elle.

— Mais tu reviendras, répliqua Glen.

— Oui. Même si je vais regretter de ne plus être sur les routes, je suis prête à y renoncer pendant quelque temps.

Depuis qu'elle se savait enceinte, ce n'était plus seulement sa vie qu'elle risquait parfois. Non pas à cause des poids qu'elle devait soulever, mais parce que certains patients étaient imprévisibles. Ces deux dernières semaines, Glen avait veillé sur elle, mais il était temps qu'il prenne soin de lui. Contrairement à ce qu'elle avait dit à Dominic, il n'était pas question pour elle d'ignorer poliment les larmes de son équipier, et elle voulait savoir ce qu'il comptait faire pour soulager sa souffrance.

— Glen, tu t'es renseigné pour trouver un thérapeute ?

— Oui. J'ai rendez-vous ce matin même. C'est pour cette raison que je ne t'ai pas proposé de t'accompagner à l'échographie.

Finalement, il avait écouté son avis et avait cherché de l'aide auprès d'un thérapeute !

— Tu en as parlé à Hayley ?

— Ouais. C'est notre anniversaire de mariage, aujourd'hui, et elle m'a dit que c'était le plus beau cadeau que je pouvais lui faire.

— Tu as aussi cette bonne bouteille de vin qu'on t'a offerte, lui rappela Victoria.

— Et une bague.

— Comment faites-vous pour que ça marche ? demanda-t-elle une nouvelle fois.

Glen réfléchit un instant.

— Pour ton propre bien, tu dois cesser d'être aussi fière.

Elle devina qu'il faisait allusion à une conversation récente avec sa femme.

— À partir de maintenant, je ne verrai plus Dominic, de toute façon.

— Permets-lui d'être auprès de toi pendant l'échographie, Victoria. Quoi qu'il arrive entre vous, que vous formiez un couple ou non, vous devez bien parvenir à être parents ensemble, non ?

Elle baissa les yeux sur son godet vide.

Elle ne savait pas s'ils en seraient capables. Mais qui était-elle pour refuser à son enfant ce père merveilleux ?

14

Le patient transféré de Riverside arriva. Son état nécessitait une intervention chirurgicale.

Dominic appréciait le calme qui régnait au bloc.

Certains chirurgiens bavardaient ou écoutaient de la musique en travaillant. Lui, au contraire, le silence lui permettait de se concentrer, surtout quand il avait été de garde pendant le week-end.

A 7 heures du matin, son dernier patient fut installé dans sa chambre. Après avoir fait le tour du service et examiné tous ses autres patients, il était assez fatigué pour vouloir rentrer chez lui.

Au lieu de cela, il prit une douche et s'attarda à l'hôpital.

Il savait que l'échographie de Victoria était programmée à 10 heures. Mais il restait aussi pour une autre raison : il y avait quelque chose qu'il devait faire.

Victoria avait raison d'hésiter à s'engager avec lui. Elle n'avait pas besoin d'un homme traînant derrière lui un certain nombre de casseroles.

Désormais, il se sentait prêt à régler la situation avec sa famille. Mais, avant toute chose, il décida de passer par la cardiologie, où il trouva Penny, reliée à des moniteurs et perfusée.

Elle lui adressa un sourire et un signe de la main.

Il gagna ensuite la station centrale où se tenait Thomas.

— Bonjour, dit-il.

— Bonjour, répliqua Thomas sans cesser d'écrire quelques notes.

— Salut, Rebecca, fit Dominic en voyant sa consœur approcher.

— Docteur Scott, dit Thomas.

Dominic s'étonna d'un accueil aussi froid.

— Docteur Wolfe, répondit Rebecca d'une voix tendue.

Souriant à Dominic, elle poursuivit :

— Qu'est-ce que tu fais en cardiologie ?

— Mon neveu est hospitalisé ici... William MacBride.

— Oh ! je savais bien que ce nom m'était familier ! Je suis justement là pour le voir.

— Je reviendrai plus tard, en ce cas.

Il ignorait la raison de la tension qu'il sentait entre ses collègues, mais il préférait ne pas aggraver les choses par sa présence.

— Non, non. Je dois parler d'abord avec le Dr Wolfe et j'ai deux autres patients à voir, alors tu peux y aller.

Dominic passa prendre quelque chose dans son casier, puis il se rendit en cardiologie.

Rosie, l'infirmière, lui indiqua où se trouvait le bébé William. Un instant plus tard, il aperçut la petite famille derrière la vitre.

Lorna tenait son fils dans ses bras. William était toujours relié à des moniteurs, mais il semblait reposé, et son teint était rose. Jamie était avec eux.

Dominic frappa à la porte ouverte. Lorna leva les yeux, visiblement surprise de le voir.

— Salut !

Jamie se leva d'un bond, visiblement nerveux.

— Comment va-t-il ? demanda Dominic.

— Mieux, répondit son frère. Ils lui donnent des bêta... quelque chose.

— Des bêtabloquants, dit Dominic. Ils ralentissent le rythme cardiaque et ils ont aussi un effet apaisant sur le patient.

— J'en aurais bien besoin aussi, plaisanta Lorna en émettant un petit rire.

Tant d'événements s'étaient succédé depuis leur rupture qu'il sembla à Dominic que leur liaison datait d'un siècle.

Il sourit à Lorna, qui parut se détendre.

— Je comprends ça, déclara-t-il. Le petit William vous a causé bien du souci.

Il choisissait ses mots avec soin, se refusant à faire allusion à ce qui s'était passé entre eux trois. En ce qui le concernait, la page était tournée.

— J'ai apporté ça pour William, reprit-il en lui tendant un petit paquet.

Elle l'ouvrit tout en gardant son bébé contre sa poitrine. Cela prit un certain temps, en raison de tous ces tuyaux, mais finalement la jeune femme sourit à la vue du petit chien écossais, avec son tartan autour du cou.

— Il est ravissant ! dit-elle. On n'a pas pensé à apporter des jouets. Comme ça, le bébé aura une jolie peluche dans son berceau.

— Tiens !

Dominic tendit à Jamie une petite carte et un chèque. Sachant combien son frère gérait mal son budget, il donnait au jeune couple une somme généreuse.

— J'ai pensé que vous pourriez acheter quelque chose pour la chambre du bébé ou bien une poussette.

— Merci.

Mais c'étaient les mots inscrits sur la carte qui importaient visiblement le plus à Jamie, qui les lut plusieurs fois.

« Chers Lorna et Jamie,

Toutes mes félicitations pour la naissance de William. Je suis ravi de devenir oncle et j'ai hâte de le voir grandir. Je sais que vous serez des parents formidables.

« Affectueusement.

« Dominic. »

— Tu veux le prendre ? demanda Jamie d'une voix légèrement tremblante. Ou bien…

Il hésita, ne souhaitant pas lui en demander trop.

Mais la démarche de Dominic était parfaitement sincère. Il était prêt à faire partie de la vie de son neveu.

— Très volontiers, merci.

Il avait tenu de nombreux bébés pendant ses journées de travail, mais ils étaient tous des patients. Cette fois, la situation était bien différente.

William était vraiment un très beau bébé. Il avait le menton des MacBride, ainsi que leurs mains et leurs pieds longs et fins. Ouvrant les yeux, il sourit à son oncle.

— J'espère que tu ne te souviens pas de moi, dit Dominic, parce que la dernière fois que nous nous sommes vus je te faisais des piqûres.

— Il va mieux, n'est-ce pas ? demanda Lorna avec anxiété.

— Tout à fait. Je sais que vous devez être terrifiés, mais je suis sûr que tout va bien se passer.

Tout en parlant, il songeait que, dans un futur pas si lointain, il tiendrait son propre enfant dans ses bras.

Il attendrait le temps qu'il faudrait pour que Victoria lui fasse confiance, et pas seulement en tant que père. Il avait d'autres projets, en ce qui les concernait tous les deux.

Il rendit le bébé à sa mère, puis il serra la main de son frère.

— Toutes mes félicitations, dit-il.

Et finalement, il put le regarder dans les yeux et lui sourire.

— Oh !

Reconnaissant la voix de sa mère, il se retourna et remarqua l'expression soucieuse de son père.

— Je passais voir comment se porte le petit William, expliqua-t-il.

— Tout va bien ? demanda William Sr. avec inquiétude.

— Tout à fait. On se revoit à la maison. Lorna, si tu veux un repas convenable ou habiter chez moi, tu es la bienvenue.

Se tournant vers sa mère, il ajouta :

— J'ai travaillé toute la nuit, alors sois assez gentille pour organiser tout ça.

— Très volontiers ! Tu vas voir ce que l'on peut faire avec les commerces de bouche de ton quartier !

À partir de là, il eut l'impression que tous ceux qui se trouvaient dans la chambre formaient de nouveau une famille.

Il retourna ensuite aux urgences, où il but un café. Il remarqua une infirmière qui répondait au téléphone et faisait son possible pour rester polie.

— Croyez bien que je suis désolée, mais je n'étais pas de service la nuit dernière. Je vais m'efforcer de me renseigner.

Posant la main sur le micro, elle siffla :

— Ce type !

— Qui est-ce ?

— Le professeur Christie, de Riverside.

— Qu'est-ce qu'il veut ?

— Des informations à propos d'un transfert, cette nuit.

— Je le prends.

S'emparant du téléphone, il entendit le professeur Christie réprimander un membre du personnel à l'autre bout du fil.

— Bonjour. Dr MacBride, à l'appareil.

— Oh ! fit le professeur, adoptant immédiatement un ton aimable. Désolé, mais je travaille avec des incapables, ce matin.

Dominic y avait déjà réfléchi, et il sut exactement quoi répondre.

— Eh bien, dit-il sèchement, cela a peut-être quelque chose à voir avec le fait qu'ils travaillent avec un con arrogant. Que puis-je pour vous, monsieur ? poursuivit-il sur un ton professionnel.

On entendit le professeur s'étrangler, et l'infirmière écarquilla les yeux.

— Qu'est-ce que vous venez de dire ? demanda le Pr Christie.

— Vous voulez que je le répète ? répliqua calmement Dominic. Ou préférez-vous que je vienne vous le dire en face ?

— Maintenant, vous allez m'écouter...

— C'est ce que je fais. J'écoute attentivement et je réfléchis avant de parler.

Le ton était menaçant.

Il y eut un silence à l'autre bout du fil.

— Et maintenant, enchaîna Dominic, que voulez-vous savoir à propos de ce patient ?

15

Victoria était assise dans la salle d'attente de la radiologie.

La sonnerie de son téléphone retentit, et elle fit la grimace en voyant que l'appel venait de son père.

Il le faisait rarement. En réalité, c'était toujours elle qui lui téléphonait... Peut-être s'était-il radouci à son égard ?

— Bonjour, papa.

— Qui est le père du bébé ?

— Pourquoi ?

— Contente-toi de me le dire.

Elle se tut. Jusque-là, son père n'avait pas manifesté le moindre intérêt pour son enfant et, à en juger à son ton, cela n'avait pas changé.

En fait, il avait même l'air furieux lorsqu'il reprit :

— Tu m'as bien dit qu'il était écossais ?

— Pourquoi veux-tu le savoir ?

— Je viens de me faire insulter par un certain Dominic MacBride.

Le cœur de Victoria se mit à faire des bonds dans sa poitrine.

— Qu'est-ce qu'il t'a dit ?

Elle ferma les yeux pendant que son père lui rapportait les propos de Dominic.

Qu'est-ce qui lui avait pris de parler à son père de cette façon ? Dominic, qui insistait sur le fait que ses réponses étaient toujours mesurées, avait clairement dépassé les bornes, cette fois-ci. Désormais, ils ne pourraient plus envisager un avenir commun...

Elle faillit fondre en larmes à l'idée qu'elle ne connaîtrait jamais de fêtes de famille à Noël ou à Pâques.

— Eh bien ? insista le professeur. C'est le père ?

Elle en voulait à Dominic, tout en étant d'accord avec ce qu'il avait dit.

Elle décida brusquement d'exprimer le fond de sa pensée.

— Oui, et j'en suis très heureuse, affirma-t-elle avant de raccrocher.

Dominic serait un père merveilleux. De nouveau, elle entrevoyait des Noëls et des fêtes d'anniversaire...

Il avait le droit d'être là !

Et pas seulement cela. C'était lui qu'elle appellerait s'il y avait un problème. C'était la voix de Dominic qu'elle aurait besoin d'entendre, si leur bébé était malade ou s'il faisait simplement un caprice. Glen avait l'air de croire que c'était possible. Elle ne savait pas comment accorder à Dominic une place dans la vie du bébé sans dévoiler ses propres sentiments, mais, oui, il avait le droit d'être là !

C'est pourquoi, sans se donner le temps de réfléchir, elle lui envoya un SMS rapide.

Tu peux venir à l'échographie ?

Après avoir appuyé sur le bouton d'envoi, elle fut saisie de panique à l'idée qu'il la prenne pour une folle. Elle entreprit alors d'envoyer un nouveau message :

Tu peux assister à l'échographie si tu le souhaites toujours.

Mais elle trouva que cela sonnait faux et elle ne l'envoya pas. Ensuite, elle pensa qu'il dormait et qu'il allait lire son premier SMS en se réveillant. Il allait peut-être penser qu'il y avait un problème...

Et s'il y en avait un ? Elle avait besoin de lui auprès d'elle !

Et soudain, il fut là.

Comme toujours, elle eut conscience de sa présence avant même d'avoir levé les yeux.

— Tu es arrivé vite !

— En fait, je suis resté dans le coin au cas où tu changerais d'avis, dit Dominic en s'asseyant près d'elle.

— Tu as parlé à mon père, remarqua-t-elle sur un ton accusateur.

— C'est vrai.

— Qu'est-ce que tu lui as dit ?

Elle se demandait s'il resterait dans le vague, mais il répéta exactement ses propos.

— Il était furieux contre un membre de son personnel et il s'adressait avec condescendance à l'une de nos infirmières. Je lui ai dit qu'il se comportait comme un con arrogant, c'est tout.

— Et que se passera-t-il quand tu le rencontreras ? À l'hôpital, par exemple, précisa-t-elle.

Pour rien au monde, elle n'aurait fait allusion à de possibles réunions de famille.

— Je serai poli. Victoria, tu penses vraiment que nous allons discuter gentiment au-dessus du berceau de notre bébé ?

— Non, évidemment...

— Mais, si cela arrive, je jouerai le jeu et me conduirai correctement. Mais je voulais lui faire comprendre que je sais ce qu'il est. Je ne permettrai pas que mon enfant ou la mère de mon enfant soient affectés par son sale caractère. Je lui ai juste adressé un avertissement, aujourd'hui.

Reconnaissant qu'il avait raison, elle hocha la tête, submergée par le soulagement.

Elle pouvait désormais s'appuyer sur quelqu'un, ce qui ne lui était jamais arrivé auparavant. Et, même si Dominic n'était là que pour veiller sur leur enfant, elle se réjouissait qu'il soit à son côté.

— Tu es nerveuse ? demanda-t-il.

— Et toi ?

— Oui.

Soudain, Dominic lui donna un petit coup de coude et l'invita d'un signe à lever les yeux vers l'écran de télévision accroché à un mur.

— Regarde.

On les voyait tous les deux le jour de l'incendie à Westbourne Grove.

Deux semaines s'étaient écoulées mais, pour elle, cela aurait aussi bien pu être deux siècles. Tant de choses avaient changé, depuis ! Cet incendie avait été dramatique, il avait bouleversé de nombreuses vies, des enfants étaient encore très malades, mais un bien avait découlé de ce terrible événement.

Il y eut ensuite des images des protestataires devant l'hôpital, et Angela Marton parla de leur combat pour sauver Paddington, répétant que les Londoniens ne voulaient pas perdre un hôpital qui avait rendu l'espoir à tant d'entre eux.

— Je veux que mon bébé naisse ici, murmura Victoria.

— *Notre* bébé, rectifia Dominic.

— Si je comprends bien, tu me crois, maintenant ? le taquina-t-elle.

— Victoria ! Plus je te connais, plus je suis abasourdi par la vitesse à laquelle tu as laissé tomber ta petite culotte.

— Arrête !

— D'accord. Le préservatif était sans doute hors d'usage.

— Alors, pourquoi es-tu si nerveux, toi aussi ?

— Parce que, comme tous les parents, je veux que notre enfant aille bien. Tu crois bien dans les contes de fées, non ? demanda-t-il en souriant.

— Non.

— Pourtant, Penny m'a parlé d'une princesse.

— Comment va-t-elle ?

— Ne t'inquiète pas pour elle maintenant.

— Je ne m'inquiète pas, mentit-elle. Je te pose juste une question.

— Un virus s'en prend à son cœur. Elle risque un arrêt cardiaque.

Se rappelant les beaux yeux de Penny alors qu'elle s'imprégnait mentalement de sa maison, Victoria pria très fort pour que la petite fille s'en sorte.

— Tu penses qu'elle va guérir ?

— Je n'en sais rien, Victoria. Le chemin sera long, de toute façon.

— Victoria Christie !

Elle se leva à l'appel de son nom.

— Entrez, dit la gynécologue.

Elle fut introduite dans un petit box, et on lui demanda de passer une tenue d'hôpital.

— Ensuite, vous viendrez vous étendre, ajouta le médecin. Je reviens tout de suite.

Après s'être changée, elle entra dans la petite pièce, s'étendit sur la table d'examen, rabattit la couverture sur ses jambes, et Dominic s'assit près d'elle.

La gynécologue entra. Ils parlèrent un instant de la date de conception et, après avoir jeté un coup d'œil au ventre de Victoria, elle confirma qu'en effet sa vessie devait être bien remplie, ce qui les fit rire tous les trois.

Le biper de la gynécologue retentit, et elle s'excusa de devoir les laisser quelques instants.

Restés seuls, Dominic et Victoria demeurèrent silencieux.

Elle retint son souffle.

Dominic se sentait-il mal à l'aise après ce qui lui était arrivé avec Lorna ?

Dominic ne se sentait pas le moins du monde mal à l'aise, au contraire. Il ne demanderait pas de test ADN car il savait sans l'ombre d'un doute que cet enfant était de lui.

Victoria pensait n'avoir besoin de personne. Sauf qu'elle se trompait peut-être.

— Et s'il y avait un problème ? fit-elle d'une voix teintée d'anxiété.

— Eh bien, nous l'affronterons ensemble.

Elle se mit pleurer.

Il sortit des mouchoirs de papier de la boîte prévue à cet effet et les tendit à Victoria pour qu'elle s'essuie les yeux.

— Tout va bien se passer, affirma-t-il.

— Je suis juste un peu fatiguée. La nuit a été chargée, et je m'inquiète pour Penny.

— Je sais.

Mais il n'y avait pas que cela…

— Je suis désolé de m'en être pris à ton père.

— Je suis contente que tu l'aies fait, maintenant. C'est ma mère… J'aime déjà tellement ce bébé, alors je ne comprends pas qu'elle ait pu me laisser tomber comme ça.

— Moi non plus, Victoria. Mais je ne ferai pas comme elle, je te le promets.

Elle l'ignorait encore, mais il ne la quitterait jamais. Cela prendrait le temps qu'il faudrait, mais il se frayrait un chemin dans son cœur si bien défendu. Ce qui s'était passé la nuit où ils avaient conçu cet enfant tenait de la magie.

Incapable de se contenir plus longtemps, il se pencha pour déposer un baiser sur ses lèvres.

— Je t'aime.

Il s'était juré de ne pas la presser, mais il ne pouvait pas ne pas le lui dire. Il ne voulait pas qu'elle connaisse un instant de plus sans amour dans sa vie.

Mais, parce qu'il n'était pas du genre à étaler ses sentiments et que la gynécologue allait revenir, il ne pouvait pas en dire plus pour le moment.

Victoria se moucha, hochant la tête avec reconnaissance.

La déclaration de Dominic lui réchauffait le cœur, bien qu'il l'ait faite à l'évidence sous le coup de l'émotion du moment. Peut-être avait-il été emporté par l'exaltation…

Glen avait raison, quoi qu'il arrive entre eux, ils agiraient au mieux pour le bien du bébé. Mieux encore ! Elle éprouvait un grand réconfort à l'idée que son enfant ait un père aussi merveilleux. Désormais, ses craintes ne concernaient plus le bébé. Uniquement son propre cœur…

— J'ai hâte de voir notre bébé, dit-il alors que la gynécologue revenait.

Et cette fois, elle était certaine qu'il était sincère.

— Moi aussi !

Enfin, le bébé apparut sur l'écran.

Tant d'histoires pour un être si petit ! Mais aussi tellement beau et vivant ! Désormais, la question de la datation leur importait peu.

Elle restait étendue, sa main dans celle de Dominic, persuadée que le rêve allait prendre fin et qu'elle se réveillerait seule comme toujours.

Tout ce qui comptait, c'étaient ces jambes, ces bras minuscules et même ces doigts et ces orteils...

Et puis, la séance se termina. Elle fut invitée à se rhabiller. Les images allaient être examinées, mais tout semblait parfait.

— Merci, dit-elle à la gynécologue, mais elle craignait de bouger, tant les larmes étaient proches.

— Je vais t'attendre à la réception, déclara Dominic.

Mais, dès qu'il fit mine de partir, elle se mit à pleurer.

— Qu'est-ce qui te chagrine ? demanda-t-il. Ta maman ?

Elle aurait pu faire signe que oui, et peut-être se serait-elle sentie mieux, tant elle redoutait d'en révéler davantage sur elle-même. Mais, à cet instant, elle se rappela que Glen lui avait conseillé de ne pas être trop fière pour son propre bien.

— Je pleure à cause de toi, avoua-t-elle.

— Pleure sur mon épaule, en ce cas.

Il la serra dans ses bras pendant qu'elle lui confiait ses craintes.

— Tu peux changer d'avis...

— Jamais !

Il semblait si sûr de lui qu'elle osa poursuivre :

— Tu as aimé Lorna.

— Pas comme toi, répondit Dominic. Je n'ai jamais aimé personne de cette façon.

Elle percevait les battements réguliers de son cœur, alors que le sien était comme pris de folie dans sa poitrine. Ce n'était pas la première fois qu'elle pleurait, mais jamais elle ne s'était laissée aller ainsi dans les bras de quelqu'un.

Elle formula enfin la pire de ses terreurs.

— S'il n'y avait pas eu le bébé...

— Eh bien, tu serais quand même dans mes bras, dit-il

doucement. Si je me suis écarté de ton chemin, c'est parce que tu me l'as demandé.

— Mais, avant que tu sois au courant pour le bébé, je n'avais pas l'air de t'intéresser ?

— Je peux t'en dire autant, répliqua-t-il.

— Je t'évitais parce que je ne savais pas comment faire pour que ça marche entre nous.

— Et, si je t'évitais, c'est au contraire parce que je le savais.

Elle leva vers lui des yeux interrogateurs.

— Victoria, je t'ai dit dès le début que je sortais d'une relation difficile. Je n'allais pas m'engager avec toi alors que j'étais encore amer et blasé. J'avais besoin de mettre de l'ordre dans ma vie.

Comme elle enregistrait ces mots en silence, Dominic continua :

— Désormais, c'est chose faite. L'arrivée de ce bébé est un véritable don du ciel. J'ai même pu dire à Lorna qu'elle est la bienvenue chez moi !

— Tu l'aimes encore ? On ne peut pas cesser d'aimer du jour au lendemain.

— Crois-moi, c'est possible. En tout cas, c'est ce qui m'est arrivé le jour où j'ai découvert la vérité. Et, si je n'ai pas réglé cette affaire plus vite, ce n'est pas parce que j'avais encore des sentiments pour elle. Ces derniers mois ont été un calvaire, non pas à cause d'elle mais du différend qui m'opposait à ma famille et à mon frère. Mais je peux te dire que depuis cette fameuse nuit j'ai pensé à toi tous les jours.

— Tous les jours.

— Chaque minute de chaque jour.

Plongeant dans les yeux de Dominic, elle sut qu'il disait la vérité.

C'était ce qui lui avait toujours manqué : qu'on pense à elle chaque minute de chaque jour.

Elle songea à son père, à son argent et à ses cadeaux occasionnels. A sa mère qui était partie sans un regard en arrière...

Oui, peut-être que Dominic l'aimait vraiment.

— Rhabille-toi, dit Dominic. Tu as besoin de dormir, et moi aussi.

— Mais je vais d'abord passer aux toilettes, répondit-elle avec pragmatisme.

Lorsqu'elle rejoignit Dominic à la réception, il l'attendait, un large sourire aux lèvres. Ils empruntèrent le trajet « touristique » et, lorsqu'ils traversèrent la cour intérieure, l'air qu'ils y respirèrent leur sembla plus pur et les couleurs plus étincelantes.

— Merci d'avoir été là, déclara-t-elle lorsqu'ils parvinrent à la sortie.

Elle s'immobilisa pour lui dire au revoir.

— Est-ce que tu n'as rien entendu de ce que je t'ai dit ? protesta Dominic. Tu penses que je vais encore te laisser disparaître dans le métro ? Pas question ! Tu vas venir chez moi, et je n'accepterai pas un refus.

— Tu n'aimes pas mon appartement ?

— Je te veux dans mon lit.

Elle aussi le voulait, aussi opta-t-elle pour un sourire consentant.

16

— Je suis très fatiguée, avoua Victoria tandis qu'ils sortaient du parking de Paddington.

Dominic quitta un instant des yeux le trafic.

— Victoria, tu n'as pas vraiment bonne mine, et moi-même, j'ai été de garde pendant tout le week-end.

Il avait une barbe de trois jours et des cernes sous les yeux.

— Toi non plus, tu n'as pas bonne mine.

— Tant mieux. Comme ça, tu n'auras aucun mal à écarter mes mains.

Seigneur ! Il était en train de l'exciter !

Dominic vivait dans un grand appartement proche de l'hôpital. Lorsqu'elle franchit le seuil, elle était trop fatiguée pour examiner les lieux, mais elle trouva qu'on s'y sentait bien et elle remarqua plusieurs signes de présence familiale.

Dominic lut un message qu'on lui avait laissé sur une commode dans l'entrée.

— Je viens de les voir à l'hôpital, mais ils me préviennent qu'ils reviendront dans la soirée.

Après toutes les émotions qu'elle venait de vivre, elle était épuisée. Malgré la tiédeur de la journée, elle avait froid. En entrant dans la chambre et en apercevant le grand lit, elle n'eut plus qu'une idée : s'y perdre.

— Je sens que je vais aimer dormir avec toi, dit-il en allumant une lampe de chevet.

— Moi aussi, répliqua-t-elle en riant.

Elle se déshabilla vite pour se glisser entre les draps empreints de l'odeur familière de Dominic...

Lorsqu'il retira sa chemise, elle prit soudain conscience qu'elle ne l'avait jamais vu nu et sentit son cœur s'accélérer.

Elle contempla sa peau claire, la toison brune qui recouvrait sa poitrine, admira ses cuisses puissantes et son sexe dressé.

— On va dormir, promit-il.

Elle n'en était plus si sûre, parce qu'elle commençait à changer d'avis. Il se coucha près d'elle et éteignit la lumière tandis qu'une sirène retentissait au loin.

— Dieu merci, ce n'est pas toi qui es dehors, dit Dominic en l'attirant contre lui. Chaque fois que j'entendais ce bruit, je pensais à toi, même avant que tu sois enceinte. Je me suis fait pas mal de souci.

— J'y retournerai, lui fit-elle remarquer. Mon métier est très important pour moi.

— Je sais. Mais, dorénavant, tu sauras que je t'aime.

Sur ces mots, il embrassa ses joues, ses yeux et enfin ses lèvres. Ensuite, il la serra très fort dans ses bras pendant qu'ils s'abandonnaient au sommeil.

Ce fut Victoria qui se réveilla la première.

Dominic était véritablement enroulé autour d'elle. Tout d'abord, elle fut un peu désorientée car la pièce était plongée dans l'obscurité, mais elle savait parfaitement à qui appartenaient les bras qui l'enlaçaient.

Elle demeura étendue et les yeux grands ouverts, la main de Dominic posée sur son ventre, parfaitement satisfaite de son sort.

Quand il commença à caresser sa hanche, elle ferma les yeux. Il embrassa son épaule nue tout en taquinant l'un de ses seins. Il en pinça délicatement le mamelon, et elle sentit la puissance de son désir entre ses jambes.

Elle se retourna pour lui faire face, et ils s'embrassèrent langoureusement, mais ils en voulaient tous les deux davantage. Elle se mit sur le dos, et Dominic vint au-dessus d'elle, les coudes appuyés sur l'oreiller de chaque côté de sa tête.

Elle n'avait jamais été aussi délicieusement prise au piège et jamais elle ne s'était autant sentie en sécurité.

À de nombreuses occasions, elle avait évité de croiser le regard de Dominic, mais maintenant elle le soutenait. Posant les mains sur sa nuque, elle se souleva pour rencontrer sa bouche. Cette fois, il l'embrassa passionnément et la pressa contre les draps, tandis qu'elle écartait les jambes pour lui.

Lorsqu'il la pénétra, elle frissonna, bien que leurs corps soient chauds et encore alanguis par le sommeil. Leurs langues se caressèrent pendant qu'il remuait en elle, lentement au début. Oubliant qu'ils étaient de futurs parents, ils découvraient la joie d'être ensemble et le couple qu'ils étaient en train de former.

Chaque fois que Dominic s'enfonçait en elle, elle sentait se dénouer un peu plus le nœud qui lui enserrait le cœur jusqu'alors. Elle appartenait à cet homme. Elle lui appartenait pour toutes les tentatives qu'il avait faites pour se rapprocher d'elle alors qu'elle ne lui donnait rien en retour, pour cet amour qu'il lui avait déclaré et pour le bonheur qu'il lui offrait maintenant.

Quand Dominic accéléra le rythme, elle ne put résister au besoin de hausser les hanches pour le sentir en elle encore plus profondément. Elle s'agrippa à ses bras solides, ferma les yeux et ne tarda pas à lui enfoncer ses ongles dans la chair tandis qu'elle s'abandonnait à une jouissance intense, suivie de près par Dominic.

Après, il cessa de s'appuyer sur les coudes, et elle sentit le poids de son corps sur le sien.

Pendant quelques instants, ils restèrent ainsi sans bouger, haletants.

— Tu vas encore me dire que c'était une erreur ? demanda Dominic avec un petit sourire en coin.

— Eh bien... Si c'en était une, j'ai bien l'intention de la répéter.

Il roula sur le côté, et ils se fixèrent un moment, jusqu'à ce qu'elle n'y tienne plus et lui avoue ce qu'elle n'avait jamais dit à personne :

— Je t'aime.

— J'en suis ravi.

— Et je suis désolée de t'avoir posé ces questions à propos de Lorna.

— Ne le sois pas. Il fallait que ce soit clair, maintenant que nous allons faire partie de la vie l'un de l'autre. Mais sache une chose : je n'ai jamais rien ressenti de tel et je le dirai haut et fort. Je sais que ça ne se passera pas mais, si mon frère touchait à un seul de tes cheveux, je le tuerais.

Elle sourit parce que cela n'arriverait jamais.

— Je croyais que tu n'étais pas du genre à te battre ?

— Mon amour pour toi est sauvage.

Ces mots la firent frissonner.

Dominic MacBride parvenait à lui faire croire aux contes de fées, finalement.

Il alluma la lampe de chevet, ouvrit un tiroir et en sortit une petite boîte de velours noir qu'il lui tendit.

— Ce n'est pas une bague, dit-il.

— J'espère bien, vu que nous n'avons eu qu'un seul rendez-vous.

— Victoria ! dit Dominic avec cet accent qui lui donnait la chair de poule. Nous allons en avoir beaucoup d'autres, et tu auras une bague. Mais, pour le moment, je veux te faire ce présent. Je n'ai vraiment pas cessé de penser à toi un seul instant, et j'espère que tu comprendras à quel point en découvrant le contenu de cet écrin.

Lorsqu'elle l'ouvrit, elle vit une paire de magnifiques perles montées en boucles d'oreilles.

— Je suis très nul en coup d'un soir et je voulais te rapporter quelque chose, expliqua Dominic. Quand je me trouvais là-bas, je les ai vues dans la vitrine d'un bijoutier et je me suis souvenu que tu aimais les perles. Celles-ci sont des perles d'Écosse, elles sont issues de moules d'eau douce. La naissance d'une perle est un processus très complexe : la moule essaye de se protéger de quelque chose d'intrus, et c'est à partir de là que quelque chose de très beau se forme.

Avec leurs reflets dorés, c'étaient les plus belles perles qu'elle ait jamais vues. Mais c'était la façon dont elles avaient été choisies qui lui importait plus que tout.

Les diamants duraient peut-être toute la vie, mais ça ne comptait pas s'ils étaient offerts sans amour.

De ses doigts agiles, Dominic les lui fixa délicatement aux oreilles.

— Tu sais ce qui m'inquiète le plus, quand je pense à un avenir avec toi ? demanda-t-il.

Il y avait de nombreuses hypothèses... Une grossesse non planifiée après une seule nuit d'amour ? Son métier ? Son indépendance ?

Il anticipa sa réponse.

— Rien de tout ce à quoi tu penses ne m'inquiète, justement ! Jusqu'à ce que je te rencontre, je m'étais juré de ne plus m'engager dans une relation amoureuse. Nous étions d'accord pour ne pas aller plus loin après cette nuit-là mais, pendant que j'étais en Écosse, j'ai réfléchi. Je voulais te revoir et j'ai décidé de nous donner une chance lorsque j'aurais réglé mes problèmes familiaux. Si tu avais refusé, les boucles d'oreilles auraient quand même été pour toi, parce que ce qui s'était passé entre nous était fabuleux. Je ne pensais pas pouvoir faire de nouveau confiance à quelqu'un, mais c'est le cas. Et la perspective de notre avenir commun m'enthousiasme.

Elle effleura les perles de ses doigts en souriant au bel homme farouche qui lui offrait son cœur.

Elle était d'accord avec tout ce que Dominic venait de dire car elle éprouvait exactement la même chose : rien ne l'inquiétait lorsqu'elle envisageait l'avenir avec lui. Au contraire, elle était surexcitée !

Alors qu'ils s'embrassaient de nouveau, ils entendirent un bruit. Comprenant que quelqu'un ouvrait la porte d'entrée, elle s'écarta vivement de Dominic.

Ce n'était pas ainsi qu'elle aurait voulu rencontrer sa famille !

— Ils n'entreront pas dans la chambre, chuchota Dominic tandis que des voix résonnaient dans l'entrée.

— Mais moi, je ne peux plus sortir, gémit-elle.

— Pourquoi ça ?

— Que vont-ils penser ? Je ne peux tout de même pas sortir de ta chambre pour faire leur connaissance !

Dominic afficha une expression narquoise.

— Évidemment, si tu étais le genre de femme qui s'envoie en l'air avec un type qu'elle connaît à peine, je comprendrais que tu sois gênée…

Elle pouffa de rire malgré elle au souvenir de leur première nuit torride.

— Je vais leur dire qu'on se voit depuis des mois, ce qui est parfaitement exact, déclara-t-il comme si tout allait de soi.

Ce n'était pas faux, puisqu'ils s'étaient remarqués mutuellement dès le premier instant.

Maintenant, elle goûtait le plaisir d'être dans son lit et d'entendre cette activité familiale à travers la porte.

— Lorna est là, je reconnais sa voix, remarqua Dominic. Ça te pose un problème ?

— Pas le moindre.

— Tant mieux, dit-il en commençant à s'habiller. Je pense qu'il ne faut pas leur parler du bébé tout de suite.

— Oui, ils pourraient penser que c'est un peu précipité.

— Pas vraiment. Je te rappelle que j'ai trente-huit ans ! Dès que l'état de William sera stabilisé, on pourra partager cette bonne nouvelle avec eux.

Lorsqu'il enfila son jean, elle songea qu'elle se rappellerait toujours cet instant : celui où elle avait su avec certitude qu'ils s'appartenaient pour toujours.

— Je te préviens, reprit-il, quand ils seront au courant, ils vont en faire des tonnes.

— J'ai hâte de voir ça !

Elle était impatiente de sortir de la chambre, mais elle se sentit tout de même très nerveuse quand le moment fut venu.

Les MacBride étaient réunis dans la cuisine. Jamie, Lorna et le père de Dominic étaient assis autour de la table. Sa mère, une femme de petite taille, se trouvait devant les plaques de cuisson.

— Bonsoir, dit-elle lorsqu'ils entrèrent.

Puis elle s'interrompit, déconcertée de voir que son fils n'était pas seul.

— Je vous présente Victoria, fit Dominic. Elle était de service cette nuit, elle aussi.

— Tu ne nous as jamais dit que tu fréquentais quelqu'un, lui reprocha sa mère, mais elle sourit à Victoria.

— Eh bien, nous n'avons pas vraiment eu l'occasion d'en parler, lui rappela Dominic, mais Victoria compte beaucoup dans ma vie. Victoria, je te présente ma mère, Katie.

Victoria fit ensuite la connaissance de William, Jamie et Lorna. Elle avait déjà rencontré le jeune couple, mais les circonstances étaient différentes.

— Comment va William ? demanda-t-elle.

— Beaucoup mieux. Rebecca, la chirurgienne, pense qu'elle va bientôt pouvoir l'opérer.

Pendant qu'ils bavardaient, elle comprit que Dominic ait voulu se libérer de son passé avant de s'engager avec elle. De cette façon, ni ombre, ni rancune, ni jalousie ne planaient au-dessus d'eux.

— Il est dans de très bonnes mains, précisa Jamie. Je sais maintenant pourquoi tu veux travailler à Paddington, Dominic. C'est un hôpital fantastique.

— J'ai entendu dire qu'il devait fermer ? intervint Lorna.

— Cela n'arrivera pas si nous pouvons l'empêcher, assura Dominic.

À la conviction qui faisait vibrer sa voix, Victoria sut qu'il allait s'engager lui aussi dans le combat pour sauver Paddington, et elle lui sourit.

C'était merveilleux à entendre, alors qu'elle venait de se réveiller après des nuits de travail entre les bras de l'homme qu'elle aimait !

— Asseyez-vous, tous les deux. Vous serez sûrement d'accord pour faire un repas convenable !

Quand Dominic la prit par les épaules et la fit asseoir à côté de lui, elle sut qu'elle avait trouvé sa famille.

FIONA LOWE

Son insupportable patron

PADDINGTON, HÔPITAL POUR ENFANTS
VOLUME 1

Traduction française de
LECOEUR MICHELLE

SAGAS
HARLEQUIN

Titre original :
FORBIDDEN TO THE PLAYBOY SURGEON

Ce roman a déjà été publié en 2018.

1

Claire Mitchell avait beau être à Londres depuis plusieurs semaines déjà, elle continuait de se pincer chaque fois qu'elle sortait dans les rues de Paddington. Pour une fille de la campagne australienne, être là était un peu irréel — comme d'atterrir au beau milieu d'une scène de *Mary Poppins*.

De majestueuses maisons victoriennes décorées de stuc, avec des porches à colonnes et des balcons sculptés, se dressaient au milieu de petits jardins. Ce matin-là, tandis qu'elle traversait le parc grand comme un mouchoir de poche, la bruine habituelle ne lui avait pas manqué. La lumière matinale filtrait à travers le feuillage printanier des chênes et des ormes centenaires. La poussière du parc rocailleux où elle avait passé son enfance était bien loin. À l'époque, la seule ombre, sur le terrain de jeux de Gundiwindi, était celle des gens qui se trouvaient là.

D'un pas vif, Claire se dirigea vers la rue qui, dans une heure, serait le théâtre d'une agitation frénétique. Pour le moment, seuls les balayeurs, boulangers, crieurs de journaux et baristas côtoyaient quelques rares lève-tôt comme elle. Quand elle arriva à hauteur de sa trattoria italienne préférée, Tony la salua d'un joyeux *buongiorno* et lui tendit six *latte* dans un carton à emporter.

— Vous nous amenez le soleil, *mia bella*.

Claire sourit. Le barman, grand spécialiste du café, était un baratineur qui flirtait avec toute personne de sexe féminin quel que soit son âge ; son *mia bella* ne signifiait rien, mais elle se laissa aller à éprouver un soupçon de plaisir. Rares étaient les hommes qui la remarquaient — à plus forte raison lui faisaient du charme —, aussi vit-elle dans son compliment une agréable façon de commencer la journée.

Elle acheta un pain au chocolat à la boulangerie et continua son chemin en direction de l'hôpital pour enfants de Paddington, affectueusement surnommé « le Château » par les gens du coin. Un bus à impériale rouge avançait dans la rue étroite. De sa main libre, Claire prit une photo avec son téléphone portable et l'envoya aussitôt à son frère. Il était l'heureux propriétaire du garage de Gundiwindi et se passionnait pour tout ce qui avait un moteur. Lorsqu'elle voyait quelque chose susceptible de l'intéresser, elle lui envoyait un cliché. Invariablement, il répondait par la photo de ses neveux et nièces ou de leurs parents.

Contrairement à elle, David se plaisait beaucoup dans la petite ville de l'arrière-pays où ils avaient tous deux grandi. C'était un joueur passionné de cricket et de football, il ne se voyait pas vivre ailleurs que là où il était né, c'était là qu'il s'épanouissait. Elle, de son côté, rêvait de partir depuis l'âge de dix ans. Elle avait toujours voulu échapper aux railleries et à la tyrannie d'une petite ville à l'esprit étroit.

Les imposantes tourelles de brique rouge de l'hôpital approchaient maintenant ; bientôt, elle passa entre les vieilles portes remarquablement ornées. Un petit groupe, cramponné à des pancartes *Sauvez notre hôpital* et *La santé de nos enfants passe avant l'argent*, frissonnait dans la fraîcheur matinale. Chaque matin, des personnes différentes étaient présentes. Beaucoup étaient les parents de petits patients hospitalisés, mais il y en avait aussi qui avaient eux-mêmes été patients bien des années auparavant. Tous offraient un front uni et maintenaient dans le calme une présence protestataire à l'entrée de l'hôpital, continuant d'espérer qu'il était possible d'en éviter la fermeture.

— J'ai apporté du café, dit Claire en levant le carton.

Elle faisait cela presque tous les matins. Certes, elle ne travaillait au « Château » que depuis quelques semaines, mais la perspective que le centre de Londres perde un établissement d'une importance vitale la terrifiait. Que se serait-il passé si le Château avait déjà été fermé lorsque l'école primaire de

Westbourne avait pris feu ? Cette pensée la fit frissonner. Il y aurait certainement eu des morts. Même avec l'hôpital à proximité de l'école, il y avait eu beaucoup trop de cas sérieux. Tout le monde n'était pas encore tiré d'affaire, le petit Ryan Walker par exemple.

L'employé de faction au portail accueillit Claire avec un large sourire.

— Toujours aussi matinale. On est encore à l'heure australienne ?

Elle rit et, après avoir distribué les cafés, passa sous l'arche en brique décorative. Derrière la magnifique façade victorienne, il y avait un hôpital moderne, doté d'un équipement de pointe, et un personnel dévoué et expérimenté dont elle faisait humblement partie. Cent cinquante ans d'histoire se trouvaient ici.

Quand elle avait reçu la proposition de travailler sous la tutelle d'Alistair North, neurochirurgien de renommée mondiale, elle avait répondu avec un hurlement de joie, et assourdi du même coup la secrétaire très comme il faut du Royal College of Surgeons avec laquelle elle était en communication.

— Allons, allons, mademoiselle Mitchell, avait dit la secrétaire d'un ton désapprobateur, avant de lui donner dans les grandes lignes les tenants et les aboutissants de la bourse qu'elle avait obtenue.

Claire n'avait pas été arrêtée par la froideur de sa réaction. Son enthousiasme devant une telle opportunité n'était-il pas légitime ? Après tout, son travail était sa vie, et sa vie son travail. Cette bourse était une chance qui ne se représenterait pas.

Après avoir raccroché, elle s'était mise à danser de joie dans les couloirs du Flinders Medical Centre, annonçant à tous ceux qui croisaient son chemin — des femmes de ménage aux consultants — qu'elle partait pour Londres.

Claire sourit à ce souvenir en montant les cinq étages au pas de charge. Si elle avait su ce qui l'attendait au Château, peut-être n'aurait-elle pas été aussi excitée.

Au dernier palier, elle ne put s'empêcher de sourire devant l'énorme koala peint sur la porte du service. Alors que tous les autres avaient des noms d'animaux de l'hémisphère Nord, c'était un marsupial australien qui avait été choisi pour celui de neurologie. Pourquoi ? Mystère, mais elle s'en réjouissait. Pour le coup, elle se sentait un peu moins isolée dans ce pays qu'elle ne s'était pas attendue à trouver aussi étranger.

Bien que parlant anglais et ayant grandi dans un pays sur lequel flottait l'Union Jack, comme les Londoniens, elle les trouvait différents. Le brillant Alistair North, lui, était *extrêmement* différent, mais pas à la manière réservée et polie des Britanniques. En Australie, elle avait eu la chance de travailler avec des neurochirurgiens talentueux, elle savait que le talent allait souvent de pair avec l'excentricité. Chez M. North, cette excentricité était décuplée, au point qu'elle devait se convaincre qu'elle avait bien fait d'accepter la bourse.

Lorsqu'elle entra dans le service, elle marqua un temps d'arrêt. Le poste des infirmières était vide. Elle n'était pourtant pas en retard ? Elle tourna vivement la tête vers la grande pendule murale dont les aiguilles rouge et jaune pointaient vers des chiffres bleus, et eut un petit rire de soulagement.

Bien sûr que non, elle n'était pas en retard. Elle ne l'était jamais, et aujourd'hui moins que d'habitude. La préparation et l'attention aux détails lui étaient aussi nécessaires que l'air qu'elle respirait. Il en était ainsi depuis le jour fatal où, au CM2, le monde de son enfance avait brusquement basculé.

Les infirmières devaient être occupées à leurs tâches de fin de service. Elle s'installa devant l'ordinateur du bureau. Avant de faire la tournée des patients, elle lisait toujours les comptes rendus, pour être au courant de ce qui s'était passé pendant la nuit. Elle préférait prendre un peu plus de temps pour planifier ce qu'elle allait faire plutôt que de devoir réagir au dernier moment. La perspective du regard critique des étudiants en médecine et des médecins juniors suffisait à la stresser.

Le service prenait en charge des enfants présentant différentes pathologies neurologiques, craniofaciales ou affectant le système nerveux central, y compris de celles qui nécessitaient un passage en chirurgie. M. North effectuait toutes sortes d'opérations, mais il se passionnait pour les convulsions focales. C'était pour cette raison qu'elle s'était si ardemment battue afin d'obtenir la bourse et de travailler avec lui. Comme son frère le lui faisait souvent remarquer à sa manière discrète et laconique depuis que les choses s'étaient gâtées : « À l'époque, cela semblait une bonne idée. »

Pendant qu'elle lisait les rapports, les infirmières de jour arrivèrent petit à petit en bavardant, suivies par les étudiants en médecine. Enfin, Andrew Bailey — le médecin junior qui était constamment en retard — entra tout essoufflé, sa blouse blanche encore ouverte. Il s'arrêta brusquement et regarda autour de lui, l'air stupéfait.

— Je suis arrivé avant lui ?

Claire venait juste de lire le compte rendu du cas du petit Ryan Walker, qui mentionnait « Aucun changement ». Aussi se leva-t-elle avec un soupir.

— En effet, dit-elle.

Il arbora un large sourire.

— C'est mon père qui va être content, mon incapacité à être à l'heure fait de moi un neurochirurgien-né.

— C'est peut-être mon problème, marmonna-t-elle en vérifiant sur son smartphone si elle n'avait pas de message du chirurgien consultant.

Non, pas de message. Elle regarda le tableau des admissions mais, si M. Alistair North avait dû s'occuper d'une urgence, elle aurait été la première à être tirée du lit.

— J'ai appris qu'hier soir, pendant que vous et moi travaillions comme des forcenés, il était au Frog and Peach au milieu d'une cour d'admiratrices, dit Andrew sur le ton de la confidence.

— Cela ne signifie pas forcément qu'il y est resté jusqu'à une heure avancée.

Andrew haussa les sourcils.

— Je viens de croiser la délicieuse Islay Kennedy dans l'escalier, elle portait ses vêtements d'hier. Il paraît qu'ils ont dansé sur les tables, fait une virée clandestine en bateau sur la Serpentine avant de finir par des œufs au bacon au Worker's Café, en regardant l'aube se lever sur la Tamise. Quand je le verrai, je m'inclinerai devant lui en signe de respect.

Une soudaine bouffée de colère monta en Claire. *Cet Alistair*

North, je vais le tuer. La chirurgie était le domaine des hommes, à plus forte raison la neurochirurgie. Pendant des années, elle avait dû se battre pied à pied armée de son seul talent, mais ce n'était jamais suffisant. Elle avait dû constamment lutter contre le sexisme, et voilà qu'elle était maintenant confrontée à un comportement ridiculement enfantin et à l'admiration des autres hommes pour le consultant. Ils étaient restés des petits garçons.

Excédée, elle fit une chose qu'elle faisait rarement : elle incendia son interlocuteur.

— Andrew, ne croyez surtout pas que ce comportement soit louable. C'est une attitude puérile et totalement irresponsable. Si jamais vous me faites une farce de ce genre alors qu'on opère ensuite ensemble, je vous saque.

Avant que le médecin junior ait eu le temps de réagir, un bruit à percer les tympans se fit entendre : des cornes de fête résonnaient dans l'air. Tout le monde tourna la tête vers la source du son.

Un homme de haute taille aux cheveux ébouriffés d'un blond foncé, portant de fausses lunettes noires à monture d'écaille, un gros nez et une moustache postiche, avançait dans la salle à un rythme cadencé, une fillette agrippée à son dos comme un petit singe. Un groupe d'enfants de deux à douze ans suivait sur ses talons.

Certains marchaient, d'autres étaient poussés dans des fauteuils roulants par des infirmières. Beaucoup avaient un bandage sur la tête, et tous soufflaient avec enthousiasme dans les cornes de fête, comme pour une parade de nouvel an.

— Fais un coucou au Dr Mitchell, dit l'homme à la petite fille qu'il portait. Tu sais que c'est un vrai kangourou ?

Bien qu'un peu étouffée par la fausse moustache, Claire aurait reconnu entre mille la voix grave et bien timbrée d'Alistair North. Elle sentit la tension envahir chacune de ses cellules, comme chaque fois qu'il s'adressait à elle. Ou chaque fois qu'elle pensait à lui. Une antipathie à peine voilée couvait en elle, mêlée à quelque chose qu'elle ne parvenait pas à définir. Elle refusait absolument d'envisager la possibilité d'une quelconque attirance. Si tout le personnel féminin du Château trouvait l'homme terriblement sexy, ce n'était pas son cas.

À vrai dire, la première fois que ce gaillard d'un mètre quatre-vingt-cinq s'était avancé vers elle, elle avait été frappée par son charisme. Contrairement à elle, on ne sentait pas le moindre doute chez Alistair North. À l'évidence, il débordait de confiance en lui et portait d'une manière décontractée des vêtements très bien coupés, dans un style à mi-chemin entre le chic et le négligé.

Malgré son accent distingué, il y avait quelque chose d'engageant et de pas du tout « british » dans son sourire en coin. On n'aurait pas dit un consultant, plutôt un petit garçon malicieux.

Pourtant, ce n'était pas tant son sourire qui la déstabilisait que l'intensité de ses yeux gris ardoise. Il avait la capacité de focaliser toute son attention sur une personne et de lui donner l'impression qu'elle était le seul être humain sur la planète.

— Bienvenue au Château, Mitchell, lui avait-il dit le premier jour.

En prenant sa main tendue et en sentant la ferme pression et la chaleur de ses doigts, elle avait été horrifiée de s'apercevoir qu'elle retenait son souffle. Les quelques mots qu'elle avait préparés lui étaient sortis de l'esprit, et elle s'était entendue lui répondre avec son plus fort accent australien :

— Merci. C'est super d'être ici.

Il lui avait fallu moins d'une semaine pour comprendre que le sourire effronté d'Alistair North annonçait qu'il était sur le point d'enfreindre les règles et de faire des ravages de grande portée. Elle avait également appris que son regard si intense — dans lequel dansait cette lueur troublante qui donnait l'impression de compter plus pour lui que n'importe qui d'autre — lui servait souvent à attirer les femmes dans son lit.

Elle voulait bien admettre que, le premier jour, quand elle avait eu le souffle coupé, elle avait peut-être succombé au pouvoir hypnotique de ses yeux. Mais maintenant, après avoir travaillé à ses côtés pendant des semaines, elle était immunisée. Elle avait mis dix années à gravir un à un les échelons de sa carrière médicale et passé plus de temps à l'intérieur des hôpitaux qu'en dehors ; elle n'allait certainement pas tout risquer en atterrissant dans le lit du patron. D'autant qu'Alistair North ne lui plaisait pas. Donc, même s'il était le dernier homme sur la terre, elle ne se laisserait pas tenter.

Apparemment, elle était la seule femme du Château à avoir cette position. Ces dernières semaines, à sa grande surprise, des femmes pleines d'espoir étaient venues chercher auprès d'elle des renseignements sur les préférences d'Alistair North. Pire encore, des femmes déçues et parfois furieuses lui avaient demandé de servir d'intermédiaire quand il était sorti avec elles et n'avait pas pris la peine de les rappeler.

Tout bien considéré, rien chez cet homme — qu'il s'agisse de son mépris des règles établies ou de sa façon de traiter les femmes — ne l'attirait. Ni maintenant ni jamais.

Les histoires qui, au sein de l'hôpital, circulaient sur son compte contenaient sans doute leur part de fables. Si elle n'avait pas travaillé aussi près de lui en tant qu'interne spécialiste, elle en aurait ri et y aurait vu le produit d'une imagination débordante. Mais elle le côtoyait tous les jours et avait eu la preuve qu'au moins deux des histoires étaient vraies. Alors, pourquoi pas les autres ?

Elle avait beau se concentrer sur l'immense talent de chirurgien d'Alistair North et tenter de contenir l'excitation permanente qui régnait autour de lui, c'était impossible. De tous côtés, on parlait de ses exploits, à l'intérieur comme à l'extérieur du bloc opératoire. Les spéculations allaient bon train au sujet de cet homme, de la personne qu'il fréquentait, de celle qu'il venait de laisser tomber ou qu'il avait amenée en voiture le matin. C'étaient des commérages à n'en plus finir dans les couloirs de l'hôpital.

Ce que Claire détestait le plus, c'était le statut de légende que lui octroyaient les médecins juniors, car c'était elle qui recollait ensuite les morceaux.

En fait, ce qu'elle éprouvait dès qu'elle se trouvait à proximité de M. Alistair North, c'était de l'antagonisme. Il était peut-être brillant et très doué dans un bloc opératoire mais, au-dehors, il manquait totalement de professionnalisme. Il en était resté au stade de l'adolescence ; à trente-neuf ans ce n'était pas seulement ridicule, c'était pathétique. La plupart de ses congénères étaient mariés et avaient des enfants, mais il aurait fallu être une femme bien courageuse — ou plutôt inconsciente — pour tout miser sur lui.

La seule chose que Claire aurait misée sur Alistair North, c'était son propre cerveau. En dépit de ce qu'elle pensait de lui, c'était le meilleur neurochirurgien du pays, elle ne pouvait le nier.

La petite fille perchée sur le dos d'Alistair North lui faisait maintenant des signes enthousiastes. Claire cligna des yeux derrière ses lunettes en reconnaissant Lacey — la petite fille qu'ils devaient opérer dans une heure. Pourquoi n'était-elle pas couchée tranquillement dans son lit ?

— Faites-lui coucou, kangourou, dit Alistair North avec son précieux accent d'Oxford. Cela ne vous cassera pas le bras.

Son sang se mit à bouillir. Cet homme ne savait-il pas qu'un kangourou, ça boxait ? Elle aurait tellement voulu envoyer valser son faux nez. Les yeux du personnel du service, fixés sur elle, remplis d'attente, la projetèrent soudain dans le passé.

Elle était à Gundiwindi, debout devant toute la classe, avec quinze paires d'yeux qui la transperçaient. Les autres enfants toussotaient et remuaient les pieds, et elle avait entendu des commentaires sortir de leurs bouches avant que M. Phillips reprenne la situation en main.

« Imbécile. Idiote. »

Stop ! Claire mobilisa toutes ses forces pour revenir au présent, se rappelant qu'elle n'était rien de cela : elle avait passé vingt ans de sa vie à le prouver. Elle était une femme dans une spécialité dominée par les hommes, et il lui restait onze mois avant de passer ses derniers examens de neurochirurgie. Pour en arriver là, elle avait dû lutter contre les préjugés et le sexisme, contre elle-même aussi. À présent, elle ne laissait à personne le droit de la rabaisser et n'allait certainement pas accepter qu'un homme qui n'arrivait pas à grandir lui ordonne d'agiter bêtement la main.

Elle allait faire ce qu'elle faisait toujours : détourner l'ordre.

Avec ses talons, elle arrivait presque à la hauteur d'Alistair

North. Malgré une préférence de toujours pour les ballerines plates, elle était allée faire du shopping dès la fin de sa première semaine de travail avec lui. Les centimètres ainsi gagnés signifiaient : *Ne me cherchez pas.*

Marchant droit sur lui, elle s'arrêta devant Lacey, ignorant complètement le médecin — et, surtout, l'odeur de coton séché au soleil et fraîchement repassé qui émanait de sa chemise et lui donnait inexplicablement le mal du pays.

Elle ouvrit grand les bras à la fillette.

— Tu veux bien aller bondir avec Kangourou ?

— Oh ! oui.

Lacey se laissa glisser dans ses bras et se blottit contre sa poitrine en chantant :

— Boing, boing, boing.

Claire recouvrit sa charge de sa blouse blanche, créant ainsi une sorte de poche. Puis, tournant le dos à Alistair North, elle quitta rapidement la salle, ramenant dans son lit une Lacey tout excitée. Pendant qu'elle écartait les couvertures pour tenter de la recoucher, la petite fille rebondit sur le matelas.

Merci beaucoup, Alistair, fit-elle pour elle-même.

Il allait lui falloir deux fois plus de temps que d'habitude pour effectuer les contrôles préopératoires.

2

Sous le masque chirurgical, Alistair North faisait la moue en réfléchissant. Quelle énigme que son interne spécialiste ! Elle était si incroyablement perfectionniste, si terriblement irritante.

Faisant preuve d'une grande compétence, elle avait créé une poche de peau pour tenir le stimulateur du nerf vagal qu'elle insérait dans sa petite patiente. À présent, elle enroulait délicatement le tuyau autour du nerf vagal gauche. Avec un peu de chance, sa présence réduirait les crises d'épilepsie de Lacey, ce que le traitement médicamenteux n'avait pas réussi à faire.

Un peu d'électricité pouvait tuer, ou sauver une vie, il ne le savait que trop bien. Ce qu'il ignorait, c'était la raison pour laquelle Claire Mitchell était toujours aussi tendue.

Grâce à ses compétences et aux très élogieuses références fournies par le Royal Prince Alfred Hospital de Sydney et le Flinders Medical Centre d'Adélaïde, elle avait coiffé au poteau vingt-quatre autres candidats très doués originaires de tout le Commonwealth. Avec ses petites mains fermes et ses gestes précis, elle avait de meilleures aptitudes cliniques que tous les stagiaires qui avaient demandé à travailler avec lui. Rien que grâce à cela, elle aurait dû avoir l'assurance qu'elle était la meilleure.

En avait-elle seulement conscience ?

Dans sa spécialité, Alistair avait l'habitude des ego démesurés. Ce n'était pas que Claire n'avait pas d'ego, mais elle connaissait son affaire, et il l'avait vue allumer des étudiants en médecine et son médecin junior avec une absence totale d'indulgence pour ceux qui, par défaut de préparation, répondaient à ses questions de façon incorrecte. Les stagiaires de cet acabit se prenaient généralement pour le nombril du monde et adoptaient une attitude arrogante. Mais il n'y avait pas d'arrogance chez Claire Mitchell, en dépit du fait qu'elle était dotée de la plus belle paire de jambes qu'il ait vue chez une femme depuis longtemps. Et ces chaussures...

Son attitude revêche contredisait absolument les messages que ses souliers envoyaient. Avait-elle la moindre idée de la façon dont son corps bougeait quand elle était juchée sur ces talons ? Ses seins se dressaient, ses hanches se balançaient, et ses mollets semblaient dire : « Caressez-moi. C'est encore mieux plus haut. »

Bon sang ! Il éprouvait une sorte d'attraction-répulsion pour ces chaussures et ces jambes. Suggéraient-elles un côté sauvage profondément enfoui en elle ? Étaient-elles prêtes à faire la fête de la façon dont il l'entendait ? Certainement pas. Des jambes sublimes ne suffisaient pas à compenser un défaut de personnalité. Claire avait un caractère incisif, une volonté de fer, et pas une once d'humour.

Si l'on considérait ce qu'elle avait accompli jusqu'à présent et le fait qu'elle avait quatre-vingt-dix-neuf chances sur cent de réussir ses examens du premier coup — une véritable prouesse en neurochirurgie —, elle aurait dû savourer sa position si durement acquise. Mais était-elle capable d'apprécier quoi que ce soit ? Il en doutait. Cette satanée femme n'avait jamais l'air d'être heureuse, et cela le rendait fou.

Mais, en tant que patron, son rôle se bornait à s'assurer qu'elle était à la hauteur de sa tâche et qu'elle menait ses études à bien. Lui-même avait vécu deux ans en Australie, pourtant, à part leur langue maternelle commune, pratiquement tout les différenciait.

Il lui avait fallu plusieurs mois pour trouver ses marques à l'hôpital pour enfants et se faire sa place en société. Il pouvait donc comprendre que Claire Mitchell se sente perdue au début. Dix jours après qu'ils avaient commencé à travailler ensemble, il lui avait trouvé l'air très abattu et en avait conclu qu'elle devait avoir le mal du pays. Elle semblait avoir besoin de se changer les idées.

— Cela vous dirait d'aller prendre un verre au Frog and Peach ? lui avait-il proposé spontanément.

Elle avait eu une réaction surprenante. Elle avait écarquillé les yeux — une combinaison fascinante de tons de caramel et de bruns chauds qui lui rappelaient sa barre chocolatée préférée — avant de les plisser d'un air soupçonneux. Avec son accent si caractéristique, qu'il appréciait sans vouloir le reconnaître, elle lui avait répondu dans un souffle :

— J'ai des comptes rendus à rédiger.

— Il y en a toujours, avait-il répliqué avec un sourire qui venait immanquablement à bout des résistances les plus fortes.

— Surtout lorsque *vous* n'en écrivez pas beaucoup vous-même.

Il n'aurait pas pu dire lequel des deux fut le plus surpris : lui-même — parce que les internes ne se risquaient guère à parler de cette manière à leur consultant — ou elle — parce qu'elle s'était permis d'exprimer tout haut ce qu'elle pensait.

— Je suis désolée. C'était tout à fait déplacé, avait-elle aussitôt ajouté, sans pourtant avoir l'air particulièrement contrite. Veuillez accepter mes excuses.

— C'est peut-être encore le décalage horaire ? avait-il suggéré comme on aurait tendu un rameau d'olivier.

Après tout, ils étaient appelés à travailler ensemble, et la vie serait plus simple s'il s'entendait avec sa stagiaire. Jusque-là, ses manières distantes n'étaient pas très bon signe.

Tous deux savaient pourtant que le décalage horaire n'était pas en cause. Claire Mitchell avait finalement passé la soirée du vendredi sur ses rapports, et il était allé seul au pub, décidé à oublier les longues jambes sexy. Il aurait aimé qu'elles soient accompagnées d'un avertissement : *Ne pas toucher sous peine d'intoxication.*

Heureusement, au pub, il avait fait la connaissance d'une jolie sage-femme au délicieux accent irlandais. La musique était si forte qu'elle avait dû se pencher pour lui parler à l'oreille. C'était plus fort que lui : les femmes avec un accent le faisaient craquer.

Claire Mitchell venait de poser le dernier point de suture.

— Merci à tous, dit-elle avant de se retirer de la table d'opération.

Finalement, après avoir travaillé avec Claire ces dernières semaines, Alistair n'avait pas tant de mal que cela à résister à son accent traînant. D'ailleurs, depuis qu'elle avait refusé son invitation, il ne l'avait pas renouvelée. Du moment qu'elle faisait son travail, il avait décidé de ne plus se demander si elle se sentait seule ou non.

Ce qui était plus inquiétant, c'était ce qui le poussait à vouloir à tout prix la dérider. Cela en était au point qu'il aurait considéré comme une victoire d'arriver à la rendre un peu moins lugubre que d'habitude.

Après quelques mots avec l'infirmière instrumentiste pour se renseigner sur les compétitions d'athlétisme de son fils, il laissa Lacey entre les mains expertes de l'anesthésiste pédiatre, Rupert Emmerson.

Il trouva Claire devant l'ordinateur de la salle du personnel.

— Cela s'est bien passé, dit-il en enclenchant une capsule de café dans la machine.

Elle remonta ses lunettes d'écaille sur son nez.

— En effet.

— Vous semblez surprise.

Elle esquissa une moue légère, et il arrêta son regard sur sa bouche. Comment avait-il pu ne pas remarquer à quel point ses lèvres étaient pulpeuses et tentantes ?

— Je n'ai pas l'habitude de voir des enfants aussi surexcités avant d'être opérés, répondit-elle sèchement.

Et voilà, c'était reparti : encore une remarque désobligeante. C'était pour *ça* qu'il n'avait jamais remarqué cette partie de son visage. Les mots qui sortaient de sa bouche n'étaient habituellement pas compatibles avec des lèvres douces et sensuelles. Il n'avait pas l'habitude d'être remis en question par son équipe, encore moins par une stagiaire qui était là pour apprendre de lui.

S'il l'avait voulu, il aurait pu lui créer des ennuis et avoir un impact négatif sur sa carrière. Mais il avait appris, et de façon très brutale, que la vie était trop courte pour entretenir des rancunes. Après tout, six mois seraient vite passés.

Ce qui l'étonnait, c'était que Claire n'avait apparemment pas eu de conflits avec les précédents neurochirurgiens qui l'avaient supervisée — sinon, elle n'aurait pas pu aller aussi loin. Tous avaient envoyé des rapports dithyrambiques sur elle. David Wu, un chirurgien habituellement avare en paroles, s'était littéralement répandu en compliments à son égard, la qualifiant d'intuitive, d'habile et de courageuse. C'était sur sa recommandation qu'Alistair avait influé sur le Conseil pour que la bourse soit offerte à Claire Mitchell.

S'il ne trouvait rien à redire à ses compétences, il avait du mal avec son caractère. Ce matin, par exemple. Tout le service s'était amusé, elle exceptée. Avec ses cheveux blonds décolorés par le soleil rassemblés en un chignon serré, on aurait dit une maîtresse d'école sur le point de réprimander ses élèves.

En lui demandant de faire un signe à la petite fille, il avait réagi aussi spontanément qu'il en avait l'habitude en dehors du domaine médical. À peine avait-il parlé qu'il sut que c'était une erreur : il avait dirigé l'attention sur elle. Or, il s'en rendait compte peu à peu, elle n'était pas le genre de personne qui aimait se trouver sous les feux de la rampe.

Pour sa défense, il n'avait pas prévu de lui demander de participer. Il avait trouvé leur petite patiente tremblante et terrifiée dans son lit et l'avait aussitôt prise dans ses bras pour la rassurer, ils étaient ensuite allés rendre visite aux autres enfants en bondissant. La parade s'était formée spontanément.

Et maintenant, Claire Mitchell avait le culot de le juger.

— Surexcités ? répéta-t-il, sentant son calme sur le point de l'abandonner. En fait, je dirais plutôt qu'elle était tout sauf terrifiée. Lacey a eu une semaine difficile. Elle a subi une IRM et une tomodensitométrie. Bon sang, elle est restée deux jours attachée à l'électroencéphalographe, pendant que l'on enregistrait les épisodes épileptiques pour savoir quelle chirurgie était la plus adaptée pour elle.

Il avait beau être connu au Château pour son calme et son abord détendu, il sentit qu'il prenait un ton condescendant.

— Après tout ce qu'elle a enduré, vous refuseriez à Lacey le droit de s'amuser un peu ?

Les yeux de Claire se mirent à briller.

— Bien sûr que non. Mais je choisirais un moment plus approprié.

Elle avait répondu avec la conviction de quelqu'un persuadé d'avoir raison. Il se rappela que lui aussi avait été un homme d'absolues certitudes, qui refusait que quoi que ce soit s'oppose à sa volonté. Mais le destin lui avait joué un tour. Un tour qui n'était pas fini.

Contenant mal son irritation, Alistair retira son mug plein un peu trop vite de la machine, et le liquide brun déborda.

— Il y aurait beaucoup à dire au sujet de la spontanéité, Claire.

Elle écarquilla une seconde les yeux, comme si elle avait été choquée de l'entendre prononcer son prénom.

— Nous ne serons pas d'accord sur ce point, monsieur North, corrigea-t-elle aussitôt.

Sentant la frustration l'envahir, il passa une main nerveuse dans ses cheveux. Depuis le premier jour, il avait insisté pour qu'elle l'appelle Alistair, mais elle s'en tenait à « monsieur North ». Chaque fois qu'elle l'appelait par son titre, il répliquait par « mademoiselle Mitchell ». C'était sans doute puéril, mais elle ne semblait toujours pas saisir le message.

Décidément, il ne la comprenait vraiment pas, il ne parvenait pas même à la cerner. Par le passé, les Australiens avec qui il avait travaillé s'étaient montrés décontractés et faciles à vivre, avec un sens de l'autodérision bien développé.

Pendant toute son enfance, il avait entendu son grand-père répéter les plaisanteries des soldats australiens durant la Seconde Guerre mondiale — des hommes courageux qui n'hésitaient pas à enfreindre les règles s'ils les trouvaient stupides. Il prit une gorgée de café. Qu'avait-il bien pu faire dans une vie antérieure pour se retrouver avec la seule Australienne complètement coincée de la terre ?

— Ça vous dirait d'insérer le shunt péritonéal ventriculaire de Bodhi Singh ? proposa-t-il, revenant au travail — ce qui était beaucoup moins compliqué que de comprendre l'énigmatique Claire Mitchell.

— Vraiment ? demanda-t-elle, l'air incrédule.

— Absolument.

Elle semblait retenir son souffle. Soudain, les coins de sa bouche se relevèrent, et une fossette se creusa dans sa joue gauche. Voilà donc comment la faire sourire. Cela faisait des semaines qu'il s'y prenait mal.

— Merci, lui dit-elle avec enthousiasme. C'est une occasion fabuleuse, je ne voudrais pas passer à côté.

La tension qui avait semblé constitutive de sa personnalité s'était évanouie, cédant la place à un sourire si large qu'il lui illuminait le visage. Elle avait désormais une expression de douceur, rehaussée par l'éclat de ses yeux. Elle était devenue une personne complètement différente — quelqu'un dont l'énergie était si contagieuse qu'on se serait battu pour faire partie de son équipe.

Que se passait-il ? C'était bien pire que d'avoir une pensée fugitive pour ses jambes magnifiques. Complètement chamboulé, il détourna les yeux de la fossette aguichante qui lui faisait battre le sang plus vite. Pendant des semaines, il s'était évertué à la faire sourire ; maintenant qu'il y était arrivé, il sentait qu'il fallait que cela cesse.

C'était une chose de souhaiter, pour le bien-être de ses patients, que son interne spécialiste soit un peu plus détendue. C'en était tout à fait une autre de se sentir attiré par elle en tant que femme. D'ailleurs, elle ne lui plaisait pas du tout.

Il n'avait encore jamais été attiré par quelqu'un qui ne lui plaisait pas. Mais, ce fait déroutant mis à part, il y avait toutes sortes de raisons pour éviter d'être attiré par elle.

D'abord et avant tout, rien ne pouvait se passer entre eux puisqu'il était le patron et elle la stagiaire. Heureusement pour lui, il savait très bien chasser tout désir déplacé et annihiler les tentations sans la moindre douleur.

— Bien, dit-il en jetant le fond de son café dans l'évier. Je suis content que vous soyez là, car j'ai promis un déjeuner à la nouvelle et très séduisante médecin junior de l'unité des brûlés. Si j'avais dû opérer moi-même, cela m'aurait mis en retard.

Instantanément, la tension fut de retour dans les yeux de Claire.

— Vous allez déjeuner au lieu d'opérer ?

Il haussa les épaules avec désinvolture, comme pour dire : « Et alors ? »

— J'ai une totale confiance en vos capacités. Néanmoins, n'hésitez pas à me biper si vous avez besoin de moi.

— Je ne voudrais surtout pas vous interrompre, fit-elle.

Sa bouche quelques instants auparavant si pulpeuse n'était plus qu'un mince trait qui lui durcissait le visage. Alistair fut soulagé de se retrouver en terrain connu. Il n'y avait plus rien d'attirant chez cette Claire Mitchell, et son corps réagit en conséquence — c'est-à-dire pas du tout.

— Parfait, dit-il, autant pour lui que pour elle. Je suis content que la question soit réglée.

Sans un mot de plus, il quitta la pièce et se dirigea vers les ascenseurs. Il mettrait à profit le temps ainsi gagné pour voir les parents de Ryan Walker. C'était le moins qu'il pouvait faire.

Quelques jours plus tard, en apportant les cafés du matin aux manifestants devant l'entrée de l'hôpital, Claire se mit à bavarder avec un homme délicieux qui devait avoir soixante-dix ans. Avec son accent cockney qui rappelait le père d'Eliza Doolittle dans *Pygmalion*, il lui raconta qu'il était né avec la « maladie bleue ».

— À l'intérieur, ma tuyauterie était tout de travers. Heureusement pour moi, il y avait au Château un pionnier en chirurgie cardiaque, sinon je serais mort depuis longtemps. J'ai beaucoup de reconnaissance pour cette vieille bâtisse, je l'aime, dit Reg. Grâce à elle, j'ai pu mener une sacrée bonne vie. Un de mes enfants est né ici, et les autres ont été rafistolés par des médecins quand ils se sont fait des fractures. Quant à mes petits-enfants, ils y sont tous nés, et bientôt ce sera le tour de mon arrière-petit-fils.

— On dirait que l'hôpital est un peu votre famille, dit Claire, touchée par l'émotion de cet homme.

Il hocha la tête avec enthousiasme.

— Tout à fait. C'est pour ça que je suis ici tous les matins. Si cet établissement fermait, ce serait une véritable honte.

Elle était sur le point de renchérir quand on l'appela. C'était Victoria Christie, la petite auxiliaire médicale brune qui avait poussé tout le monde à agir en créant le comité « Sauvez notre hôpital ». D'un geste de la main, elle invitait Claire à la rejoindre.

Après avoir pris congé de Reg, Claire, regrettant d'avoir mis ses hauts talons, s'avança avec précaution sur les pavés.

— Bonjour, Vicki.

— Salut, Claire. Comment ça va ?

Ce genre de question n'exigeait pas de réponse bien précise, mais, cette fois, Claire avait très envie de confier ses difficultés à travailler avec Alistair North. Et cela la déstabilisa. Elle n'avait jamais eu beaucoup d'amies. En fait, elle s'entendait plutôt mieux avec les hommes qu'avec les femmes — ce qui était une bonne chose puisqu'elle travaillait dans une spécialité masculine. Mais c'était un domaine très compétitif, dans lequel les amitiés restaient limitées.

Elle avait essayé de se faire des amis en dehors du monde médical, mais, là encore, ses horaires insensés étaient mal perçus et entraînaient de fréquents retards, quand ce n'étaient pas carrément des annulations. Pour finir, les invitations se faisaient de plus en plus rares. Idem pour les relations amoureuses. Son manque de disponibilité avait été pour une grande part dans sa rupture avec Michael.

Mais ce n'était pas seulement à cause de ton métier.

Elle chassa rapidement ces pensées douloureuses de son esprit. Pourquoi les femmes éprouvaient-elles si souvent le besoin de se confier les détails les plus intimes de leurs vies ? Pour sa part, elle avait deux amies proches, mais Emma et Jessica étaient en Australie, très occupées avec leurs bébés, leurs jeunes enfants et leurs conjoints, sans parler de la clinique pour femmes qu'elles étaient en train de mettre sur pied.

Elles lui manquaient beaucoup. Jamais auparavant elle ne

s'était sentie aussi désorientée dans son travail que depuis qu'elle était au Château et elle n'avait personne à qui parler de son patron si déconcertant.

Comment un seul homme pouvait-il susciter des sentiments aussi contradictoires ? Elle oscillait en permanence entre l'admiration et l'antipathie — et actuellement, l'admiration perdait rapidement du terrain. En Australie, elle avait travaillé avec de vieux neurochirurgiens bourrus qui se rappelaient à peine son nom. Quand ils daignaient lui parler, c'était pour aboyer des instructions. Cela n'avait pas toujours été très agréable, mais au moins avaient-ils un comportement prévisible. Ils se conformaient aux règles, certes souvent archaïques, établies depuis une centaine d'années. Elle s'était alors contentée de baisser la tête et de faire son travail. Pourquoi ne pouvait-elle pas agir de même avec Alistair North ?

Parce qu'il ne respecte pas les règles.

C'était le moins que l'on puisse dire ! Avec la façon dont il se conduisait en dehors du bloc opératoire, cet homme l'empêchait de se concentrer sur l'essentiel. En plus de son travail clinique et de sa charge administrative, elle devait assurer celle d'Alistair North, et cela l'épuisait. Elle passait de longues heures à s'occuper de paperasse. Combien de temps encore pourrait-elle tenir sans dormir suffisamment ?

La semaine précédente, malgré un terrible sentiment de culpabilité, elle avait dû redonner une partie de ses papiers à traiter à son médecin junior. Andrew avait accepté sans protester, parce que cela faisait partie du système. Elle aurait voulu s'expliquer, mais y avait renoncé. Depuis qu'elle avait quitté Gundiwindi, elle gardait soigneusement son secret afin qu'il ne puisse pas être utilisé contre elle. Elle avait réussi à tenir jusque-là et, dès qu'elle serait diplômée, elle serait libre de retourner chez elle.

En attendant, elle parvenait tout juste à garder la tête hors de l'eau. Deux jours auparavant, elle avait été si exténuée qu'elle avait craqué. Oh ! comme elle regrettait d'avoir cédé à la fatigue et à la frustration. Ce qui l'inquiétait surtout, c'était la manière dont elle réagissait. Curieusement, quand elle se trouvait en présence d'Alistair North, elle perdait sa retenue.

Pas une fois au cours de sa carrière, elle n'avait osé répondre à son consultant. Maintenant que se profilait la fin de sa période de formation, ce n'était vraiment pas le moment de commencer. Pourtant, à mesure que les jours passaient, la pression montait, et elle se sentait comme un volcan prêt à exploser.

Pour tenter de garder le contrôle, elle s'était mise à serrer les poings chaque fois que la frustration la gagnait. Peu à peu, ses paumes avaient gardé les marques de ses ongles. Elle avait remarqué que, si elle se concentrait sur la douleur, elle était moins susceptible de dire quelque chose qu'elle aurait regretté.

Cependant, cela ne marchait pas à chaque fois, et elle avait nettement perçu le mécontentement d'Alistair North lorsqu'elle avait critiqué son attitude avec Lacey. Mais, au lieu de la réprimander, il l'avait en quelque sorte récompensée en lui permettant d'opérer seule.

Sa première réaction avait été la stupéfaction, puis l'excitation : par cette offre, il reconnaissait implicitement ses qualités, leur relation de travail allait enfin pouvoir évoluer. Pendant quelques délicieuses secondes, elle avait été sur un petit nuage, mais elle n'avait pas tardé à déchanter en comprenant que c'était juste une question d'opportunité : le play-boy avait un rendez-vous galant.

Donc, tu lui reproches de dire la vérité alors qu'il aurait pu trouver des excuses comme tes précédents patrons ?

Fatiguée de ses pensées incessantes et contradictoires, elle se reprit et répondit à la question de Victoria.

— Aujourd'hui est un nouveau jour, avec de nouvelles choses à apprendre.

— Il est vrai qu'Alistair est un professeur généreux.

— J'imagine, répondit-elle, se retenant de faire la moue.

Victoria éclata de rire.

— Notre Alistair aime les femmes, c'est certain. C'était de cela que je voulais te parler.

— Ah, bon ? demanda-t-elle prudemment.

— Tu as entendu parler du bal de l'hôpital ?

Pour ne pas être au courant, il aurait fallu vivre sous cloche. Des affiches annonçant l'événement de la saison couvraient tous les panneaux de l'établissement, ainsi que les poteaux de la rue principale. Le bal faisait l'objet de toutes les conversations, supplantant même les pronostics du prochain match de foot.

— J'ai dû apercevoir une affiche qui en parlait, répondit-elle d'un ton ironique.

— C'est notre premier événement majeur, et nous espérons récolter cinquante mille livres. Le truc, c'est que nous avons absolument besoin de la présence d'Alistair. S'il n'est pas là, cela aura un impact négatif certain sur la vente des tickets. Or il n'a pas l'air décidé à venir.

Incrédule, Claire secoua la tête en riant.

— Tu es sérieuse ?

— Terriblement. On a besoin de lui au bal, parce que nous allons mettre aux enchères le siège à côté de lui. Une femme aura la chance d'être sa voisine à table. On met aussi en vente son carnet de bal. De ton côté, ta mission consiste à faire en sorte qu'il soit présent.

— Je doute de pouvoir obliger Alistair North à faire ce qu'il n'a pas envie de faire, répondit-elle spontanément.

Victoria sourit avec assurance.

— Alistair a reçu une bonne éducation et fréquenté les meilleures écoles : il a un code de conduite auquel il se tient. Il ira au bal s'il a rendez-vous avec toi.

Pour le coup, Claire faillit s'étouffer et fut prise d'une quinte de toux.

— Je ne peux pas demander à mon patron de sortir avec moi, s'insurgea-t-elle.

Victoria haussa les épaules, comme si le fait qu'Alistair soit son patron n'avait aucune espèce d'importance.

— Bien sûr que si, dit-elle. Nous devons tous apporter notre contribution pour sauver le Château. Tout dépend de la façon dont tu formules l'invitation. N'hésite pas à le faire culpabiliser. Tu n'as qu'à lui raconter que le service du Koala doit impérativement être fortement représenté. En tant que chef du département, il se doit d'être là.

Claire s'éclaircit la gorge. Rien que la perspective d'avoir cette conversation avec Alistair North suffisait à la mettre en hyperventilation.

— Victoria, je ne crois vraiment pas que...

— Imagines-tu à quel point la communauté va souffrir si l'hôpital est vendu ? coupa l'auxiliaire médicale, les poings sur les hanches. Il est vital que le Château reste ouvert, pour le personnel comme pour les patients. En mettant aux enchères le carnet de bal d'Alistair, on attend une rentrée d'au moins mille livres, sans parler de la vente des sièges proches de lui.

— Je ne peux rien te promettre...

— Si, tu peux. Et tu le feras, dit Victoria avec une autorité habituellement réservée aux patients récalcitrants.

Elle serra brièvement le bras de Claire.

— Et tous les enfants du district et leurs familles te remercieront.

Claire la dominait largement de taille. Comment cette petite brune pouvait-elle faire preuve d'un caractère aussi indomptable ?

— C'est du chantage, protesta-t-elle faiblement.

Victoria sourit.

— Non. On fait tout pour préserver notre merveilleux hôpital pour les générations futures. C'est notre modeste contribution.

Modeste ? Claire préféra ne pas se demander à quoi ressemblerait une contribution plus importante. Certes, elle tenait à faire sa part, mais, là, Victoria venait de l'impliquer jusqu'au cou.

3

Debout au pied du lit de Ryan Walker, Claire se mordait la lèvre avec anxiété. Elle avait espéré que l'état du petit garçon s'améliorerait beaucoup plus vite. Il était arrivé aux urgences à peine conscient, après avoir été touché à la tête par une poutre lors de l'incendie de l'école primaire de Westbourne. Dominic MacBride, le chirurgien spécialisé en traumatologie, les avait immédiatement appelés, Alistair et elle, pour prendre leur avis. Ils avaient demandé une tomodensitométrie qui montrait une fracture du crâne. Par chance, il n'y avait pas de déplacement des os, mais un léger hématome subdural.

Elle avait été entièrement d'accord avec Alistair pour choisir la prudence plutôt que de se précipiter. Ils avaient travaillé en étroite collaboration avec Rupert Emmerson, l'anesthésiste, qui avait sédaté et ventilé Ryan. Puis Alistair avait inséré un moniteur de pression intracrânienne et elle, un cathéter central distribuant du mannitol pour réduire tout gonflement dû au choc. Le petit hématome n'avait pas diminué, mais n'avait pas grossi non plus. Ryan était donc toujours ventilé, et son état restait stationnaire.

La veille, pendant les tournées, elle avait demandé à Alistair, dans un moment de découragement mêlé de frustration, si elle n'avait pas laissé passer quelque chose. Malgré le groupe d'étudiants rassemblés autour du petit lit, les yeux gris d'Alistair s'étaient fixés sur elle comme s'ils avaient été seuls dans la pièce.

— Si vous avez manqué quelque chose, Mitchell, alors moi aussi.

— Faut-il faire une autre IRM ?

— Il y en a eu une il y a deux jours. Tant que les observations ne changent pas, cela ne se justifie pas. Demandez-vous pourquoi vous effectuez un test.

Parce qu'il faut que je fasse quelque chose. Sinon, j'ai l'impression d'abandonner.

— Il doit y avoir une autre option ! répondit-elle, à court d'arguments.

Il lui sembla brièvement percevoir une lueur de compassion dans le regard de son patron, mais l'étincelle disparut dès qu'il ouvrit la bouche.

— Oui. On attend.

Attendre ? Ce n'était pas faire quelque chose.

— Et si son état ne s'améliore pas ?

Il eut un léger haussement d'épaules.

— Ce sera peut-être la réalité.

Non.

— Je n'aime pas la réalité, dit-elle d'un ton brusque.

Il esquissa un petit sourire triste avant de reporter son attention sur le groupe d'étudiants.

— Qui peut m'énumérer les éléments de l'échelle des comas de Glasgow ?

— Je vous assure que mon fils a serré ma main tout à l'heure, dit la maman de Ryan d'un ton anxieux, le visage marqué par deux semaines d'inquiétude. C'est bon signe, non ?

C'était davantage une affirmation qu'une question. Louise avait besoin, pour se rassurer, de croire que l'état de son fils montrait des signes d'amélioration, alors qu'il n'évoluait pas. Rester ainsi dans l'incertitude était très déconcertant et particulièrement douloureux, d'autant que ni Claire ni Alistair ne trouvaient la raison de cette stagnation.

Claire ne voulut pas inquiéter davantage la maman presque

recroquevillée sur sa chaise, mais elle n'attachait pas grande importance à ce qui était probablement un spasme musculaire.

— Il est lourdement sédaté, Louise.

Comme elle le faisait deux fois par jour, elle contrôla les signes vitaux de l'enfant. *Pas de changement.*

Elle rédigea une nouvelle ordonnance de médicaments en remplacement de celle qui était sur le point d'expirer et reporta son attention sur Louise. Des cernes profonds soulignaient ses yeux. Claire était habituée aux signes indiquant que les parents étaient au bout du rouleau.

— Est-ce que vous arrivez à dormir un peu ? s'enquit-elle, connaissant déjà la réponse.

La mère épuisée se contenta de hausser les épaules.

— Ne croyez-vous pas qu'il serait temps de prendre une bonne nuit de repos ? demanda prudemment Claire.

Elle avait appris à traiter les familles avec beaucoup de précautions.

— Votre médecin traitant peut vous prescrire des somnifères. Croyez-moi, huit heures de sommeil dans votre lit vous feraient le plus grand bien.

Louise secoua la tête.

— Je veux être là quand il se réveillera.

— Je comprends, dit Claire en tirant une chaise pour se retrouver assise à sa hauteur. Mais je ne dis pas que Ryan resterait seul. Je suis sûre que quelqu'un de votre famille pourrait vous remplacer et vous permettre de faire une pause. Votre mari et vous avez tous les deux besoin de dormir une nuit entière.

Le regard de Louise hésita entre Claire et son fils immobile. Une larme coula lentement sur sa joue.

— J'ai l'esprit tellement embrumé que je suis incapable de prendre une décision.

— Alors, laissez-moi décider pour vous.

— Mais, si je rentre chez moi, je ne l'abandonne pas un peu ?

Claire avait souvent entendu de tels scrupules chez des parents éplorés. Elle tapota gentiment le genou de Louise.

— Si vous ne prenez pas soin de vous, vous risquez de

tomber malade et de vous retrouver loin de Ryan beaucoup plus longtemps qu'une simple nuit.

Soudain, Louise s'affaissa sur sa chaise, vaincue par un trop-plein d'émotions et quinze nuits sans sommeil. Ses yeux las cherchèrent ceux de Claire.

— S'il se réveille pendant que je suis chez moi, promettez-moi de m'appeler.

— Bien sûr. C'est promis.

— Merci.

Visiblement soulagée, Louise esquissa un sourire.

— Je suis ici depuis des jours, et rien n'a changé. Peut-être que si je pars il va se réveiller et se mettre à parler.

Claire sentit un frisson d'appréhension lui parcourir le dos.

— La médecine ne fonctionne pas comme ça, Louise. Voulez-vous que je contacte votre médecin pour les somnifères ? Et je peux vous faire appeler un taxi.

— Je vous remercie.

Louise se pencha et caressa le front de son fils avant de l'embrasser.

— Je reviens bientôt, mon chéri.

— Ne vous inquiétez pas, dit Claire. Je serai la première à vous avertir en cas de bonne nouvelle.

Alistair attrapa la main de Tristan Lewis-Smith en signe de victoire. Le garçon de dix ans n'avait pas fait de crise d'épilepsie depuis une semaine, ce qui n'était pas arrivé depuis deux ans. Des moments comme celui-ci le confortaient dans son idée que chaque jour comptait. La vie devait être vécue pleinement.

L'occasion avait failli lui être ôtée. Quand il s'était réveillé dans l'unité des soins coronariens, il avait fait le vœu de ne jamais oublier que la vie pouvait changer le temps d'un battement de cœur. Il avait frôlé la mort de près et avait été gratifié d'une seconde chance, il n'entendait pas la gaspiller. Il était ravi de pouvoir à son tour donner à Tristan une seconde chance de mener une vie normale.

— Il est temps d'aller au lit, dit-il en tapotant les draps. Et de faire semblant de lire ou l'infirmière de nuit va me tomber dessus.

Débordant d'énergie, Tristan bondit sur le lit.

— Tu dis ça parce que tu as peur de perdre encore si on rejoue !

— J'avoue, répondit-il en souriant. Dépêche-toi, je suis attendu quelque part.

— L'infirmière Saunders dit que tu ne peux pas rester parce que tu as rendez-vous avec ton amoureuse.

— Ah, vraiment ?

Alistair sourit. L'infirmière Saunders en savait apparemment plus que lui, se dit-il en bordant l'enfant. À sa grande surprise, il se rendit compte qu'il éprouvait soudain une étrange sensation de vide, qu'il chassa aussitôt.

Il n'avait aucune raison de se sentir seul ou triste. C'était bon de vivre. Il avait un métier qu'il adorait et, près de Portobello Road, un confortable appartement baigné de lumière qu'il avait rempli d'objets rapportés de ses voyages à travers le monde. Trois ans auparavant, il s'était offert en Provence un joli mas en pierre entouré de champs de lavande. Là-bas, il s'adonnait aux plaisirs sensuels du soleil, de la nourriture méditerranéenne et du bon vin. Il s'y rendait au moins une fois par mois, seul ou accompagné, si la femme qu'il fréquentait à ce moment-là avait envie de prendre du bon temps. Mais, dès qu'elle évoquait la possibilité de « passer à l'étape suivante », elle n'était plus la bienvenue en France. Ni à Notting Hill, d'ailleurs.

Certes, il aimait les femmes, mais il ne voulait pas « passer à l'étape suivante ». Mieux valait briser un cœur au début d'une relation, avant que cela devienne sérieux, plutôt que de risquer de bouleverser une vie — ou, pire, des vies. Son enfance lui avait servi de leçon. Après tout, personne ne savait précisément combien de temps durait une seconde chance.

Surpris par le cours inattendu que prenaient ses pensées — broyer du noir n'était pas son genre — il regarda l'heure en quittant Tristan : pas tout à fait 8 heures. Un jeudi soir, il y aurait un important contingent de l'hôpital au pub, et il serait accueilli à bras ouverts pour disputer une partie de fléchettes. Mais cette perspective ne le tenta pas. Il avait brusquement besoin de quelque chose de totalement différent — quelque chose d'un peu sauvage, qui l'aiderait à se sentir vivant.

Il venait juste de jeter un coup d'œil à son téléphone portable quand il entendit une voix féminine derrière lui.

— Bonne journée, Alistair.

Au son de cet accent, il pivota aussitôt sur ses talons. Cette formule de politesse typiquement australienne, il avait souvent entendu Claire Mitchell l'employer avec d'autres, mais elle s'en était montrée beaucoup plus avare avec lui — à une ou deux exceptions près, quand elle tentait d'être aimable, ce qui lui coûtait manifestement. Que lui valait ce changement d'attitude ?

Les mains profondément enfoncées dans les poches de sa blouse, elle s'immobilisa devant lui. Elle avait les cheveux rassemblés en une queue-de-cheval fonctionnelle, un stéthoscope rose pendait à son cou. Un minuscule koala était attaché au cordon de son badge de sécurité, ainsi qu'un petit stylo. Sa blouse blanche et sa jupe noire n'avaient rien de remarquable, si ce n'était que la jupe révélait ces longues jambes qui le tentaient.

Elle avait aux pieds une paire de chaussures rouges avec une large bande auto-adhésive qui soulignait sa cheville, surmontée d'un gros bouton rouge qui attirait l'œil.

Il la scruta du regard, cherchant à deviner la cause de cette soudaine tentative de communication.

— Bonne journée à vous, répondit-il en imitant son accent.

Derrière ses lunettes sexy de bibliothécaire, ses yeux dont il appréciait tant la couleur chaude se mirent à briller — n'avait-elle pas rougi ?

— Vous avez une minute ? demanda-t-elle tandis qu'ils se dirigeaient vers l'ascenseur.

— Toujours. Un problème ?

— Mm.

Elle jeta un rapide coup d'œil dans le couloir avant de virer à gauche, en salle de traitement.

Intrigué par son comportement si inhabituel, il la suivit.

— Je ferme la porte ? demanda-t-il.

— Oui, merci.

Il s'exécuta avant de s'appuyer contre le chambranle. Elle

se tenait à environ un mètre de lui, ses lèvres pulpeuses délicieusement rouges. Il détourna les yeux, et son regard s'arrêta sur sa gorge, à la base de son cou — là où son pouls battait. Elle avait vraiment le cou le plus long et le plus gracieux qu'il lui ait été donné de voir.

N'oublie pas que, la plupart du temps, c'est une emmerdeuse. Et qu'elle est ta stagiaire.

— Alistair…

Elle s'interrompit.

— Claire ?

Il prenait plaisir à la taquiner. En fait, il ne l'avait jamais vue aussi désemparée, et c'était agréablement rafraîchissant.

Elle inspira si profondément que sa poitrine remonta. Portait-elle un soutien-gorge en dentelle ou bien un modèle simplement pratique ? D'après son expérience, les femmes les plus ordinaires avaient souvent des dessous très sexy.

Avec une bouche pareille, elle n'a rien d'ordinaire.

Au même moment, elle passa le bout de sa langue sur sa lèvre supérieure, et son sang fut en ébullition.

Elle s'éclaircit la gorge.

— J'espère que vous ne le prendrez pas de travers, mais…

S'efforçant de rester insensible à ce qu'il avait sous les yeux, il haussa un sourcil ironique.

— Jusqu'à présent, vous ne vous êtes guère préoccupée de ma susceptibilité pour exprimer ce que vous aviez à dire, fit-il.

Cette fois, elle rougit pour de bon, mais réussit à rester digne.

— Exact, mais c'était dans le cadre du travail. Nous sommes ici dans un domaine différent.

Devant son embarras, il retint une envie absurde et inattendue de voler à son secours. Soudain, elle le fixa de son regard perçant, et il ne put s'empêcher d'éprouver une sensation de gêne. Était-elle capable de voir à travers l'image de l'homme qu'il aimait montrer au reste du monde ? Avait-elle réussi à deviner ce qu'il gardait soigneusement enfoui ?

— En tant que directeur du service de neurochirurgie, il est important que vous donniez l'exemple en assistant au bal organisé pour la collecte de fonds, dit-elle enfin d'une voix tendue.

Il ne put résister à la tentation.

— Êtes-vous en train de m'inviter au bal ?

Claire arrondit les yeux de consternation.

— Non ! s'exclama-t-elle, indignée.

Puis elle poussa un soupir résigné.

— Enfin, peut-être. Oui. D'une certaine façon.

Il se retint de sourire.

— Vous avez l'air très motivée, c'est flatteur, répondit-il, moqueur.

Elle pinça les lèvres.

— Vous pouvez me taquiner autant que vous voudrez, monsieur… Alistair, mais il devrait y avoir au bal au minimum une table du personnel de neurochirurgie, vous le savez aussi bien que moi.

Bon sang ! Elle avait tout à fait raison, mais comment avait-elle appris qu'il n'irait pas ? Il avait gardé l'information secrète, plus par embarras qu'autre chose.

Le comité du bal avait eu l'idée de mettre aux enchères les places proches des plus beaux partis. En temps normal, il aurait été d'accord, mais il craignait qu'une de ses ex les plus récentes, un peu trop rancunière, ne vienne gâcher la fête. Aussi avait-il décidé de ne pas y aller et de faire un don important en guise de dédommagement. La seule personne à laquelle il avait fait part de son plan était Dominic.

Stupide, stupide, stupide ! À l'évidence, le chirurgien des traumas pédiatriques avait vendu la mèche à Victoria.

Il se passa la main dans les cheveux. Il avait été élevé selon les usages, et c'était une Australienne, censée venir d'une société peu hiérarchisée, qui lui rappelait ses responsabilités sociales. Voilà qui ne manquait pas de piquant.

— Résumons la situation, dit-il avec un sourire en coin. Vous êtes prête à passer une soirée avec moi juste pour vous assurer que je ferai ce qu'il faut ?

Elle plissa les yeux sans répondre.

— Vous êtes-vous déjà amusée depuis votre arrivée à Londres ? lui demanda-t-il brusquement.

Pendant quelques secondes, elle parut décontenancée.

— Je… euh… Oui. Bien sûr.

Menteuse. Mais il avait bien l'intention de s'amuser avec elle, *maintenant.*

— Parfait. Je peux vous promettre que vous allez vous amuser au bal. D'autant plus que, n'écoutant que votre sens du devoir, vous avez acheté le siège à côté de moi.

— Quoi ?

Elle pâlit, mais se ressaisit rapidement.

D'un air dramatique, il se frappa la poitrine dans la région du cœur, ses longs doigts effleurant la zone de son pacemaker.

— Et moi qui croyais que j'avais un rendez-vous galant… Je vais vous dire ce qu'on va faire : je vais payer pour nos deux tickets.

— Ce ne sera pas néces…

— C'est le moins que je puisse faire. Je suppose que c'est Victoria qui vous a entraînée là-dedans.

Elle esquissa une grimace.

— Là, vous n'avez pas tort.

— Le côté positif, c'est que je n'aurai pas besoin de me mettre en frais pour faire le joli cœur…

— Dans ce cas, j'ai hâte d'y être, répondit-elle du tac au tac.

Il ne put s'empêcher d'éclater de rire. Ce sarcasme était inattendu et très rafraîchissant. Il n'avait pas l'habitude qu'une femme considère une soirée avec lui comme une épreuve. La gent féminine se mettait plutôt en quatre pour le satisfaire. Pas Claire Mitchell.

D'ailleurs, sans s'en rendre compte, elle venait de lui lancer un défi. Il n'était pas convaincu qu'elle soit capable de s'amuser et il eut une soudaine envie de savoir à quoi elle ressemblait quand elle passait un bon moment.

Elle se mettrait à sourire, comme quand tu l'as laissée opérer seule. Tu te rappelles ce que tu as ressenti à ce moment-là ?

À cet instant, son téléphone sonna — la sonnerie des soins intensifs — et il y répondit au moment où l'appareil de Claire bipait.

Tout en écoutant ce que lui disait l'infirmière, il fit un signe de tête à Claire et ouvrit la porte de la salle de soins. Quand elle passa rapidement devant lui, il sentit comme une bouffée d'air marin et fut ramené à Bondi Beach, lorsque sa vie était plus simple et comportait moins de restrictions.

— On arrive, répondit-il brièvement.

Et il suivit Claire en direction de l'issue de secours — le moyen le plus rapide d'arriver aux soins intensifs.

4

Claire sortit de la salle d'opération et retira son masque. Ses mains tremblaient tellement qu'en le jetant elle rata la poubelle et dut le ramasser.

Ressaisis-toi.

— Ça va, docteur Mitchell ? demanda Cyril, l'homme de ménage de nuit. Vous avez l'air un peu secouée.

Il nettoyait la salle d'opération depuis quarante ans et portait aux jeunes membres du personnel médical une attention presque paternelle.

— Avec une bonne tasse de thé, tout ira bien, répondit-elle, consciente de mentir.

Mais elle ne pouvait pas se permettre de craquer maintenant. Pas tant que sa tâche n'était pas terminée.

Elle gagna le salon des médecins, qui heureusement, à 10 heures du soir, était vide : elle avait besoin d'être tranquille pour passer cet appel. Tremblant toujours, elle dut s'y reprendre à deux fois pour faire le bon numéro.

— Allô ! dit une voix ensommeillée.

— Louise ? C'est Claire Mitchell, de l'hôpital.

La voix de la mère de Ryan retrouva aussitôt sa vivacité.

— Oh ! mon Dieu ! fit-elle, moitié riant, moitié pleurant. Il s'est réveillé, n'est-ce pas ? Colin, lève-toi ! C'est Ryan.

Claire sentit son cœur se serrer et elle tenta de raffermir sa voix.

— Louise, ajouta-t-elle gravement, Ryan ne s'est pas réveillé.

— Quoi ? Mais alors, pourquoi m'appelez-vous ? demanda la mère de Ryan avec irritation.

Pensant au petit garçon si malade, entouré de toute la technologie médicale possible, Claire prit une profonde inspiration pour se donner du courage.

— L'état de Ryan s'est aggravé.

— Non !

Elle ferma les yeux, comme si cela lui permettait d'occulter la douleur incandescente contenue dans ce simple mot.

— Vous disiez que vous m'appelleriez s'il se réveillait, lança Louise d'un ton accusateur.

Pour elle, Claire n'avait pas tenu sa promesse.

— Je suis désolée, mais Ryan a fait une autre hémorragie. Nous venons juste de l'opérer.

— C'est seulement un petit contretemps ? Il va bientôt se rétablir ?

Claire se mordit la lèvre si fort qu'elle sentit un goût de sang.

— Malheureusement, l'hémorragie était importante. Le cerveau de Ryan a gonflé, nous avons dû ôter un petit morceau de l'os du crâne pour soulager la pression. C'est ce qu'on appelle une craniotomie.

— Il a un trou dans la tête ?

Le ton dramatique et incrédule de Louise la pénétra comme une flèche empoisonnée.

— Le petit morceau d'os est stocké dans un congélateur de l'hôpital jusqu'à ce que le gonflement ait diminué. Ensuite, on pourra le réinsérer, expliqua-t-elle.

— Vous êtes en train de me dire que son cerveau est laissé à l'air libre ?

— Il va porter un casque de protection spécial.

Il y eut un long silence.

— Ryan n'aura pas de dommages au cerveau ?

C'était la question toujours redoutée.

— Nous ne connaîtrons la situation exacte qu'une fois que l'œdème aura diminué.

— Dans combien de temps ?

— Je regrette, Louise, mais je ne peux pas vous le dire. C'est impossible à prévoir actuellement.

Elle entendit des bruits de pas sur le sol.

— Pourquoi n'avez-vous rien vu venir ? Vous auriez pu l'arrêter, non ?

Ces paroles agirent sur Claire comme un coup de fouet. N'avaient-ils pas effectivement laissé passer quelque chose ?

— Je sais que c'est très difficile pour vous...

— Difficile ! hurla Louise dans le téléphone, si fort qu'elle la fit sursauter. Vous avez des enfants, Claire ?

Même si Louise avait été une amie plutôt que la mère d'un patient, Claire ne lui aurait jamais confié son unique regret. Après avoir choisi la spécialité la plus ardue pour prouver à tout le monde qu'elle était intelligente et compétente, elle s'était soudain retrouvée seule à trente-quatre ans. Ses chances de devenir mère diminuaient rapidement.

Alistair entra dans le salon et lui lança un coup d'œil interrogateur. Puis il jeta des sachets de thé dans deux mugs.

Elle se détourna de son regard pénétrant, ce qui la perturba plus encore. Elle avait toujours été connue pour sa grande capacité de concentration, pour éliminer sans même y penser toute distraction inutile. D'ailleurs ces dernières années, ses consultants lui avaient dit que son attention naturelle aux détails était une des principales caractéristiques d'un bon neurochirurgien.

En fait, c'était une qualité qu'elle avait longuement travaillée, au point que celle-ci ne l'abandonnait pratiquement plus jamais. Même à l'époque où elle était avec Michael et croyait qu'il l'aimait, sa concentration n'avait pas diminué. Pourtant, sous le regard clair des yeux gris acier d'Alistair, elle chancelait dangereusement.

— Louise, dit-elle, rassemblant ses pensées, Ryan est maintenant retourné en soins intensifs. Lorsque vous arriverez à l'hôpital avec votre mari, M. North et moi serons là pour répondre à toutes vos questions. Demandez simplement à nous voir.

Elle mit fin à l'appel et reposa lentement l'appareil. Ses jambes pouvaient à peine la porter.

— Pas facile, fit Alistair en ouvrant le réfrigérateur.

— J'ai eu des conversations téléphoniques plus agréables.

— Comment prenez-vous votre thé ? Lait, sucre ?

Un peu surprise par son offre, elle se laissa tomber la tête en arrière sur le canapé. L'épuisement la gagnait.

— Seulement du lait.

— Un peu de sucre ne vous ferait pas de mal.

Elle eut soudain une énorme envie.

— Vous avez du chocolat ? demanda-t-elle.

— Depuis six semaines que vous êtes ici, vous avez dû vous rendre compte que le moindre morceau de chocolat qui entre dans cette pièce disparaît en moins de cinq minutes.

Il fouilla dans les tiroirs et poussa une exclamation victorieuse en brandissant un paquet rouge et noir.

— Que diriez-vous de biscuits sablés au chocolat et au piment ?

Devant tant d'attention, elle éprouva une ridicule envie de pleurer.

— Super.

Il la rejoignit avec les deux mugs de thé, le paquet de biscuits en équilibre instable sur l'un d'eux.

Il n'y avait plus rien en lui du play-boy espiègle ni du consultant condescendant. Elle ne comprenait pas pourquoi et, à fleur de peau comme elle l'était, cela la troubla.

Mieux valait se cantonner au sujet qu'elle connaissait le mieux : le travail.

— On aurait dû faire cette IRM. On aurait dû faire plus. C'est nous qui avons causé cette situation.

— Hé, répondit-il, le regard soudain sévère. Nous n'avons rien causé du tout. Nous avons opéré Ryan tous les deux et nous avons vu exactement la même chose. Cette hémorragie était cachée par l'hématome d'origine, c'est pourquoi elle n'est pas apparue sur les scanners. Le bon côté de l'histoire, c'est que, si elle s'était déclenchée ailleurs qu'en soins intensifs, il serait probablement mort à l'heure qu'il est.

— Mais Ryan va plus mal que quand il est arrivé, lança-t-elle, désespérée.

— Pas nécessairement, dit-il avec un calme exaspérant. La

craniotomie va lui donner la possibilité de guérir. Nous avons fait tout ce qui était en notre pouvoir pour lui donner une chance de se rétablir.

Il hocha la tête, et l'expression de son visage s'adoucit.

— Je sais, c'est moche. Mais c'est un de ces terribles drames qui arrivent parfois.

— Je ne peux pas l'accepter, répliqua-t-elle, révoltée.

Elle eut un geste de rébellion un peu trop brusque, et le thé fumant déborda de son mug et lui brûla la peau.

Aussitôt, Alistair lui ôta le mug des mains.

— Je vais chercher de la glace. En attendant, ouvrez grand.

Et il lui fourra un sablé dans la bouche.

Elle s'exécuta sans protester, étonnée de sa propre docilité. Le bon goût de biscuit au beurre et au chocolat relevé d'une pointe de piment se répandit en elle, tandis qu'elle essuyait le liquide sur sa main. Une large marque rouge, blanche en son centre, apparut rapidement à la base de son pouce, accompagnée d'une vive douleur. Pendant quelques jours, le port de gants chirurgicaux ne serait pas très confortable.

Alistair revint avec un pack de glace entouré d'une serviette. Il lui prit la main gauche et la posa dessus. La sensation de brûlure de la glace se mêla à celle de sa peau.

— Ne bougez pas pendant dix minutes.

— Merci, murmura-t-elle, se retenant de verser quelques larmes.

Mais qu'est-ce qui n'allait pas chez elle ?

— Le sucre du biscuit a commencé à faire son effet ? demanda-t-il.

Pas vraiment. La tête lui tournait, et elle se sentait complètement vidée.

Elle s'était débrouillée seule si longtemps qu'elle s'étonnait que quelqu'un s'occupe d'elle. Plus rien n'avait de sens, et surtout pas cette version d'Alistair qui se montrait remarquablement gentil. Elle dut lutter contre une terrible envie d'aller vers lui, de poser la tête sur son épaule et de l'abandonner là pendant une semaine.

Tu as donc complètement perdu la tête ? Tu es au travail, et Alistair est ton patron.

Il ne lui était pas arrivé une seule fois de perdre le contrôle au travail, cela n'allait pas commencer aujourd'hui — surtout pas devant Alistair North. Dès que les dix minutes seraient écoulées, elle remettrait le pack de glace au congélateur, souhaiterait rapidement bonne nuit à Alistair et rentrerait chez elle dormir d'un sommeil réparateur.

Alistair se frotta la nuque. Il était complètement déconcerté par la nouvelle version de Claire Mitchell assise sur le canapé à côté de lui. Sa réaction à propos d'une craniotomie de routine était hors de proportion. La première fois qu'il l'avait vue, il l'avait jugée méticuleuse et ambitieuse, certes non dénuée d'empathie, mais faisant passer la médecine avant tout. La dégradation inattendue de l'état de Ryan Walker n'était sûrement pas le premier cas qu'elle rencontrait.

En tout cas, cela la bouleversait. En tant que consultant, c'était à lui de l'aider à s'en remettre. Mais comment ?

Soudain, les épaules de Claire s'affaissèrent.

— Louise Walker me déteste.

Ah ! Ainsi, Claire Mitchell ne s'intéressait pas qu'au protocole et à la paperasse. Sous ses dehors ombrageux vivait une personne normale. Pour il ne savait quelle raison, le cas de Ryan l'avait profondément touchée. Cela n'avait rien de nouveau pour lui : à un moment ou un autre de sa carrière, un médecin était plus ému par un patient que par les autres.

— Louise Walker est une maman terrifiée, répondit-il.

— Je sais.

Ses immenses yeux couleur de caramel chaud se posèrent sur lui, et il eut soudain très envie de plonger dans son regard.

Cela ne va rien arranger. Elle ne te plaît même pas.

Mais elle avait besoin que quelqu'un comprenne sa détresse, il le sentait.

Elle lui raconta qu'elle avait insisté pour que Louise rentre chez elle, en lui promettant de l'appeler en cas d'amélioration.

Faire des promesses était toujours risqué.

— Et quand vous avez appelé Louise tout à l'heure...

— Elle a cru que je venais lui annoncer une bonne nouvelle, la première en deux semaines.

Elle cligna rapidement des yeux, mais ne parvint pas à empêcher une larme de rouler sur sa joue, sous ses lunettes. Elle l'écrasa aussitôt.

Il était comme beaucoup d'hommes : ému devant une femme en détresse. En voyant Claire Mitchell, habituellement si maîtresse d'elle-même, craquer devant lui, il sentit son cœur fondre.

— Pourquoi ne pas m'avoir demandé de l'appeler ?

— Vous m'avez clairement fait comprendre que c'était à moi de m'en charger.

Pendant quelques secondes, il eut l'impression d'être le pire patron de la terre.

— Enfin, Claire... Depuis des semaines, vous n'avez jamais hésité à contredire et à critiquer mes opinions. Pourquoi cette fois-là, justement, ne m'avez-vous pas remis en question ?

— Tout ce que je sais, c'est que Louise Walker est dévastée à cause de moi. J'ai rendu sa souffrance dix fois pire.

Elle leva la tête, et son air abattu lui serra le cœur. Ce fut tout naturellement qu'il posa une main sur son épaule.

— Vous ne l'avez pas dévastée, dit-il calmement.

Elle posa la tête sur son épaule, et il lui tapota doucement le dos.

— Vous le savez tout au fond de vous. C'est juste une journée difficile.

Elle laissa échapper un sanglot étouffé, et il ne put s'empêcher de sourire. Elle avait une réaction très normale, pour quelqu'un qu'il avait cru capable de mettre une grande distance entre le travail et ses émotions.

Il se surprit à caresser ses cheveux soyeux. Sa tête reposait maintenant contre son menton, et il respira des parfums de cannelle et de pomme.

Soudain, les souvenirs affluèrent en lui : l'image d'une grande cuisine familiale chauffée par la cuisinière à bois que l'on n'éteignait jamais ; le visage rond de Cook et les odeurs de sucre brun et de beurre chaud. Tout ce qu'il associait au bien-être de l'enfance était rassemblé dans cette cuisine. Pas une fois il n'aurait imaginé qu'elle ne serait pas toujours là, à attendre son retour du pensionnat. Vingt-six années avaient passé, et elle lui manquait toujours.

Claire leva la tête, les joues marbrées et les yeux rougis. Elle fixa la tache humide qu'elle venait de faire sur sa chemise et la tapota frénétiquement du plat de la main, comme si cela pouvait suffire à la sécher.

— Oh ! mon Dieu ! Je suis désolée.

La chaleur de ses doigts traversait le tissu de coton.

— Inutile de vous excuser, dit-il d'une voix un peu trop rauque. Mes chemises ont vu bien pire.

— Je ne me suis encore jamais comportée ainsi au travail.

Elle semblait catastrophée.

— Vous devez me prendre pour un véritable paquet de nerfs...

— Pas du tout.

Il aurait dû parler davantage — lui dire que les médecins étaient aussi des êtres humains, que certains cas étaient plus marquants que d'autres. Mais il sentait sa chaleur le pénétrer, causant un tel chaos en lui qu'il était bien en peine d'articuler un mot. Dans une tentative désespérée pour retrouver son équilibre, il lui saisit la main et la garda dans la sienne.

Elle s'immobilisa un moment, les yeux fixés sur leurs deux mains, ses yeux humides reflétant son embarras et sa peine.

Il était sur le point de dire : « Ça ira mieux demain » quand il crut percevoir quelque chose d'indéfinissable dans le regard de Claire, au milieu de tout ce fatras d'émotions.

Il frôla de ses lèvres sa joue humide pour la réconforter et était sur le point de se retirer quand elle tourna la tête vers lui. Soudain, sa bouche toucha ses lèvres pleines couleur rubis. Elles étaient douces et rafraîchies par ses larmes, et il décela un parfum enivrant d'essence de bergamote.

Arrête-toi, maintenant.

Il s'écartait quand elle ouvrit imperceptiblement les lèvres, et une odeur épicée le saisit — celle d'une femme complètement excitée sexuellement. Pendant quelques secondes il se figea, incapable de penser ou de bouger.

Puis il sentit le bout de sa langue sur ses lèvres, et son corps s'ouvrit entièrement à elle. Nouant les bras autour de sa taille, il l'attira contre lui et écarta les lèvres pour l'accueillir.

Il se sentit aussitôt rempli. Sa langue l'explorait, ses dents mordillaient ses lèvres, et sa chaleur explosa en lui. Il était devenu le réceptacle de toutes sortes de sensations. Elle glissa sa main valide dans ses cheveux, comme si elle avait besoin de se raccrocher à quelque chose de tangible.

Il comprenait parfaitement. L'embrasser, c'était comme être en chute libre. Il lui rendit son baiser à sa façon profonde et enveloppante, jusqu'à ce qu'elle pousse un gémissement de volupté. Habituellement, cette réaction le faisait sourire, le confortant dans l'idée qu'il savait exactement ce qu'il faisait.

Mais pas cette fois.

Sa maîtrise habituelle avait disparu, Claire avait complètement retourné la situation. Ce qui avait commencé comme une petite bise sur la joue pour la réconforter s'était transformé en un véritable tsunami, faisant sauter l'une après l'autre les barrières protectrices soigneusement mises en place depuis cinq ans.

Arrête ce baiser. Tout de suite.

Mais son corps ne l'écoutait pas. Doucement, il tira sur l'élastique de sa queue-de-cheval, et ses cheveux se répandirent sur ses épaules en une cascade blonde, libérant des parfums d'épices et de pommes. Des mèches dorées lui frôlèrent le visage, et il inspira profondément.

Soudain, Claire fut assise sur ses genoux. Elle lui caressait la nuque tandis qu'il glissait la main sous sa blouse, rencontrant sa peau chaude et douce. Du bout des doigts, il pianota le long de son dos jusqu'à ce qu'il atteigne les agrafes de son soutien-gorge.

Au moment où il venait à bout de leur résistance, Claire se redressa brusquement, ses lèvres gonflées par les baisers, plus sexy que jamais. Avec ses cheveux lâchés qui lui encadraient le visage dans un délicieux désordre, elle semblait plus jeune, plus vulnérable.

Il sut exactement ce qu'elle pensait à l'instant : il était son patron, elle était sa stagiaire. Les hôpitaux avaient des règles strictes pour protéger les deux parties et leur éviter d'être accusées de harcèlement sexuel. Involontairement, ils avaient franchi la ligne ensemble, mais il n'y avait pas de rapport de forces entre eux. D'ailleurs, il aurait parié qu'elle était aussi surprise que lui de ce baiser.

— Tout va bien, Claire, dit-il d'une voix éraillée, pour la mettre à l'aise.

— Tout va bien ? répéta-t-elle d'une voix incrédule, ses beaux yeux reflétant son trouble.

Rapide comme l'éclair, elle s'écarta de lui comme s'il était en feu et étendit les bras devant elle, comme si elle craignait qu'il ne la touche encore.

— Je... C'est... Rien de tout ça ne va.

Encore étourdi et excité par ses baisers, il s'efforça de reprendre ses esprits et voulut la rassurer.

— Je veux dire que nous sommes adultes l'un comme l'autre. Ce sont des choses qui arrivent...

Elle secoua énergiquement la tête.

— Il n'est *rien* arrivé. Vous m'entendez ? Rien du tout.

Soudain, le bip de leurs appareils se déclencha en même temps, et Claire se figea.

— Oh ! non. Les Walker sont arrivés.

— Très bien, dit-il d'un ton raffermi.

Le médecin reprenait enfin le pas sur l'homme. Mais il avait eu besoin de quelques instants pour se remettre.

— Je vous retrouve en soins intensifs dans cinq minutes.

Le visage de Claire refléta un mélange de gêne et de soulagement.

— Oui. Bon. J'y serai.

Elle disparut dans le couloir.

Eh bien... Bravo, Alistair.

Il poussa un long soupir et se frotta le visage des deux mains. Comment un moment aussi incroyable pouvait-il se terminer ainsi dans la déroute ?

5

— Un déca ce matin, Tony, s'il vous plaît.

Le barista lança à Claire un coup d'œil chagriné.

— Ce n'est pas du café, *mia bella*.

Elle haussa les épaules. Il ne lui fallait surtout pas de caféine : il était à peine 7 heures du matin, et elle débordait d'adrénaline. Elle avait l'impression d'être montée sur ressorts et eut un bref reflux gastrique, ce qui était toujours chez elle une marque de stress.

Aujourd'hui, elle n'avait pas besoin de se poser de questions pour connaître la cause de son extrême agitation. Elle l'avait revécue encore et encore pendant une bonne partie de la nuit, jusqu'à ce que l'épuisement la gagne, lui accordant quelques heures d'un sommeil intermittent.

Elle s'était réveillée en sursaut, tirée d'un rêve merveilleux dans lequel elle s'était sentie étonnamment en sécurité. Elle avait pu enfin être elle-même sans avoir le souci constant que quelqu'un ne découvre que, en dépit de son dur travail, elle était toujours au bord de l'échec.

Une seconde à peine après son réveil par une matinée brumeuse, la réalité l'avait rattrapée, et elle se revit, blottie sur les genoux d'Alistair North, en train de l'embrasser comme s'il était le dernier homme sur terre.

Elle avait sauté sur son patron. *Oh ! mon Dieu, mon Dieu, mon Dieu !*

Des heures plus tard, elle se demandait encore comment cela avait pu arriver.

Allons, sois honnête. Tu as abandonné tes principes, tu as entrouvert la bouche et tu as absorbé Alistair North comme s'il était l'oxygène que tu respires.

Elle avait du mal à reconnaître cette femme. Jamais auparavant elle ne s'était abandonnée de la sorte, n'existant plus que pour les merveilleuses sensations de volupté qui la consumaient. C'était comme si elle avait tiré de lui sa force vitale. Jamais auparavant elle n'avait embrassé quelqu'un avec une telle intensité.

Jamais non plus elle n'avait été embrassée comme cela.

À vrai dire, malgré ses trente-quatre ans, son expérience en matière de baisers était plutôt limitée. A l'adolescence, tous les garçons de son âge la considéraient comme un rat de bibliothèque, si bien que, quand elle était entrée à l'université d'Adélaïde, elle était aussi vierge sur le plan des baisers que sur le plan sexuel.

Un étudiant en médecine de deuxième année, un peu éméché, avait réglé le problème du baiser lors d'une fête en fourrant sa langue dans sa bouche. À la suite de quoi, elle avait décidé d'attendre de rencontrer quelqu'un qui lui plaise et qui ait une certaine expérience de la chose.

Cinq ans plus tard, Michael avait fait irruption dans sa vie lors d'un trekking sur la spectaculaire île du Sud de Nouvelle-Zélande. Après deux jours passés à rire et à parler ensemble, pendant lesquels il lui avait parfois tendu une main secourable pour l'aider à traverser des criques et à franchir des troncs d'arbres abattus, il l'avait embrassée sur la plage de sable de Milford Sound dominée par le Mitre Peak.

Cela avait été le moment le plus romantique qu'elle ait jamais vécu. Pendant quelque temps, les démonstrations de tendresse de Michael lui avaient fait croire qu'après tout elle était digne d'être aimée. Lorsque les premières fêlures étaient apparues, plus elle s'était évertuée à les réparer, plus la situation avait empiré. Elle n'avait pas oublié les mots qu'il avait prononcés lors de leur rupture : « C'est trop difficile de t'aimer, Claire. »

Ce matin, lorsque son réveil avait sonné, elle s'était précipitée sous la douche et, une demi-heure plus tard, s'était rendue directement chez Tony dans un omniprésent brouillard londonien.

Lorsqu'elle sortit son portefeuille pour payer les habituels cafés, Tony refusa d'un geste.

— Les médecins du Château ont soigné ma Serena quand elle est née avec un pied de travers. Les enfants malades ont besoin de l'hôpital. Je suis content d'aider.

— C'est très généreux de votre part. Je sais que les manifestants de l'équipe de nuit apprécient beaucoup votre café.

Elle entendit quelqu'un toussoter derrière elle — manière britannique de dire *Dépêchez-vous.*

— À bientôt, Tony.

— *Ciao, bella.* Passez une bonne journée.

Une bonne journée ? Oh ! certainement. Comme elle n'en avait pas eu depuis bien longtemps. Elle aurait tellement voulu pouvoir prendre une machine à remonter le temps et changer tout ce qui s'était passé la veille… À commencer par l'hémorragie de Ryan Walker, qu'elle aurait tant souhaité lui épargner. Au moins, aujourd'hui n'était pas un jour où l'on opérait. Elle n'aurait pas supporté de se retrouver aux côtés d'Alistair — M. North. Elle devait l'éviter de son mieux.

En même temps, elle savait que c'était impossible. Sa bourse lui avait été accordée pour qu'elle puisse travailler main dans la main avec cet homme et apprendre le plus de choses possible de lui.

La veille, elle avait été la première à partir à la fin du pénible entretien avec les Walker. Elle avait laissé son consultant avec les parents en détresse, l'empêchant ainsi de lui reparler du baiser.

Aujourd'hui, elle aurait droit à un répit : juste après les tournées, il irait chez lui travailler sur son article pour le symposium de neurochirurgie.

La seule fois de la journée où elle devrait le voir serait donc en soins intensifs et pendant la tournée du service du Koala. Comme ils seraient entourés d'un tas de gens et concentrés sur leurs patients, M. North ne pourrait pas faire allusion au baiser.

De toute façon, elle avait bien l'intention de faire comme

s'il ne s'était rien passé et *d'y croire*. Il ne lui restait plus qu'à espérer que son patron ferait de même.

En distribuant les cafés à son arrivée, elle prit soin de mentionner qu'ils étaient offerts par la trattoria de Tony. Elle resta un bon moment à bavarder avec les manifestants, qui aimaient parler du glorieux passé de l'hôpital. Elle était si occupée à écouter l'un d'eux raconter comment son grand-père, chirurgien pendant la Seconde Guerre mondiale, avait risqué sa vie en opérant des blessés dans le sous-sol de l'hôpital pendant le Blitz qu'elle perdit la notion du temps.

Soudain, elle réalisa qu'elle était en retard et se précipita à l'intérieur, courant à travers les couloirs et arrivant, haletante, dans le service du Koala.

Andrew Bailey lui jeta un regard inquiet.

— Ça va ?

— Très bien, répondit-elle, s'efforçant de reprendre son souffle.

Pour elle, avoir vingt minutes de retard par rapport à l'habitude était un vrai désastre. Elle n'aurait pas le temps de lire et de mémoriser les comptes rendus de la nuit et devrait naviguer à l'aveugle pendant la tournée.

Paniquée, elle dévisagea vers son médecin junior.

— Vous avez lu les comptes rendus ?

— J'étais censé le faire ? demanda Andrew, visiblement décontenancé. Je croyais que c'était le but des tournées.

Le médecin junior avait raison — c'était du moins ce que pensaient la plupart des gens.

— En effet, répondit-elle. Mais cela ne fait pas de mal d'être au courant, cela permet d'impressionner le consultant.

Andrew sourit.

— C'est pour ça que vous êtes toujours en avance le matin ?

— En quelque sorte…

Des bruits de pas lui firent tourner la tête. Alistair North s'avançait dans le couloir avec la directrice du service infirmier, suivi avec empressement par plusieurs étudiants en médecine.

Claire cligna des yeux en remontant ses lunettes sur son nez. Alistair North n'avait jamais de blouse blanche, mais il portait souvent des costumes italiens en fine laine. Généralement, il commençait la journée en veste et cravate. Mais une cravate spéciale. Des gens astucieux avaient eu l'idée d'imprimer sur de la soie des dessins que les enfants avaient faits des médecins et des infirmières. Elle aimait particulièrement celui qui montrait un médecin portant une lampe frontale et affublé d'un grand sourire. Mais n'était-ce pas justement parce qu'il représentait Alistair ?

Jamais.

Souvent, le soir, il était en simple chemise, le col ouvert. Mais aujourd'hui, rien de tout cela. Il portait un T-shirt moulant qui faisait ressortir ses pectoraux et sur lequel on pouvait lire : *Course contre l'Épilepsie.* Et en dessous, un short de sport qui lui arrivait à mi-cuisse, ce qui laissait tout le loisir d'admirer ses quadriceps.

Regarde plus haut.

— Bonjour, Mitchell. Bailey..., dit-il avec un léger signe de tête. On ne vous a pas vus à l'entraînement, ce matin.

— À l'entraînement, monsieur ? répéta faiblement Andrew.

— Oui, Bailey. Tout le personnel du service participe à la course contre l'épilepsie. Morag, vous l'avez bien signalé à tout le monde ? demanda Alistair à la directrice du service infirmier.

— Absolument, répondit-elle.

Claire sortit son portable et repéra aussitôt le rappel sur son écran. Elle en resta sans voix : elle avait été si préoccupée par le fait qu'elle avait atterri sur les genoux d'Alistair qu'elle avait totalement oublié l'entraînement.

Il abaissa sur elle ses yeux gris.

Être professionnelle avant tout.

Serrant les poings, elle se força à soutenir son regard et à se comporter comme si c'était un matin comme les autres, au lieu de celui qui suivait la pire folie qu'elle ait faite de toute sa carrière.

Il ne s'est rien passé. Rien du tout.

Oh ! mais si. Elle en gardait le tendre souvenir sur les lèvres.

À cet instant, face à son mètre quatre-vingt-cinq en petite tenue et au parfum de son after-shave qui affolait ses sens, il était extrêmement difficile de s'en tenir à son plan d'occulter les moments intenses qu'ils avaient vécus.

— Cela ne vous ressemble pas, d'oublier un rendez-vous, Mitchell, dit Alistair, l'appelant par son nom de famille selon l'usage des écoles privées britanniques. Il est important de tous participer dans un esprit d'équipe.

Le ton était poli mais ferme. Était-ce sa façon de lui faire comprendre que l'incident de la veille était une aberration que tous deux devaient s'empresser d'oublier ? Et que la cohésion de l'équipe passait avant toute chose ?

Qu'il en soit ainsi.

— On ne vous laissera plus tomber, déclara-t-elle avec une gaieté un peu forcée. Et on attend avec impatience le prochain entraînement. N'est-ce pas, Andrew ?

Son médecin junior la regarda comme si elle avait complètement perdu l'esprit. Son léger surpoids trahissait le peu d'intérêt qu'il portait à l'exercice physique.

— Absolument, répondit-il, l'air morose.

Alistair sourit et frappa des mains.

— Parfait. Commençons la tournée.

Alors qu'ils se dirigeaient vers la première travée, Morag tendit à Claire une tablette sur l'écran de laquelle apparaissait le compte rendu d'Archie McGregor. Mais elle n'eut pas le temps d'en lire une seule ligne.

— Éteignez ça, docteur Mitchell.

Huit paires d'yeux la fixèrent, et elle sentit la panique la gagner tandis que des voix resurgissaient du passé.

Pauvre idiote. Tu devais pourtant savoir qu'un jour tu finirais par être démasquée.

Non !

Elle s'était trop battue pour que cela finisse ainsi, elle ne laisserait pas se perdre des années de sacrifice. Surtout pas ici, à Londres, où l'on pouvait si facilement lui dire de repartir dans sa « colonie ». Et alors qu'elle était sur le point d'obtenir son diplôme.

Elle tendit la tablette à son interne.

— En fait, Archie est le patient du Dr Bailey. Il l'a admis pendant la nuit.

Pendant que le jeune interne faisait face à une véritable batterie de questions de la part d'Alistair, elle s'efforça de se calmer tout en jetant subrepticement un coup d'œil sur l'écran pour lire le cas du patient suivant.

Une heure plus tard, soulagée d'avoir échappé au désastre, elle se régalait avec un délicieux petit pain au lait provenant du petit déjeuner des infirmières. Alistair avait paru satisfait d'elle et des traitements mis en place par Andrew. Sauf cas d'urgence, son patron était maintenant absent pour le restant de la journée. Une fois qu'elle aurait pris connaissance des résultats de certains tests, elle pourrait profiter du calme relatif pour passer un moment à étudier à la bibliothèque.

— Ah, vous voilà.

La voix grave si familière la fit sursauter alors qu'elle venait d'enfourner une grosse bouchée. Elle s'efforça désespérément de la faire passer avec une gorgée de thé, mais le liquide fit fausse route, et elle fut prise d'une violente quinte de toux.

La seconde d'après, le visage d'Alistair était tout contre le sien.

— Vous pouvez respirer ?

Sans attendre sa réponse, il lui administra une claque du plat de la main entre les deux omoplates. *Ouille.*

— Ça va mieux ? J'ai besoin de vous vivante, aujourd'hui.

— Seulement aujourd'hui ? fit-elle, se remettant peu à peu. Je préférerais être vivante tous les jours.

— Moi aussi. Il faut vivre chaque jour comme s'il était le dernier.

Elle avala prudemment une nouvelle gorgée de thé.

— J'ai souvent entendu des gens utiliser cette phrase pour excuser leur égoïsme, dit-elle.

Le sourire d'Alistair disparut.

— C'est une vision très négative de l'humanité.

À son grand soulagement, l'antagonisme habituel renaissait entre eux.

— Pas du tout, dit-elle. J'observe simplement que certaines

personnes se préoccupent peu de l'impact que leurs actes ont sur les autres.

Le regard d'Alistair s'assombrit. Il était sur le point de répliquer quand il prit un petit pain au lait et le porta à sa bouche. Elle fut presque déçue qu'il ne poursuive pas la discussion. S'engager dans un débat musclé avec Alistair North était beaucoup moins risqué que de se confier à lui.

Ou de l'embrasser.

Dans la petite pièce, elle se sentit soudain beaucoup trop proche de lui et trop consciente de sa bouche alors qu'il savourait sa pâtisserie. Il lécha avec application le sucre collé sur ses doigts, et elle réprima un soupir. Le goût de ses lèvres était toujours présent dans sa mémoire : un mélange d'épices, avec un rien de citron. Et elles étaient si brûlantes...

Pour un baiser qui est censé n'avoir jamais eu lieu...

Elle s'éclaircit la gorge.

— Il faut que j'aille noter les changements de médication.

— Bailey peut le faire. J'ai quelque chose de beaucoup plus intéressant pour vous.

— Oh ? dit-elle, intriguée.

— Nous allons faire un exposé au symposium du printemps.

— Nous ? répéta-t-elle d'une voix un peu trop aiguë.

— C'est la tradition dans tous les services, que l'interne spécialiste fasse une présentation conjointe avec son consultant pour sa dernière année. Je ne l'ai pas mentionné à votre arrivée ?

— Non, répondit-elle, s'efforçant de garder son calme, tandis qu'elle sentait la panique s'insinuer en elle. C'est la première fois que j'en entends parler.

La nausée n'était pas loin. Il esquissa un sourire vaguement contrit.

— Aucun souci, dit-il. On a la chance que ce soit calme aujourd'hui, cela nous laisse du temps jusqu'à demain. C'est la limite pour rendre l'exposé.

— De... demain ? balbutia-t-elle, incrédule. Mais le symposium n'aura pas lieu avant des semaines...

— Il faut rendre les articles demain. Le personnel administratif a besoin de temps pour les imprimer et préparer les prospectus pour les participants.

— On ne pourra pas écrire un exposé en une journée !

Elle détestait le son de sa voix qui, sous l'effet du stress, demeurait haut perchée.

— Bien sûr que si, répondit-il avec l'assurance de quelqu'un qui n'avait jamais eu besoin de réfléchir avant de lire ou d'écrire. Certains des meilleurs exposés que j'ai écrits l'ont été au dernier moment, avec une bonne dose d'adrénaline à la clé. C'est si excitant de passer la nuit à écrire et de finir au petit jour, lorsque les premières lueurs de l'aube éclairent la ville.

Il avait l'air perdu dans ses souvenirs.

— Ce n'est pas ma façon de travailler, répondit-elle, réprimant un haut-le-cœur rien qu'à cette idée. On n'a même pas de thème.

— Bien sûr que si.

— Et qu'est-ce que c'est ?

— La chirurgie est le meilleur moyen de contrôler les crises d'épilepsie chez les patients résistants aux médicaments. J'ai toutes les données, il suffit de les rassembler en les illustrant de cas bien choisis. Pas de panique. Le symposium du printemps est le plus petit des trois. Voyez-le simplement comme un ballon d'essai. Si l'exposé est bien accueilli ici, on pourra en faire quelque chose de plus important pour *The Lancet*. Rien de plus facile, fit-il en riant.

Pour elle, la brièveté du délai de remise rendait la tâche gigantesque. Il ne lui restait plus qu'à espérer trouver un coin tranquille à la bibliothèque où elle étudierait toutes les données à sa manière lente et méthodique.

— Dans ce cas, je ferais bien de m'y mettre, dit-elle avec effort.

Il la gratifia d'un sourire chaleureux.

— Parfait. Donnez-moi un quart d'heure pour prendre une douche et retrouvez-moi dans mon bureau.

Non, non, non !

En travaillant à côté d'Alistair, elle risquait de dévoiler son secret et, cela, elle ferait tout pour l'éviter.

— Je travaillerai à la bibliothèque, déclara-t-elle d'un ton ferme, en remontant ses lunettes sur son nez.

Penchant la tête sur le côté, il lui lança un long regard inquisiteur.

— C'est beaucoup mieux de travailler dans mon bureau, insista-t-il. Toutes les données sont dans mon ordinateur, et il y aura beaucoup moins d'interruptions et de distractions.

Ah, vraiment ?

Si elle se retrouvait confinée avec lui dans son bureau, elle sentirait son odeur musquée à chaque respiration. L'air vibrerait de son énergie bondissante et, à chaque frôlement d'épaules ou de mains — ce qui ne manquerait pas d'arriver dans ce petit espace —, elle se rappellerait la fermeté de ses muscles et l'élasticité de sa peau sous les doigts.

Ce serait une *énorme* distraction. Mais là n'était pas le plus gros problème : comment allait-elle pouvoir cacher le fait que les analyses de données et les grands travaux d'écriture étaient pour elle des tâches extrêmement difficiles ? Sous une très forte pression, c'était pratiquement impossible. Si son patron le découvrait, cela mettrait sa bourse en péril.

Elle déglutit avec peine. Il y avait une seule solution : elle devait se montrer créative et faire en sorte qu'il ne découvre jamais son secret.

6

Alistair marchait dans Praed Street, avec à la main un sac plastique contenant des barquettes de poulet tandoori à emporter, des légumes au curry et des naans. La nourriture épicée lui montait aux narines, lui faisant venir l'eau à la bouche, et il pressa le pas. Lui qui avait espéré passer une journée tranquille…

Il avait dû assister à une réunion impromptue du conseil d'administration au sujet des règles et des procédures de l'hôpital. C'était Claire qui avait insisté pour qu'il y aille et soulève la question de la durée d'attente des patients due à la pénurie de personnel.

— Le conseil doit savoir que de leurs décisions dépend le sort de nombreuses personnes. Vous, ils vous écouteront peut-être.

En fait, après plusieurs heures de discussion très frustrante, ils n'avaient abouti nulle part, puis il avait été demandé par les parents Walker et s'était rendu aux soins intensifs. Pour finir, il avait dû régler divers problèmes dont il n'avait pas voulu charger Bailey, conscient qu'il était que la vie d'interne était souvent harassante.

Plus le temps passait, plus il se sentait coupable de laisser Claire régler seule la question des statistiques. Pourtant, chaque fois qu'il l'avait prévenue qu'il était retardé, elle avait renoncé à son ton critique habituel et lui avait répondu que ce n'était pas un souci.

Puis, à peine dix minutes auparavant, elle lui avait envoyé un texto.

Inutile de revenir au bureau. Le travail est fait. Bonne soirée.

Alistair avait relu le message deux fois, il avait du mal à croire que Claire ait pu le terminer si rapidement et sans aide. En même temps, si quelqu'un était capable de résoudre un problème aussi complexe en si peu de temps, c'était bien Claire Mitchell.

Il n'avait pu retenir un sentiment de déception en apprenant qu'ils ne dîneraient pas ensemble. Il se faisait un plaisir de retourner au bureau et de partager un curry avec elle tout en travaillant sur l'exposé. Par la même occasion, il lui aurait prouvé qu'ils étaient deux adultes capables de rester dans la même pièce sans s'embrasser. Après une nuit agitée passée à revivre leur incroyable et renversant baiser, ainsi que la réaction atterrée de Claire, il tenait à lui faire savoir qu'il était parfaitement capable de respecter son désir de faire comme si rien ne s'était passé.

Mais il ne s'était pas encore remis du fait que la Claire Mitchell irritable et cassante qu'il croyait connaître pouvait embrasser un homme de la façon la plus enflammée.

En passant le seuil de l'hôpital, il fit un signe aux manifestants du soir, qui se réchauffaient autour d'un brasier. Son estomac se mit à gargouiller, il était pressé de manger. Il passa devant une série de portes fermées — les bureaux de ses collègues — avant de s'arrêter devant le sien. Bizarrement, un rai de lumière passait sous la porte.

La première chose qu'il vit en entrant fut le joli derrière de Claire Mitchell. Elle était penchée sur son bureau, ses cheveux dorés lâchés sur ses épaules, le fin tissu de sa robe moulant ses fesses rebondies. Le souvenir de ses courbes pressées contre ses cuisses lui embrasa soudain les sens. Il n'eut qu'une envie : l'attirer contre lui pour sentir de nouveau cette pression.

Bon sang ! Mais qu'est-ce qui n'allait pas chez lui ? Il détourna les yeux. Alors seulement, il remarqua les papiers. On aurait dit qu'un ventilateur avait été mis en marche devant une rame de papier A4. Des feuilles blanches étaient répandues partout, par terre et sur le bureau.

— Il a neigé des feuilles de papier en mon absence ? demanda-t-il en fermant la porte derrière lui.

Claire fit un bond et se retourna, aussi blanche que lesdites feuilles.

— Qu'est-ce que vous faites ici ? s'exclama-t-elle.

— C'est un peu mon bureau, répondit-il tranquillement en posant son sac plastique. Dites-moi plutôt pourquoi *vous* êtes ici ? Vous m'avez envoyé un texto pour m'annoncer que vous aviez fini.

Elle releva le menton — signe qu'elle était sur la défensive.

— Je le croyais, mais il y avait encore des choses à peaufiner.

— Peaufiner ? On dirait plutôt que vous êtes embourbée jusqu'au cou.

Il crut voir une lueur de panique dans ses yeux.

— Et si c'était le cas ?

— C'est exactement là où je pensais vous trouver.

Il la vit se figer un long moment, puis elle remonta ses lunettes sur son nez.

— Vous savez ? dit-elle d'une voix assourdie.

Quoi donc ?

Soudain, elle redressa la tête et ses narines palpitèrent.

— Alors c'était délibéré ? Une sorte de plaisanterie macabre ? Ou, pire, une façon de me remettre à ma place pour hier soir ?

Mais de quoi parle-t-elle ?

— Une minute, docteur Mitchell. C'est une grave accusation que vous lancez là.

Elle balaya une pile de feuilles d'un revers de main.

— Je ne peux pas croire que vous ayez eu envie de me voir échouer à ce point.

Échouer ?

La moutarde commençait à lui monter au nez, et il fut tenté de l'épingler pour insubordination et diffamation, mais quelque chose dans son regard désolé le retint.

Il poussa un soupir et écarta les bras dans un geste d'impuissance.

— À l'évidence, quelque chose a dû vous bouleverser, mais je ne vois pas du tout de quoi il s'agit. Lorsque je disais que vous vous embourbiez, je parlais de ces moments, que nous connaissons tous, où nous souffrons d'une surcharge d'informations.

Elle le scruta longuement derrière ses lunettes d'écaille, et il esquissa un sourire désabusé.

— Pour être sincère, j'ai été très surpris de recevoir votre texto, je m'attendais à ce que vous ayez à peine commencé à rédiger.

Elle resta muette, puis un long gémissement s'échappa de ses lèvres rouges. Se laissant tomber sur une chaise, elle enfouit son visage dans ses mains.

— Oh ! mon Dieu ! Non.

Il eut une terrible envie de tendre la main vers elle pour la réconforter, mais le souvenir de ce qui était arrivé la dernière fois qu'il l'avait fait le retint. Mieux valait choisir le biais de la nourriture.

Pendant qu'il sortait les barquettes, elle marmonna quelque chose d'inintelligible.

— Vous voulez bien me dire ce qui se passe ? demanda-t-il en lui tendant un bol de curry et un naan.

Tout en acceptant le bol, elle secoua la tête.

— Pas vraiment, non.

Il approcha une chaise et s'assit juste en face d'elle.

— En fait, vous n'avez pas le choix…

Elle posa brusquement le bol sur le bureau.

— Je ne pourrai pas manger en sachant que vous allez me supprimer ma bourse. Alors, finissons-en tout de suite.

Il eut soudain l'impression de regarder une pièce de théâtre dont il aurait raté le premier acte. Il était directement propulsé dans l'acte deux.

— Je n'ai aucunement l'intention de la supprimer, encore que je commence à me demander pourquoi je ne le fais pas, Claire Mitchell. Depuis votre arrivée, vous ne cessez de m'asticoter. Vous êtes, et de loin, la stagiaire la plus difficile avec laquelle j'ai jamais eu à travailler.

Elle se mordit la lèvre.

— Je… Vous…

Puis elle baissa la tête en poussant un long soupir.

— Je suis désolée.

C'était la première fois qu'elle semblait sincère en s'excusant. Mais il ne comprenait toujours pas ce qui se passait devant lui.

— Vous n'avez pas l'air de vous rendre compte que vous êtes également la stagiaire la plus douée avec laquelle j'ai eu la chance de travailler.

Lentement, elle releva la tête, les sourcils froncés. Ses beaux yeux étaient remplis de doute et d'anxiété. À l'évidence elle ne le croyait pas. Mais pourquoi diable ? Pourquoi était-elle convaincue qu'il avait voulu agir contre elle ? Cette accusation le blessait profondément. Dans sa vie personnelle, il avait l'habitude que certaines femmes lui reprochent d'être sans cœur et incapable de s'engager, mais, dans le travail, il mettait un point d'honneur à se montrer juste et équitable.

— Tout s'écroule, comme j'ai toujours su que cela arriverait, dit-elle dans un murmure.

Pourquoi, avec un tel palmarès, sa stagiaire la plus douée était-elle persuadée qu'elle allait échouer ? Il était déterminé à en connaître la raison.

— Claire... Si nous devons continuer à travailler ensemble, j'ai besoin de savoir deux choses. Pourquoi vous m'avez annoncé que vous aviez terminé alors que de toute évidence vous en êtes très loin, et, plus important encore, qu'est-ce qui vous a mis dans la tête que je cherchais à vous faire chuter ?

Depuis qu'Alistair avait pénétré dans le bureau, le cœur de Claire s'était mis à battre à coups précipités, au point que la tête commençait désormais à lui tourner. Au stade où elle en était, il ne lui restait plus qu'une issue : mettre son âme à nu.

Lorsqu'il lui avait dit qu'elle en était exactement là où il l'avait supposé, elle avait vraiment pensé qu'il avait souhaité sa perte et s'était crue revenue aux jours sombres de l'école de Gundiwindi, quand elle s'était juré que plus personne ne pourrait la malmener. Mais Alistair ignorait tout de son secret.

Tout ce qu'elle avait eu tant de peine à accomplir était sur le point d'éclater en mille morceaux, et elle ne pouvait s'en prendre qu'à elle-même.

Rassemblant tout son courage, elle leva les yeux sur lui en se concentrant sur le lobe de son oreille gauche.

— Je suis… dyslexique, dit-elle avec effort.

Il en resta bouche bée.

— Vous en êtes sûre ? demanda-t-il d'un ton chargé de doute.

« Votre fille ne pourra pas aller très loin, monsieur Mitchell. »

« Tu es une fille très paresseuse. Tu devras rester dans la classe de rattrapage. »

« Espèce de débile… »

Elle laissa échapper un petit rire triste.

— Oh ! croyez-moi, j'en suis plus que sûre. La dyslexie a été ma fidèle compagne depuis que j'ai commencé l'école primaire.

— Mais…

La confusion se lisait dans les yeux d'Alistair.

— Je ne comprends pas… Si vous avez cette incapacité, comment diable avez-vous pu aller aussi loin dans votre carrière ?

Elle haussa les épaules.

— Une très bonne mémoire visuelle et un caractère de chien.

Cette fois, il éclata d'un rire joyeux.

— Pour ce qui est du caractère, je vous le confirme.

— Merci beaucoup, répondit-elle avec un faible sourire.

— Une détermination sans faille peut mener quelqu'un très loin.

Sentant les larmes lui monter aux yeux, elle secoua la tête.

— Quand on vous répète sans cesse que vous n'êtes bonne à rien, vous n'avez que deux issues possibles.

Il la regarda avec respect.

— Et vous avez choisi le succès. Mais pourquoi ne pas m'en avoir parlé ?

— Je refuse d'être caractérisée par ça.

— Mais vous l'êtes.

Ces paroles lui firent mal. Elle avait mis des années à prouver qu'elle n'était pas différente des autres et n'était pas prête à les accepter.

— Non. Je-ne-le-suis-pas, martela-t-elle. Vous avez dit vous-même que vous ne vous doutiez pas que j'étais dyslexique.

— Ce n'est pas ce que je veux dire. Nous sommes tous le produit de nos expériences. Vous, vous vivez avec des difficultés pour apprendre. J'imagine que ce n'est pas toujours facile.

— Non, en effet, dit-elle doucement. Mais je ne perds pas de temps à y penser.

Il hocha la tête d'un air compréhensif.

— Peut-être pas consciemment, mais c'est ressorti quand vous m'avez accusé de vouloir votre perte.

Son ton s'était durci, et elle comprit qu'elle l'avait blessé.

— Je suis désolée. Je n'aurais pas dû...

— Je ne veux pas d'excuses, coupa-t-il. Je voudrais juste comprendre pourquoi.

Elle lui devait la vérité.

— J'ai grandi dans une petite ville à la campagne, où le sport était roi et où les différences n'étaient pas acceptées. Non seulement j'étais myope, mais j'avais du mal à apprendre, cela faisait de moi une proie de choix pour les gamins.

— Vous avez été malmenée ?

— Oh ! oui. Mais, lorsque j'ai quitté l'école primaire, j'avais appris à me défendre.

— J'imagine, fit-il avec un sourire en coin. Je sais maintenant d'où vous viennent vos remarques acerbes.

Elle se sentit rougir : elle s'était montrée impolie avec lui, et pourtant il était à son écoute, essayant de la comprendre.

— Épeler et lire ont toujours constitué un défi pour moi, dit-elle. J'avais du mal à faire le rapprochement entre le son d'un mot et les lettres qui le composaient. Quand j'étais petite, il n'existait pas de programmes de rattrapage pour la lecture et plus les années passaient, plus je m'enfonçais. Mes professeurs m'accusaient d'être paresseuse et de ne faire aucun effort. Mes parents ont essayé de m'aider, mais ils ont fini par accepter ce qu'on leur disait. À la fin de l'école primaire, on n'attendait plus rien de moi. Tout le monde était persuadé que j'arrêterais les études à quinze ans.

Il se pencha vers elle, visiblement intéressé.

— Qu'est-ce qui a changé ?

— J'ai rencontré un ange gardien nommé Strez, répondit-elle en souriant. M. Strezinski. C'était un immigré polonais qui parlait quatre langues. J'ignore comment il a atterri au lycée de Gundiwindi et pourquoi il a accepté d'enseigner la dactylo et la menuiserie. Heureusement pour moi, j'ai pris les deux matières. Il a vu quelque chose en moi que personne n'avait remarqué et m'a prêté des livres enregistrés. Je pouvais écouter les textes en anglais tout en les lisant. Sans avoir à buter sur chaque mot, j'ai appris à les analyser. Strez m'a suggéré de taper mon travail à la machine.

Comme chaque fois qu'elle pensait à lui, son cœur se gonflait de reconnaissance.

— Je n'oublierai jamais le jour où j'ai obtenu B+ à une dissertation. J'étais sur un petit nuage, et en même temps il a fallu que je prouve au professeur que je n'avais pas triché. Strez m'a aidée à développer des stratégies, comme mâcher du chewing-gum pour m'aider à me concentrer, et à me servir d'écouteurs pour ne pas être distraite par les bruits extérieurs. Surtout, il a été la seule personne qui a vraiment cru en moi.

Alistair hocha lentement la tête.

— C'était un véritable mentor…

Elle sourit en le regardant.

— Il a changé ma vie. Sans son aide, je n'aurais jamais été au-delà de la terminale et je n'aurais certainement pas fait médecine. Il m'a libérée de tous les préjugés de Gundiwindi.

— Mais peut-être pas de son héritage…

Elle fronça les sourcils.

— Je n'y avais pas réfléchi sous cet angle. Vous avez peut-être raison.

Il sourit à son tour.

— Cela se voit dans vos yeux. Une partie de vous croit toujours que vous êtes cette petite fille obligée de se battre.

— C'est exact, répondit-elle avant d'avoir pu retenir ses paroles.

Elle détestait se sentir si vulnérable devant lui.

— Vous êtes la seule personne hors de Gundiwindi à savoir que je suis dyslexique, dit-elle. Je ne vous l'ai avoué que pour tenter de sauver mon job.

Comme la soirée précédente, elle crut voir dans ses yeux gris une lueur de compassion et eut brusquement envie qu'il lui touche le visage du bout des doigts. Mais il était hors de question de répéter le baiser de la veille.

Il se leva brusquement, prit le curry sur le bureau et le lui tendit.

— Mangez avant que ça refroidisse.

Elle accepta volontiers. Maintenant qu'elle savait qu'elle ne serait pas virée sur-le-champ, elle avait retrouvé son appétit. Se servant du naan pour porter un peu de légumes à ses lèvres, elle savoura les saveurs subtiles du curry.

— Je peux comprendre pourquoi vous ne m'avez rien dit, déclara-t-il. La médecine est un domaine très compétitif où l'on ne fait pas de prisonniers.

— La cour de récréation de Gundiwindi a été une dure école pour moi. Ne jamais montrer ses faiblesses, sous peine d'être piétiné. Comme tous ceux qui ont un secret, je suis devenue très douée pour le cacher. Et je ne voulais pas vous avoir près de moi quand je travaillais, dit-elle en le regardant droit dans les yeux. Vous vous seriez forcément rendu compte que j'avais besoin de lire les choses deux fois pour les déchiffrer, et davantage pour les mémoriser.

— C'est pour ça que vous m'avez dit que vous aviez fini. Pour me garder à distance.

Elle hocha la tête, et il sourit d'un air compréhensif.

— Entre mon manque d'intérêt pour les statistiques et ma tendance à la procrastination, vous avez dû souffrir, fit-il en lui resservant du poulet tandoori.

— J'ai besoin de temps pour lire et mémoriser. Je ne peux rien faire à la dernière minute.

— Et moi, je fais tout à dernière minute.

— Pourtant, cela vous rend les choses plus difficiles, non ? demanda-t-elle avec curiosité.

Il serra brièvement les mâchoires.

— La vie est beaucoup trop courte pour que je passe beaucoup de temps à faire des choses qui ne me plaisent pas.

Voilà qu'il recommençait avec ses excuses égoïstes.

— La première chose que j'ai faite, après avoir obtenu mon diplôme, a été de me décharger de la paperasse sur mes stagiaires, comme c'est l'usage quand on est consultant. Mais je me rends compte que j'ai dû vous épuiser. Rien d'étonnant que nous ayons eu des mots.

Elle fut prise d'un sentiment de culpabilité.

— J'aurais dû vous dire que j'avais des difficultés. D'autant plus que, dans mes postes précédents, je n'ai jamais eu à m'occuper d'autant de paperasserie. Pour moi, la chirurgie du cerveau est beaucoup plus simple que la lecture ou l'écriture. Et, pour ce qui est de parler en public, la mort me fait moins peur.

Il rit.

— Vous n'êtes pas la seule — avec ou sans dyslexie. Il n'empêche que, malgré elle, ou peut-être grâce à elle et à la façon dont fonctionne votre cerveau, vous êtes un excellent neurochirurgien.

Pour la première fois, elle crut à la sincérité d'un compliment et l'accepta avec gratitude.

— Merci. J'ai appris la chirurgie spatiale et kinesthésique. Mais ne me demandez pas d'écrire quelque chose rapidement, sinon mes « p » deviendront des « b » et inversement. Et de nombreux mots seront écrits à l'envers. Oh ! et ne comptez pas non plus sur moi pour vous guider en voiture, je ne sais pas lire une carte.

— Je m'en souviendrai, dit-il en souriant.

Son visage ouvert et amical reflétait la bonté. Certes, il avait un côté égoïste, mais comment avait-elle pu croire qu'il voulait qu'elle échoue ?

— Claire, je suis sincère lorsque je dis que vous êtes la meilleure stagiaire que j'ai jamais eue. Je peux vous aider à vous améliorer encore mais, si nous voulons que cela fonctionne, nous devons former une équipe. Il faut que nous soyons sur la même longueur d'onde.

Elle sentit son cœur battre un peu plus vite.

— J'ai bien failli laisser passer ma chance, n'est-ce pas ?

— Disons que vous avez la chance d'être très douée et que je sois facile à vivre, dit-il en clignant de l'œil.

Il redevint aussitôt sérieux. — Y a-t-il quelque chose d'autre que vous trouvez difficile dans le fait de travailler avec moi ?

Leur baiser passionné de la veille lui revint à l'esprit le temps d'un éclair.

— Euh... Non.

Il la fixa de ce regard intense qui lui donnait l'impression qu'il pouvait pénétrer jusqu'à son âme.

— Vous en êtes sûre ?

— Tout à fait, affirma-t-elle en s'efforçant de paraître calme et détachée. Mais je vous donne ma parole que je vous ferai part de n'importe quel problème quand il surgira.

Il lui répondit par un large sourire rassurant. Elle comprenait pourquoi ses petits patients et leurs parents lui faisaient une confiance absolue.

— Je suis content que nous ayons eu cette conversation, conclut-il. Il est important que nous soyons sur la même fréquence, sans compter que cela fera du bal un événement beaucoup plus agréable.

Le bal. Elle sentit son estomac se contracter. Il s'était passé tant de choses entre eux depuis qu'elle avait insisté pour qu'il y participe. Heureusement pour elle, elle avait déjà demandé à Victoria de l'asseoir en face de lui. Ils seraient installés à une table de dix, et la largeur de la table rendrait toute conversation impossible entre eux. Mais n'empêcherait pas le contact visuel, et Alistair serait en smoking...

— Certainement, dit-elle.

— Parfait. Considérez cette conversation comme une première évaluation de votre travail — que, soit dit en passant, vous avez réussie. Je vais trouver le temps d'écrire votre compte rendu mais, tout d'abord, j'ai un exposé à rédiger avant demain matin, 9 heures.

Devant l'océan de papiers, il se gratta la tête en soupirant.

— Voyons. Par où commencer exactement...

Elle devait être aveugle pour ne pas avoir remarqué les cernes sombres sous ses yeux. Après tout, elle n'avait pas le monopole des nuits sans sommeil. Elle ne pouvait décemment pas le laisser se débrouiller seul alors qu'il venait de dépasser tout ce que l'on pouvait attendre d'un patron compréhensif.

— Pour un non-initié, cela ressemble à une belle pagaille, dit-elle, mais je vous assure qu'il y a un système.

— Je veux bien vous croire, répondit-il en riant. Vous avez pu tirer des conclusions à partir des données ?

— Tout à fait.

— Merci, mon Dieu...

Ce fut à son tour à elle de rire.

— Je vous dirai ce que j'ai trouvé si vous le convertissez en une suite de mots fluides et correctement écrits.

— Je vous écoute...

Il ouvrit un nouveau document sur son ordinateur.

— Et à quelque chose malheur est bon, Claire.

— Vraiment ?

Il lui décocha un sourire désarmant.

— À la fin d'une longue nuit, nous serons récompensés par le magnifique spectacle de l'aube se levant sur Londres.

7

Le bal de l'hôpital pour enfants de Paddington, organisé pour collecter des fonds, eut lieu par une chaude nuit étoilée. Depuis le balcon dominant la Tamise, l'air était embaumé du parfum des gardénias. La soirée battait son plein — la piste de danse était noire de monde, des couples flânaient dans l'élégant escalier Art nouveau, et le personnel en livrée s'activait à débarrasser les restes du plat principal.

La grande salle de bal, décorée comme un salon parisien du XIXe siècle, était ornée de magnifiques compositions florales de roses blanches, de gardénias et d'hortensias. Alistair était habitué à voir le personnel hospitalier en blouse blanche ou en tenue de bloc opératoire — et Claire avec sa blouse blanche, sa jupe noire et sa queue-de-cheval. Il ne l'avait jamais vue en robe longue, ses cheveux rassemblés en chignon au sommet de son crâne, mettant son long cou mince en valeur. Un cou qui ne demandait qu'à être embrassé.

De nombreuses femmes portaient des robes sans bretelles et exposaient généreusement leur peau nue, attirant les regards de la plupart des hommes. En temps normal, il aimait jouir du spectacle — probablement avec l'idée d'y enfouir plus tard son visage. Mais pas ce soir. Pour lui, Claire — avec sa robe sans manches à col montant et son corsage brodé de perles — était plus sexy que toutes les autres femmes réunies.

Deux semaines auparavant, il avait voulu savoir si la femme rigide à la langue acérée qu'il connaissait était capable de prendre du bon temps. Il s'était mis au défi d'ébranler sa façade, de la faire sourire et de lui montrer qu'il n'y avait pas que le travail dans l'existence. Et le destin lui avait de nouveau joué un tour.

Mieux que quiconque, il savait que le cours d'une vie pouvait basculer en un battement de cœur — ou, dans son cas, d'une absence de battement. Avec cette conviction chevillée au cœur et à l'âme, il aurait dû anticiper ce qui pouvait se passer en quinze jours. Mais il n'avait rien vu venir. Et ce soir, il était confronté à la réalité du changement.

Au départ, il y avait eu ce baiser dont ils niaient l'un comme l'autre qu'il ait existé, puis ils avaient eu cette conversation franche dans son bureau. Depuis, la femme tendue et désagréable qu'il prenait pour Claire avait pratiquement disparu. À sa place, ce soir, il y avait une femme qu'il avait du mal à reconnaître.

Après la soirée où il avait appris qu'elle était dyslexique et la nuit passée à travailler de concert sur l'exposé du symposium, tous deux avaient revu leur relation de travail. Connaissant ses difficultés avec l'écriture, il avait repris le plus gros du travail de rédaction, lui en laissant seulement une partie. Avec plus de sommeil, une charge de travail réduite, et soulagée du poids de son secret, Claire Mitchell s'était adoucie. Au bout de deux semaines, il la respectait encore plus sur le plan professionnel. Son admiration pour ce qu'elle avait réussi à accomplir en dépit de l'adversité atteignait des sommets.

Et il l'aimait bien.

Ce n'est pas un crime, j'aimais bien aussi son prédécesseur, Harry.

Mais tu ne l'as jamais embrassé.

Et ce qu'il y avait entre eux était là, bien vivant. Malgré tous ses efforts pour l'ignorer, cela n'avait jamais disparu et, l'empêchait de se concentrer.

Quand il était seul, ses pensées étaient remplies d'elle et, quand ils étaient ensemble, le simple frôlement de leurs doigts s'il lui passait un stylo ou acceptait une tasse de café provoquait en lui un véritable cataclysme, lui laissant le corps en feu.

Il devait faire appel à toute sa volonté pour ne pas la prendre dans ses bras et l'embrasser éperdument. La veille encore, pendant une opération, il avait fait un geste si brusque pour éviter son contact qu'il avait renversé un plateau d'instruments stérilisés, au grand dam de l'infirmière.

Il n'avait pas l'habitude de se tenir sur la réserve. À quoi bon, quand on ne pouvait pas présager de l'avenir et que n'importe quel jour pouvait être le dernier… Si Claire avait été n'importe quelle autre femme et l'avait embrassé avec cette intensité, il était certain, sans l'ombre d'un doute, qu'ils auraient passé une nuit brûlante entre les draps.

Au lieu de cela, ils avaient vécu deux semaines des plus étranges, oscillant entre une stricte courtoisie professionnelle et des moments de détente amicale. En même temps, l'attirance qu'ils niaient tous les deux couvait constamment entre eux.

Claire passa près de lui en revenant de la piste de danse.

— Oh ! Hello, dit-elle avec un sourire un peu hésitant.

Quelques mèches blondes s'étaient échappées de son chignon, ses joues étaient roses et elle avait mis des lentilles de contact, ce qui rendait ses yeux caramel encore plus grands.

Il déglutit. Il lui semblait que tout son sang se concentrait dans son bas-ventre et il saisit un verre d'eau, qu'il avala d'un trait.

— Il fait chaud, vous ne trouvez pas ? reprit-elle. J'ai dansé avec Dominic et Matthew, mais, grâce au ciel, je n'avais qu'une seule danse à faire avec Andrew. Mes orteils n'en pouvaient plus.

Bien que lui ayant acheté son billet d'entrée, il ne lui avait pratiquement pas parlé de la soirée. À son arrivée, il avait été rapidement accaparé par un groupe et, quand il avait regagné leur table et découvert qu'elle était assise loin de lui, il était trop tard pour réagir.

Il avait mangé l'entrée et le plat principal flanqué de deux femmes charmantes — une kiné et la pharmacienne du service. En temps normal, il aurait beaucoup apprécié leur compagnie. Mais ce soir…

Chaque fois qu'il avait entendu le rire de Claire — mais oui, elle riait — il avait eu envie de se précipiter par-dessus la table et d'étrangler Duncan McKinnon. Si quelqu'un devait faire rire Claire, c'était lui. Si quelqu'un devait lui faire passer un bon moment, c'était encore lui.

Malheureusement, les occasions ne s'étaient pas présentées.

Dès la fin du dîner, la danse avait repris, et Victoria l'avait vendu comme une pièce de viande sur un étal. Il avait dansé pendant une heure d'affilée, repoussant une douzaine d'invitations de femmes belles et sexy. Il était lui-même surpris — et inquiet — de n'avoir été tenté par aucune d'elles. Qu'est-ce qui n'allait pas chez lui ?

Tu sais très bien ce qui ne va pas.

— Victoria est au courant que vous vous cachez derrière l'aspidistra au lieu de vous agiter sur la piste ? demanda Claire, ses beaux yeux brillant d'une lueur espiègle.

Cette fois, il eut besoin d'une coupe de champagne. Dès qu'il avait posé les yeux sur elle, ce soir, la différence entre Claire et le Dr Mitchell lui avait sauté aux yeux. Dégagée de la pression que sa dyslexie exerçait en permanence sur elle, elle n'avait plus besoin de tout contrôler et semblait avoir du mal à croire qu'elle était à ce bal, en appréciant chaque moment. Quant à lui, il avait surtout du mal à contrôler sa libido.

— Je ne me cache pas, je fais une pause, dit-il.

Elle éclata de rire.

— Pauvre Al... Quelle terrible épreuve, toutes ces belles femmes qui se précipitent sur vous...

Al ?

— Vous n'imaginez même pas, répondit-il du tac au tac.

La belle femme qu'il voulait était la seule qui ne se jetait pas à sa tête.

Il se força à sourire, comme il l'avait fait toute la soirée.

— Mais il faut savoir payer de sa personne pour sauver le Château, déclara-t-il.

— Vous, Britanniques, vous êtes étonnants, fit-elle en secouant la tête. Vous gardez toujours votre sang-froid, quelles que soient les circonstances.

Pourtant, il n'avait pas recouvré son calme depuis qu'il l'avait embrassée.

— Victoria, Rosie, Matt et Robyn ont accompli un gros travail en organisant cette soirée. Leur photo devrait paraître dans le journal de demain. Espérons que les dons vont affluer, dit-elle en jetant un regard émerveillé vers le plafond orné de dorures en plâtre très travaillées. Saviez-vous que la danseuse étoile Anna Pavlova s'est produite ici, et que Fred Astaire a dansé sur le toit avec sa sœur ?

Il eut soudain l'envie folle qu'elle garde pour toujours cet air d'enfant innocent. Et de tout faire pour cela.

— Comment savez-vous tout ça ? demanda-t-il, étonné.

— Tout à l'heure, en me promenant, je suis tombée sur une exposition de photos, répondit-elle avec enthousiasme. Figurez-vous qu'il y a même eu un jour un léopard dans cette salle, à la Belle Epoque.

— Alistair ? appela une voix au fort accent irlandais. Venez danser avec nous.

— Oui, venez, reprirent plusieurs femmes en chœur.

Certes, les infirmières du service du Koala savaient s'amuser, mais la dernière chose dont il avait envie était de retourner se faire marcher sur les pieds.

Il sourit à Claire.

— J'aimerais bien voir ces photos.

— Vous dites ça pour échapper aux infirmières pompettes.

— En tant que Londonien, j'estime essentiel de connaître l'histoire de cet établissement si réputé, déclara-t-il d'un air faussement sérieux. Où puis-je donc trouver cette exposition ?

— Vous descendez l'escalier, traversez le foyer, prenez à gauche à la réception, puis à droite et...

Elle rit.

— Je vais vous montrer, ce sera plus simple.

Oh ! oui, merci.

Il s'effaça pour la laisser passer et, tout naturellement, posa la main sur le bas de son dos pour l'aider à se frayer un chemin à travers la foule.

Une fois qu'ils eurent atteint la réception, elle le prit par la main, ouvrit une porte et l'entraîna dans un couloir. Ce n'était plus la même décoration très recherchée que le reste de l'hôtel. Il eut soudain un doute.

— On a le droit d'être ici ?

Posant la main sur la poignée d'une double porte, elle fit la moue.

— Disons que rien n'indique qu'on ne l'a pas.

Il ne put s'empêcher de rire, ravi qu'elle vive ainsi le moment présent. Posant un doigt sur ses lèvres, elle lui fit signe de la suivre dans une grande pièce. Des cageots, des échelles et autres équipements divers étaient dispersés un peu partout, et la moitié de l'espace était réservée à toutes sortes de photos encadrées de différentes tailles.

Il ramassa un flyer échappé d'une boîte.

— L'expo ouvre le 4.

— Eh bien, on a de la chance de pouvoir y jeter un coup d'œil à l'avance, dit-elle gaiement.

Côte à côte, ils explorèrent lentement la pièce, reconnaissant les célébrités au passage : Bogart et Bacall, Marilyn Monroe, le couturier Christian Dior, alors très jeune et entouré de cinq modèles en robe du soir... Mais aucune d'elles n'était aussi renversante que Claire.

— Voilà quelque chose qui va vous intéresser, annonça-t-il en lisant le commentaire accompagnant la photo de la célèbre soprano australienne Nellie Melba qui posait en appuyant avec coquetterie un éventail contre sa joue. Le chef de l'hôtel a inventé la pêche Melba ici en son honneur, pour célébrer son triomphe à Covent Garden.

— Je suis certaine que c'était bien meilleur que le dessert du pub de Gundiwindi, avec ses fruits en conserve accompagnés d'une crème glacée à moitié fondue, dit-elle en riant.

En un flash, il eut une vision de sa bouche entourant une cuiller et suçant la glace avec application. Il eut soudain très chaud, et le souffle lui manqua. D'un geste fébrile, il tira sur son nœud papillon pour élargir le col de sa chemise.

Une des dernières photos de la collection avait été prise pendant la Seconde Guerre mondiale.

— Je ne me vois pas danser pendant que les bombes tombent, lâcha Claire tout bas.

Lui, si. Défier la mort faisait partie de la vie, quand on avait un cœur sur lequel on ne pouvait pas compter.

— Pourquoi ne pas s'éclater jusqu'au dernier moment ?

Elle lui jeta un regard en coin.

— C'est votre credo ? Vivre jusqu'au dernier moment ?

— Absolument. Exactement comme nous sommes en train de vivre cet instant.

— Je n'ai pas l'impression que se faufiler ici soit un acte très dangereux, dit-elle en fronçant les sourcils.

— On ne sait jamais...

Elle le regarda d'un petit air penché, et de nouveau son parfum lui rappela le soleil d'été et la liberté. Il aurait mieux fait de rester là-haut danser avec les infirmières, plutôt que de la suivre en bas. A présent, ils étaient seuls pour la première fois ce soir, et il n'avait qu'une envie : l'entourer de ses bras et l'attirer contre lui, sentir son corps s'appuyer contre le sien et se perdre dans un long baiser.

Tu sais que tu ne peux pas faire ça.

Il était son patron. Tant qu'elle ne lui ferait pas comprendre qu'elle ressentait la même chose que lui, rien ne pourrait se passer.

— Comment cela pourrait-il être dangereux ? demanda-t-elle d'une voix un peu tendue.

Était-ce parce qu'elle aussi sentait ce qui se passait entre eux ?

— Je crois que vous savez parfaitement à quel point il est dangereux pour nous d'être seuls dans cette pièce, répondit-il lentement.

La voix si profonde d'Alistair enveloppa Claire comme du chocolat fondu — c'était chaud, tentant et délicieusement répréhensible. Oui, elle savait tout à fait combien il était dangereux pour elle de se trouver près de lui et de son corps athlétique. Un corps qu'elle avait découvert du bout des doigts il y avait à peine deux semaines et qu'elle mourait d'envie de toucher à nouveau.

Il s'était passé tant de choses entre eux depuis le soir où elle l'avait invité au bal. Jusque-là, il n'avait été pour elle qu'un patron exaspérant. Et depuis, elle lui avait découvert de nombreuses facettes. Si l'on y ajoutait ce baiser, cela faisait d'Alistair l'homme le plus dangereux de Londres. Peu importait l'empathie dont il avait fait preuve à propos de sa dyslexie, ou qu'elle ait reconnu en lui des valeurs et une éthique qu'elle admirait. Et, même si son corps avait envie de toucher le sien, ils n'en étaient pas moins dans un rapport hiérarchique patron-stagiaire.

Alors elle s'était efforcée de ne pas faire au travail quelque chose qu'elle regretterait. Pendant toute la soirée, elle ne lui avait parlé que dans la salle de bal, entourée de trois cents personnes.

Pourquoi avait-il fallu qu'elle l'amène jusqu'ici ?

À vrai dire, ce soir, tout était un peu magique. Cela avait commencé quand elle avait fixé sans y croire la femme qui lui faisait face dans le miroir de sa chambre : elle s'était à peine reconnue. Le propriétaire de la petite boutique près d'Oxford Street méritait une médaille pour l'avoir convaincue d'acheter cette robe.

Ensuite, la petite fille de Gundiwindi s'était rendue au bal dans un grand taxi noir londonien, ce qui pour elle était aussi enchanteur qu'un carrosse en forme de citrouille tiré par quatre chevaux blancs. Dès que le portier de l'hôtel avait ouvert la porte du taxi et qu'elle avait posé le pied sur le tapis vert, elle avait été traitée comme quelqu'un de spécial — quelqu'un d'important.

Elle s'était fait l'effet d'un enfant lâché dans une boutique de sucreries et était partie discrètement en exploration dans les couloirs aux tapis épais, passant la tête derrière les portes. Lorsqu'elle était tombée sur l'exposition en cours d'accrochage, elle avait été si excitée de découvrir l'histoire de cet hôtel de luxe qu'elle avait voulu la partager avec quelqu'un. Et cela avait totalement fait échouer son plan.

Entre eux, l'électricité était presque tangible. Pour la première fois, le regard gris d'Alistair n'avait plus rien de professionnel — ni même d'amical. Les flammes du désir et du plaisir dansaient, terriblement attrayantes, dans ses yeux. Quant à elle, son corps ne demandait qu'à lui répondre.

Cette robe. Cette nuit. Dans cet hôtel. Rien de tout cela n'était vraiment réel.

Saisis cet instant, car il s'évanouira à l'aube.

Elle s'éclaircit la gorge, étonnée de sa propre audace.

— Vous m'avez reproché un jour de ne pas m'amuser. Cet

hôtel, avec tout son passé, m'invite à sortir de la réalité et à faire quelque chose d'extravagant, juste pour une nuit.

Le regard d'Alistair sur elle devint plus intense que jamais. Pourtant, il ne fit pas un geste pour la toucher.

— Je vous le promets, Claire, cela ne débordera pas sur notre travail, dit-il d'une voix éraillée. C'est votre décision. Si vous avez le moindre doute...

Après avoir travaillé avec lui pendant des semaines, elle savait que c'était un homme de parole, elle lui faisait confiance : il n'utiliserait jamais cette nuit contre elle.

Elle fit un mouvement vers lui pour l'embrasser — depuis deux longues semaines qu'elle revivait ce moment —, mais il ouvrit grand la porte.

— Si je vous embrasse ici, Claire... je serai incapable de m'arrêter.

La petite fille enfouie en elle se réjouit et battit des mains.

— Vraiment ?

— Oui, vraiment.

Il appuya doucement son front contre le sien.

— J'ai eu envie de t'embrasser depuis que je t'ai vue traverser la salle de bal. Mais ce moment mérite une vraie chambre. Nous allons en prendre une.

— Il paraît que Marlene Dietrich, elle...

Mais il se dirigeait déjà vers la réception. Un bras autour de sa taille, il la maintint serrée contre lui en expliquant :

— Nous voudrions une chambre pour la soirée.

L'homme — Daniel, d'après son badge — ne remua pas un cil.

— Je suis sûr que la chambre 613 vous donnera entière satisfaction. Vous y trouverez tout ce qu'il vous faut.

Après avoir passé la carte de crédit d'Alistair dans la machine, il leur donna deux cartes.

— Insérez-les dans l'ascenseur et appuyez sur le six. Passez une bonne soirée.

Claire se mit aussitôt à apprécier véritablement les manières britanniques, qu'elle avait jusqu'à cet instant considérées comme snobs.

— Merci, dit Alistair avant de l'entraîner vers les ascenseurs.

Une fois au sixième étage, il ouvrit la porte de la chambre, et tous deux entrèrent. Là, enfin, il l'embrassa.

Contrairement à la première fois, ils ne prirent pas tout leur temps. Après deux semaines de frustration, le désir brûlait dans leurs veines, demandant à être satisfait.

Dans une débauche de tulle et d'organza, elle se laissa tomber de tout son long sur le lit king size, entraînant Alistair avec elle. Aussitôt, elle lui retira sa veste de ses mains impatientes, sans que leurs bouches se séparent. Puis elle s'attaqua respectivement aux boutons de son petit gilet et de sa chemise. Enfin, elle sentit sous ses doigts la chaleur de sa peau. En explorant son torse ferme, elle laissa échapper un petit gémissement de volupté.

Cessant de l'embrasser, Alistair la regarda et sourit.

— Alors, tu passes un bon moment ?

Elle se sentit rougir, puis se rappela qu'ils étaient tous les deux là pour leur propre plaisir. Elle en avait envie autant que lui, se sentir embarrassée aurait été ridicule.

— Oh ! oui, répondit-elle.

Posant les lèvres sur son mamelon, elle le titilla de sa langue et le suça goulûment.

Il laissa échapper une exclamation, et tout son corps se raidit.

— Sorcière, grommela-t-il.

Elle éclata de rire, tandis qu'il cherchait à défaire le corsage brodé de perles. Elle mourait d'envie de sentir enfin ses mains sur sa peau. Et aussi sa bouche.

— La fermeture Éclair est sur le...

Mais il releva sa jupe, et un flot de tissu vaporeux lui chatouilla le visage. Déjà, sa bouche mordillait doucement la peau tendre de l'intérieur de sa cuisse.

— Oh ! soupira-t-elle avec délice lorsque sa langue se mit de la partie, se rapprochant de plus en plus de son sexe.

Sa respiration se faisait de plus en plus haletante.

Il releva la tête et lui sourit.

— Moi aussi, je prends du bon temps, dit-il. Je veux te voir et te ressentir entièrement.

— Pareil pour moi.

Elle tendit la main vers sa ceinture et, sentant son érection, un mot lui vint soudain à l'esprit : contraception.

— Tu as sûrement un préservatif ?

Le sourire d'Alistair disparut.

— Non.

— Quoi ? Je croyais que...

— Je ne sortais jamais de chez moi sans être couvert ?

Il fit la grimace.

— Ne crois pas les commérages, Claire. Ce qui se passe entre nous est totalement inattendu.

Cela signifiait qu'il n'avait pas non plus prévu de coucher avec quelqu'un d'autre...

— Tout n'est pas perdu, dit-il en allant jeter un coup d'œil dans la salle de bains, pendant qu'elle fouillait les tiroirs des deux tables de nuit.

— Alistair ? dit-elle. J'ai trouvé. Daniel n'avait pas tort, il y a tout ce dont on a besoin. Même des pastilles à la menthe.

— Les Britanniques sont les rois de l'ingéniosité et de l'organisation, dit-il en regagnant le lit, torse nu. Et maintenant, occupons-nous de cette robe...

En un rien de temps, il la délivra de l'amas de tissu vaporeux et contempla un instant sans rien dire son soutien-gorge de dentelle et son slip assorti. Elle remercia silencieusement le vendeur qui l'avait incitée à les acheter aussi, malgré leur coût.

— J'apprécie beaucoup la lingerie, murmura-t-il, les yeux fixés sur le soutien-gorge pigeonnant. Mais, pour l'instant, je préférerais l'enlever.

Avec une dextérité sur laquelle elle préféra ne pas s'attarder, il la délesta de son slip. Elle ne fut pas en reste et le débarrassa à la hâte de son pantalon et de son boxer-short. Alors il apparut dans toute sa glorieuse nudité, le sexe dressé.

C'est moi qui ai provoqué ça, songea-t-elle non sans fierté.

L'attirant dans le lit, il la fit rouler contre lui, et leurs membres se mêlèrent. Il commença par lui embrasser la bouche, puis sa langue descendit le long du cou jusqu'à sa gorge. Elle frissonna de plaisir. Jamais elle n'avait connu de sensations aussi délicieuses, et voilà qu'il approchait les lèvres de sa poitrine. Elle eut une énorme poussée de désir. Arquant les hanches, elle les colla contre les siennes.

Il poussa un grognement et leva la tête.

— Si tu veux que j'aille doucement, ce n'est pas la meilleure façon.

— Peu importe ! Depuis ce premier baiser, j'en avais tellement envie...

— Que tu ne pensais plus qu'à ça, dit-il d'une voix rauque.

— Oui... Nous avons plusieurs préservatifs, et la nuit devant nous.

— Que répondre à cela ?

Elle l'embrassa en glissant le préservatif le long de son membre. Se rappelant qu'il était là aussi pour son propre plaisir, elle le poussa sur le lit et il l'attira à lui, la faisant rouler sur le côté.

— Cela faisait longtemps que je rêvais d'avoir tes jambes autour de moi.

Elle écarquilla les yeux.

— Vraiment ?

— As-tu la moindre idée de l'effet que me font les chaussures que tu portes ?

S'agrippant à sa taille de ses jambes, elle croisa les chevilles dans son dos, et il la pénétra lentement. Millimètre par millimètre, il amorça un mouvement de va-et-vient, gagnant peu à peu en profondeur jusqu'à la remplir complètement. Un léger sanglot s'échappa de ses lèvres.

Aussitôt, le regard inquiet d'Alistair se posa sur elle.

— Ça va ?

Elle serra les cuisses autour de lui.

— Plus que bien...

Cela faisait si longtemps qu'elle n'avait pas fait l'amour et qu'elle n'avait pas connu un tel plaisir.

Ça n'avait jamais été comme ça.

Ses hanches ondulaient en rythme, en parfaite union avec les siennes. Elle voulut l'embrasser, haletante, mais le plaisir l'emporta, plus rien n'existait que lui. Quand elle atteignit l'orgasme dans un cri, elle eut l'impression d'être propulsée bien au-delà d'elle-même. Quelques secondes plus tard, Alistair la rejoignit en criant son nom.

8

Alistair se mordit les joues. Il devait cesser de sourire jusqu'aux oreilles avant d'arriver au Château, sinon il aurait droit aux remarques et aux clins d'œil appuyés des portiers : « Vous avez l'air bien heureux, aujourd'hui, patron. »

Et il l'était. Étonnamment heureux, mais personne ne devait en connaître la raison — surtout pas Robyn. En tant que chef du service de chirurgie, elle ferait de lui de la chair à pâté. Le collège royal des chirurgiens n'apprécierait pas non plus, s'ils se doutaient de quelque chose. Alors que Claire et lui considéraient ce qui leur était arrivé comme quelque chose d'absolument merveilleux.

Ils avaient fait l'amour deux fois — la première avait été brûlante et explosive, la seconde délicieusement lente, mais d'autant plus intense —, puis ils s'étaient endormis. À son réveil, elle avait la tête sur son torse, et ses mèches blondes étaient répandues sur lui.

Normalement, quand il avait des relations sexuelles avec une femme, il partait peu de temps après. Mais Claire avait parlé d'une nuit entière, et ils étaient dans un hôtel, en terrain neutre. Le sommeil l'avait surpris, et il avait très bien dormi.

Peu après son réveil, Claire avait ouvert les yeux, et il avait trouvé tout naturel de lui caresser les cheveux.

— Bonjour...

Elle avait souri, plus belle que jamais, et il l'avait embrassée tendrement.

— Tu sais quoi ? On va prendre une douche et un bon petit déjeuner avant d'ouvrir les rideaux et de commencer une nouvelle journée.

— Hum... Le jour nous met aussi face aux réalités. Mes lentilles jetables sont hors d'usage et je n'ai pas mes lunettes. Pour être honnête, je n'y vois pas plus loin que le bout de mes doigts.

Il avait ri en la serrant contre lui.

— Tu n'as pas besoin de voir, Claire. Il te suffit de ressentir.

Elle avait souri et, sans rien dire, avait glissé les mains dans ses cheveux et s'était mise à explorer son crâne.

— Et toi, qu'est-ce que tu ressens, maintenant ?

— Tu t'intéresses à la phrénologie ?

Sans répondre, elle avait continué à le masser en descendant les doigts sur son front, puis avait lentement tracé le tour de ses orbites, parcourant ainsi tout son visage. Lorsque ses doigts quittaient un endroit, elle l'embrassait. Peu à peu, il s'était détendu sous ses caresses et abandonné aux sensations qu'elles provoquaient.

Ensuite elle avait atteint les cervicales et pratiqué un doux massage avec ses pouces. Les clavicules avaient suivi, puis les épaules. À cet instant, il avait ressenti une décharge d'adrénaline : il voulait bien être touché par la femme, mais pas par le médecin. Il n'avait aucune envie de parler de ce qu'elle découvrirait sous ses doigts et ne manquerait pas de diagnostiquer. Elle aurait posé des questions auxquelles il ne voulait pas répondre, les moments magiques qu'ils avaient partagés se seraient terminés sur une note amère.

Heureusement pour lui, elle ne voyait pas très bien sans ses lunettes. Il avait saisi sa main et lui avait titillé le creux de la paume de la langue, ce qui l'avait fait rire — de ce rire musical qu'il ne se lassait pas de découvrir. Pour finir, ils avaient de nouveau fait l'amour.

Puis ils avaient partagé la douche, et il l'avait tenue le dos contre lui, veillant à ce que ses mains restent loin de son torse. Ils avaient fait des bulles comme des gamins, avant de faire honneur au petit déjeuner le plus copieux qu'il ait mangé depuis bien longtemps.

Il n'avait pas réussi à la convaincre que les harengs au petit déjeuner étaient un régal.

— D'accord pour les œufs au bacon ou les crêpes au sirop d'érable, mais du poisson fumé à l'huile ?

— Pense à tous ces omégas 3, si bons pour tes articulations et pour lutter contre Alzheimer.

— Ils réduisent aussi les risques de maladies cardiaques, ne l'oublie pas.

Il ne l'avait pas oublié. Les omégas 3 ne l'avaient pas empêché d'avoir un cœur en mauvais état, mais ils pouvaient éviter d'autres complications.

— Personnellement, je préfère trouver ma dose quotidienne d'omégas 3 dans les noix, avait-elle décrété. Pour apprécier des harengs le matin, il faut y avoir été habitué dès son plus jeune âge, j'imagine.

— Tu as peut-être raison, avait-il répondu. J'ai mangé beaucoup de harengs quand j'étais petit. C'était le petit déjeuner préféré de la cuisinière.

— Tu as grandi avec une cuisinière ? avait-elle demandé d'un air étonné.

Pourquoi diable avait-il mentionné Englewood ?

— On vivait à la campagne...

— Et alors ? avait-elle rétorqué en riant. En Australie, vivre à la campagne et avoir une cuisinière ne va pas forcément de pair. Bientôt, tu vas me dire que tu avais une nounou et que tu es allé en pension à l'école privée.

— Je plaide coupable, Votre Honneur.

Elle l'avait regardé avec des yeux ronds, en étalant de la confiture sur un croissant.

— Je suis la fille d'un mécanicien et d'une secrétaire. Pour moi, avoir une cuisinière et une nounou n'existe que dans les contes mais, toi, tu l'as vraiment vécu. Est-ce que vous aviez un jardin secret ?

— On avait un jardin clos, mais il n'était pas très secret.

Il avait esquissé un sourire désabusé.

— Mon père taquinait souvent ma mère en disant qu'elle l'avait épousé uniquement pour le jardin. Elle adorait cet endroit, et quand j'étais petit je me rappelle que j'y jouais à cache-cache avec elle.

— Tes parents vivent toujours dans cette maison ?

Il avait réprimé une grimace.

— Non. Mon père est mort lorsque j'avais treize ans. À cause d'un testament familial compliqué, nous avons dû partir.

— Oh ! je suis désolée...

— C'était il y a longtemps, avait-il dit en remplissant leurs tasses de café.

— Treize ans est un âge difficile pour perdre son père.

Je te le confirme.

— Heureusement, j'avais d'excellents professeurs à l'école.

Elle s'était frotté les tempes, et il avait sauté sur l'occasion pour l'empêcher de poser d'autres questions sur son père.

— Mal à la tête ?

Elle avait hoché la tête avec un sourire résigné.

— Si merveilleux qu'aient été ces moments passés ensemble, je dois rentrer chez moi récupérer mes lunettes.

— Dans ce cas...

Il avait appuyé sur un bouton, et les rideaux s'étaient lentement ouverts sur un dimanche baigné de soleil.

— Oh ! non, avait gémi Claire en clignant des yeux. Il va falloir que je sorte en plein jour avec ma robe du soir.

— Pas forcément, avait-il répondu en lui embrassant les cheveux. Je nous ai acheté à tous les deux un souvenir de notre nuit. Nous partirons dans une tenue de sport au nom de l'hôtel.

Elle avait éclaté d'un rire joyeux.

— Vraiment ? J'adore cet établissement.

Cela s'était passé dix-neuf heures auparavant. Les derniers mots que Claire avait dits à Alistair avant de sauter dans un taxi avaient été : « À bientôt au travail, monsieur North. »

— Bonjour, patron, lui dit un des portiers quand il entra à l'hôpital.

— Bonjour, Amos.

— J'ai appris que vous aviez passé un très bon week-end ? dit le portier avec un petit sourire entendu. J'ai vu votre photo dans le journal avec cette jolie infirmière, Mlle Hobbes.

Ouf ! Une seconde, Alistair avait craint le pire.

— Je n'ai fait que mon devoir en faisant danser toutes les infirmières, dit-il, sincère. Et je suis rentré seul chez moi.

Le portier eut l'air déçu.

— Dommage. Ce sera pour la prochaine fois ?

Alistair sourit en se dirigeant vers son service. Toute son équipe l'attendait, Claire comprise. Il savait qu'elle était déjà là depuis une demi-heure, pour avoir le temps de lire les dossiers.

Elle lui adressa le même petit sourire réservé que ces deux dernières semaines pendant le travail. Avec sa queue-de-cheval bien nette, sa blouse blanche et ses lunettes, elle avait l'air exactement comme à l'habitude. Son stéthoscope rose se balançait autour de son cou, et il eut la brève vision d'un soutien-gorge en dentelle, si échancré qu'il laissait peu de place à l'imagination.

— Bonjour, Mitchell. Bailey.

Sa voix lui parut un peu tendue, et il s'éclaircit la gorge.

— Je voudrais une mise au point sur le cas de Ryan Walker.

— Il ne respire toujours pas seul, répondit Claire, les sourcils froncés. On continue de le sédater et de le ventiler, ainsi que de l'alimenter sous perfusion.

— Il n'y a rien d'autre à faire pour le moment, dit-il. À votre tour, Bailey.

Après avoir effectué la tournée et parlé aux Walker, Alistair entra dans la salle des infirmières et attrapa un croissant au jambon et fromage. Une matinée chargée l'attendait avec les consultations externes.

Il venait de terminer quand il reçut un appel de Dominic MacBride.

— On a besoin de vous et de votre interne pour un avis. Si possible rapidement.

— J'arrive.

En descendant l'escalier, il fut surpris de retrouver Claire au troisième étage.

— En route pour les urgences ?

— Oui.

Il ouvrit la bouche pour dire : « J'ai passé un très bon moment avec toi », ce qui était l'usage quand il avait envie de revoir une femme avec qui il avait couché. Mais il se retint au dernier moment, il lui avait promis de ne pas déborder sur le travail. Il chercha désespérément quelque chose d'autre à dire, sans succès.

Qu'est-ce qui n'allait pas chez lui ? Il était britannique, tout de même. Il avait appris l'art de la conversation polie. Ce fut un soulagement d'arriver au rez-de-chaussée. Quand elle le frôla par inadvertance, il fut de nouveau saisi par la fraîcheur de son parfum, qui lui rappelait les jours d'été sur la Côte d'Azur.

Elle trébucha en passant près de lui et, instinctivement, il la retint par la taille. À cet instant, il remarqua un homme qui se tenait debout, immobile, au milieu de l'entrée, et regardait dans leur direction.

Il eut besoin de quelques secondes pour l'identifier : c'était Thomas Wolfe. Pourquoi les fixait-il ainsi, comme s'il venait de voir son pire cauchemar ?

Machinalement, il regarda par-dessus son épaule : Rebecca Scott, chirurgien spécialiste des greffes, se tenait derrière eux, le visage pâle et tendu. Elle les salua d'un bref signe de tête avant de les dépasser. Sans dire un mot, elle contourna Thomas Wolfe et quitta le couloir.

Pendant un moment, Thomas demeura immobile. Alistair était sur le point de rompre le silence devenu gênant en le saluant, quand il pivota sur ses talons et disparut derrière les larges portes en plastique des urgences.

— Waouh ! dit Claire, l'air intrigué. Qui était-ce ?

— Un cardiologue qui a travaillé ici il y a des années et qui a décidé de reprendre du service ici il y a quelques temps. Je me demande pourquoi, avec ces rumeurs de fermeture du Château.

— Rien n'est encore définitif. En tout cas, il se passe quelque chose entre lui et Rebecca. Si les regards pouvaient tuer...

— Ils ont été mariés, soupira-t-il. Le divorce ne s'est pas bien passé.

— Cela montre bien que les gens qui travaillent ensemble ne devraient pas...

Elle s'interrompit en rougissant, et il eut plus que jamais envie de l'embrasser.

— Se marier ? suggéra-t-il, avant qu'elle ait pu dire « avoir des relations sexuelles ». Je suis tout à fait d'accord, mais cela ne nous empêche pas d'apprécier de nous voir en dehors de l'hôpital.

— Je crois que nous avons prouvé que c'était possible. Mais nous nous étions mis d'accord pour une nuit, dit-elle avec un sourire désabusé.

Y avait-il un espoir ?

— On peut toujours être d'accord pour une autre nuit. Et ainsi de suite, autant de fois qu'on le souhaitera.

— Alistair, fit-elle tristement. La femme spontanée que tu as vue samedi n'était pas vraiment moi.

Il n'était pas d'accord.

— Je pense que cette femme a toujours fait partie de toi.

— Tu dis ça parce que tu voudrais recommencer.

— J'adorerais passer une autre nuit avec toi, mais ce que je viens de dire est sincère.

Il avait très envie de la toucher, mais ils se trouvaient dans un couloir très fréquenté, et elle méritait mieux que de devenir la nouvelle cible des commérages de l'hôpital.

— Je pense que cette femme impétueuse et audacieuse existe bien, mais qu'elle a été étouffée en toi par la dyslexie et le poids de ton secret.

Elle resta un moment silencieuse, puis chercha son regard.

— Alors tu me suggères, en dehors du travail, de m'exercer davantage à la spontanéité...

— Je serais très heureux de t'y aider, répondit-il avec un large sourire.

— Dans ce cas... Je te contacterai.

— Quand ?

C'était la première fois qu'il se trouvait dans cette situation : habituellement, c'étaient les femmes qui posaient cette question.

— Lorsque je me sentirai... impulsive.

Une lueur de désir passa dans ses beaux yeux, promesse de futurs moments de plaisir. Puis elle remonta ses lunettes sur son nez et se détourna.

— Je crois qu'on nous attend aux urgences.

Un peu chamboulé, il la regarda se diriger vers les larges portes. Elle venait juste de lui faire ce qu'il avait fait tant de fois à d'autres femmes.

Et cela ne lui plaisait pas du tout.

9

Claire se glissa hors du lit et resta un moment à contempler Alistair qui ronflait doucement. Elle sourit de le voir en pyjama. Comme c'était étrange qu'il en porte toujours un au lit — ou bien un T-shirt. Sans doute une autre particularité britannique.

Sortant de la chambre sur la pointe des pieds, elle jeta un plaid sur ses épaules et alla s'asseoir sur le canapé avant d'allumer l'ordinateur.

Depuis qu'elle avait appelé Alistair le lundi soir après le bal, ils s'étaient vus au moins trois fois par semaine. Parfois c'était elle qui appelait et parfois c'était lui mais, dans tous les cas, ils finissaient chez elle. Elle s'efforçait de ne pas s'en inquiéter, puisque ce qu'ils partageaient, ce n'était que le sexe. Après tout, qu'importait le lit où ils atterrissaient ?

Elle avait entamé cette liaison les yeux grands ouverts, dans le but de renoncer à vouloir tout contrôler dans sa vie et d'être plus spontanée. Et cela marchait : elle avait vraiment fait des progrès.

Bien sûr, elle ne serait jamais aussi cool qu'Alistair au travail, mais, au-dehors, ils s'amusaient bien et profitaient l'un de l'autre. Cela n'irait pas plus loin. Même si Alistair n'avait pas été le célibataire endurci que tout le monde connaissait, elle-même n'était pas facile à aimer.

Tout en écoutant un exposé sur l'enroulement endovasculaire d'un anévrisme, elle se demanda pourquoi Alistair était resté célibataire. Elle s'était souvent posé la question, surtout après une journée comme la veille.

Il lui avait envoyé un texto à midi, alors qu'elle venait de finir de travailler.

Si tu es libre, j'ai un plan.

Comme, en général, ses plans finissaient dans le noir et à l'horizontale, elle avait été très étonnée quand il était passé la prendre en déclarant qu'il était temps qu'elle fasse un peu de tourisme.

Une demi-heure plus tard, ils étaient dans une nacelle du London Eye et elle contemplait, émerveillée, le paysage qui défilait lentement sous ses yeux, profitant des commentaires de son guide particulier.

— Je suis tellement excitée que je ne sais pas où regarder, avait-elle dit, le dos blotti contre son torse tandis qu'il l'entourait fermement de ses bras.

— Commence par le plus facile et le plus près. Il y a Big Ben et la Chambre des communes, et ce grand bâtiment est Buckingham Palace avec les *Horse Guards* près de la Tamise. Quant à cette grande colonne...

— Nelson à Trafalgar Square.

— Bravo. Et maintenant, si tu regardes au-delà du pont, qu'est-ce que tu vois ?

— Notre hôtel préféré.

Elle avait rencontré son regard, où brillait une lueur de désir, et un délicieux frisson l'avait parcourue tandis qu'il l'embrassait.

— Quelle nuit ! avait-elle murmuré.

— Une de mes plus belles, avait-il renchéri d'une voix éraillée.

Il faisait un soleil magnifique, et l'on pouvait voir à des kilomètres de distance.

— Où as-tu grandi ? avait-elle demandé.

Il n'avait pas répondu tout de suite, s'écartant légèrement d'elle.

— Plus loin que l'œil ne peut voir.

— Montre-moi la direction...

De nouveau, elle avait senti la chaleur de son corps contre le sien.

— Ma mère habite à Little Wilbraham. C'est un petit village au sud-est de Cambridge.

Pendant que la nacelle redescendait, il avait pointé le doigt dans la direction du parc olympique.

— C'est là que tu as vécu à partir de treize ans ?

— Je l'ai toujours considérée davantage comme la maison de ma mère que comme la mienne.

— Pourquoi ?

S'était-elle remariée ? Avait-il eu des problèmes avec son beau-père ?

En fait, il en savait plus sur sa propre enfance qu'elle n'en savait sur la sienne.

— Je suppose que c'est parce que j'ai passé plus de temps à l'école qu'au cottage, avait-il répondu, l'air songeur. Je n'y passais qu'une partie de l'été et, lorsque je suis allé à Oxford, je n'y faisais plus que de courts séjours. Ma maison, c'est mon appartement de Notting Hill.

L'appartement dans lequel elle n'avait jamais été invitée.

Soudain, il l'avait fait pivoter dans ses bras.

— Es-tu prête pour ta prochaine surprise ?

Main dans la main, ils étaient sortis de la nacelle et avaient regagné la voiture, avant de traverser la Tamise en direction de Hyde Park. Alistair avait sorti un panier de pique-nique complet avec couverture, assiettes en porcelaine de Chine, verres à champagne, couverts en argent et nappe de coton. Ils avaient dégusté du saumon fumé près de la Serpentine, des œufs de caille et du fromage.

Tout en mangeant, ils avaient parlé des livres qu'ils avaient lus, des musiques qu'ils avaient aimées, des scandales en cours dans la politique, et s'étaient amusés à comparer leurs deux pays.

Ensuite, Alistair avait tout débarrassé pour sortir deux assiettes avec deux tranches de gâteau au chocolat et beurre salé, et une thermos de thé. Puis ils s'étaient endormis dans l'herbe, sous le soleil londonien.

De tous les moments qu'ils avaient passés ensemble, l'après-midi de la veille avait été celui qui ressemblait le plus à un rendez-vous galant. Quand Alistair avait suggéré qu'ils rentrent, elle avait failli dire : « Chez toi ? »

Qu'est-ce qui l'avait retenue ?

Elle était presque certaine que cette question aurait causé de la tension et elle n'avait pas eu envie de gâcher un après-midi aussi parfait. Dès que la conversation venait sur lui et sa famille, elle savait qu'il fallait user de précautions. Alors elle avait accepté qu'ils retournent chez elle.

Puis ils avaient fait l'amour au crépuscule.

Non : ils avaient couché ensemble. Le sexe était leur truc, leur moment égoïste pendant lequel ils se perdaient l'un dans l'autre par pur plaisir. Il commençait toujours par défaire doucement le bandeau qui retenait ses cheveux et par retirer ses lunettes, puis il l'embrassait longuement et langoureusement, jusqu'à ce qu'elle soit sur le point de craquer.

Lorsque l'obscurité avait envahi l'appartement et que les lumières avaient été allumées, il avait enfilé sa chemise, la laissant croire qu'il allait repartir.

— Je vais faire une omelette fantastique, avait-il annoncé en la prenant par la main. Viens avec moi, tu vas faire la petite main.

Il n'avait pas exagéré ses talents : son omelette était fabuleuse. Après s'être régalés, ils s'étaient blottis sur le canapé — elle la tête sur son torse, lui le bras autour d'elle. L'après-midi et la soirée s'étaient déroulés tout à fait normalement. Quelqu'un qui aurait jeté un coup d'œil par la fenêtre en passant aurait pensé qu'ils étaient en couple.

Ce n'est pas le cas. Les couples partagent plus que le sexe.

Certes, elle lui avait parlé de sa vie et de sa dyslexie mais, pour ce qui était de son intimité à lui, elle était sûre de ne connaître que la partie émergée de l'iceberg. Pourtant, c'était un homme bon, généreux et attentionné. Alors, pourquoi était-il encore célibataire ?

Il y avait sûrement une raison, et il ne voulait pas qu'elle la découvre. Pour lui, elle n'était qu'une femme parmi d'autres, elle faisait partie d'une longue suite et serait suivie de beaucoup d'autres.

Pas de problème. Je me sers de lui pour gagner en spontanéité.

Dans ce cas, pourquoi vouloir voir son appartement et savoir où se trouve le jardin clos où il a passé son enfance ? Pourquoi être curieuse de sa date de naissance ?

Une heure plus tard, Claire, toujours devant son ordinateur, sentit une légère tape sur son épaule. Alistair se tenait derrière le canapé ; il sortait de la douche et était déjà tout habillé.

Elle éteignit le podcast, un peu déçue : elle aurait aimé le voir traîner dans l'appartement, une simple serviette autour des reins, mais il portait toujours une chemise.

Il se pencha vers elle avec un sourire sexy et l'embrassa à pleine bouche.

— Hello, tu es bien matinale pour un dimanche.

Un frisson de volupté la parcourut, et elle se sentit soudain beaucoup plus vivante et heureuse.

— Les examens ont lieu dans moins de six mois.

— Et moi je te distrais, dit-il en fronçant les sourcils.

Elle lui caressa la joue.

— De la meilleure façon qui soit...

Cette fois, il lui donna un baiser empreint de douceur et de tendresse, et de quelque chose d'autre qu'elle ne parvint pas à identifier.

Elle devait passer la journée à étudier, mais comment se résoudre à le voir partir ? Elle était sur le point de le remercier pour la veille quand il la surprit une fois de plus.

— Je vais aller changer de vêtements et je reviendrai avec des pâtisseries et du café de chez Tony. Ensuite, je t'interrogerai sur...

Il jeta un coup d'œil à son écran.

— L'anévrisme. Un sujet difficile... À tout à l'heure, dit-il en l'embrassant sur le sommet du crâne, avant de disparaître.

Elle resta les yeux fixés sur la porte, essayant de réaliser ce qui venait de se passer : Alistair avait proposé de l'aider à étudier.

Rien de bien étrange. Après tout, il était neurochirurgien.

Cependant les consultants n'étaient pas censés aider leurs internes. Cela ne figurait pas dans la description de leurs tâches. Pas plus que de coucher avec elles.

Mais le sexe n'avait rien à voir avec le travail.

Ils maintenaient effectivement les deux domaines bien séparés. Quand ils étaient à l'hôpital, ils ne s'envoyaient pas de textos ni de coups de fil. Et, quand ils se retrouvaient seuls, ils étaient trop occupés à profiter l'un de l'autre pour parler boulot.

Mais la proposition d'aide d'Alistair la fit littéralement fondre. Si elle n'y prenait pas garde, elle était en grand danger de tomber amoureuse de lui. Or, en aimant Alistair North, elle risquait beaucoup plus que son job : elle risquait son cœur.

Quand elle ralluma le podcast, il lui sembla que la voix monotone du professeur lui murmurait : « Il est trop tard. »

Debout devant l'évier, Alistair regardait à travers la vitre de la salle d'opération le large dos de Matthew McGrory, le chirurgien plasticien, penché sur un patient enfant avec une sérieuse brûlure au visage.

Matthew rejoignit Alistair devant l'évier, et tous deux se désinfectèrent les bras.

— Avec la nouvelle technique, la brûlure du visage s'est bien améliorée, dit-il. Aujourd'hui, je traite une infection du bras. En tout cas, cet incendie prouve à quel point le Château est nécessaire au centre de Londres.

Il se rinça les bras.

— À propos, le comité t'est très reconnaissant d'avoir laissé Victoria vendre ta soirée aux enchères.

— Avec plaisir.

— Est-ce qu'au moins tu as rencontré quelqu'un qui t'a plu et avec qui tu t'es bien amusé ?

Alistair pensa aussitôt à Claire et au très bon temps qu'ils avaient pris ensemble — et prenaient encore. Il ouvrit la bouche pour répondre comme toujours sur le ton de la plaisanterie, mais les mots restèrent coincés dans sa gorge. Il mit cela sur le compte de la promesse faite à Claire de garder leur histoire secrète et extérieure à l'hôpital.

— Monsieur North, dit une infirmière, le patient est anesthésié, et nous sommes prêts.

— J'y vais, dit-il, les bras levés, en remerciant silencieusement l'infirmière de son intervention.

— Pas de pitié pour les braves, hein ? fit Matt avec un clin d'œil.

Non, vraiment pas.

Claire, les mains crispées sur ses notes et la clé USB qui contenait son exposé, faisait les cent pas devant la salle de conférences. Elle réprima la nausée qui montait en elle : le jour tant redouté était arrivé, elle allait se présenter devant ses pairs et leurs consultants.

— Je me suis arrangé pour que tu passes en premier, lui avait dit Alistair deux jours auparavant. Après tout, la neurochirurgie est l'élite de la chirurgie.

Ce qu'il n'avait pas précisé, c'était qu'ainsi elle serait débarrassée plus tôt et pourrait se détendre et apprécier le passage des autres.

Cette fois, sa gentillesse et sa discrétion l'avaient carrément désarmée : il savait à quel point elle était terrifiée à l'idée de se tenir devant un public et avait tout fait pour minimiser son traumatisme.

Ses yeux avaient brillé de malice quand il avait ajouté à voix haute :

— Ne soyez pas en retard, Mitchell.

L'infirmière instrumentiste s'était esclaffée.

— Alistair, c'est l'hôpital qui se moque de la charité, si j'ose dire.

Andrew Bailey passa près de Claire avec un groupe de médecins juniors et leva les pouces en signe de victoire. Il ne se doutait pas qu'elle luttait en fait de toutes ses forces pour ne pas rendre le toast et le thé qu'elle avait avalés avec peine au petit déjeuner.

Elle s'était levée à 5 heures du matin pour une ultime révision.

Pour la énième fois, elle consulta sa montre. Où était passé Alistair ?

S'il te plaît, ne sois pas en retard aujourd'hui. Je t'en prie.

Le couloir, qui grouillait de monde quelques instants auparavant, s'était vidé : tous étaient entrés s'asseoir à l'intérieur. Elle sentit le toast remonter et réprima un haut-le-cœur.

Qu'est-ce qui n'allait pas chez elle ? C'était encore pire que la fois précédente, quand elle avait dû faire une présentation en Australie. Au moins aujourd'hui, elle était plus en sécurité puisqu'elle pouvait compter sur l'estime et le soutien d'Alistair.

Fermant les yeux, elle s'efforça de prendre de profondes respirations dans l'espoir de se calmer.

— Prête, Claire ? dit la voix calme d'Alistair derrière elle.

Instantanément, elle fit volte-face.

— Tu es en retard !

Il vérifia sa montre.

— Je suis en avance d'une minute.

— Une minute, ce n'est pas de l'avance, s'entendit-elle presque crier.

Il haussa les sourcils.

— Tu m'as déjà vu arriver une minute en avance ?

Non, pas une seule fois.

Son cœur se serra : il avait fait un énorme effort pour elle. Quand il faisait un geste plein de générosité, comme l'aider à étudier ou arriver tôt, elle sentait son amour pour lui remplir son cœur et déborder de son âme.

Je l'aime vraiment.

— Si tu restes ici à discuter avec moi, on sera effectivement en retard, dit-il de son ton tranquille.

Elle se sentit submergée, à la fois par son amour pour lui et par sa peur de parler en public.

— Je crois que je vais vomir.

— C'est absurde. Tout va très bien se passer. Tu es parfaitement préparée. Tu connais le travail par cœur, et, si cela tourne mal — ce qui n'arrivera pas —, je suis juste à côté de toi.

En ouvrant la porte, il lui adressa un sourire rassurant.

— Si on entrait, pour les éblouir de nos raisonnements ?

À la fin du symposium, Claire ne savait pas si elle en était heureuse ou triste. Fidèle à sa parole, Alistair s'était tenu debout près d'elle, mais il n'avait pas eu à intervenir : elle n'avait pas hésité une seule fois.

Suivant son conseil farfelu mais efficace, elle s'était imaginé le public dans le plus simple appareil, et cela l'avait aidée à vaincre sa terreur — cela, et le fait qu'il se tienne à ses côtés.

Pendant le reste de la journée, elle avait eu droit à un concert de louanges. Robyn Kelly, chef du service de chirurgie, l'avait chaudement félicitée et lui avait recommandé de soumettre son exposé à la conférence internationale de neurochirurgie. Andrew lui avait secoué la main avec un tel enthousiasme qu'elle avait encore mal à l'épaule, et elle avait entendu Dominic MacBride dire à Alistair qu'il aimerait que son interne spécialiste soit aussi affûté que Claire.

— Bien sûr qu'elle est brillante, avait répliqué Alistair. C'est moi son professeur.

Il s'était penché sur elle pendant les applaudissements.

— Bien joué. On fêtera ça ce soir.

C'était la première fois qu'il mentionnait leur liaison au travail. Si elle récapitulait tous les petits gestes d'attention qu'il avait eus ces dernières semaines, était-ce le signe que son attachement pour elle allait croissant ? Elle avait envie d'y croire.

Mais n'oublie pas, ce n'est pas pour rien qu'on l'appelle le chirurgien play-boy.

L'après-midi passa rapidement avec une longue succession de consultations externes. Heureusement, vers 6 heures du soir, tout était redevenu calme. L'estomac de Claire gargouilla, et elle se rappela qu'elle n'avait pas avalé grand-chose de la journée. Sa nausée matinale lui avait ôté l'appétit, et elle avait passé la pause déjeuner à recevoir les félicitations de tout le monde. À peine avait-elle eu le temps de croquer une pomme avant de se précipiter aux consultations.

Rien d'étonnant qu'elle soit affamée. Comme elle était de service jusqu'à 9 heures, elle décida d'aller au Frog and Peach prendre quelque chose pour dîner, car la cafétéria ne l'inspirait pas.

— Il n'y a pas que le travail dans la vie, Claire, lui dit Morag au passage avec un sourire maternel.

Elle eut un petit sourire désabusé.

— Je suis interne spécialiste, et mes examens approchent. Il ne peut pas y avoir de vie en dehors du travail.

Mais, en disant ces mots, elle sut qu'elle mentait. Ces dernières semaines, elle avait bien eu une vie en dehors de l'hôpital... Ce soir, elle avait hâte que son service se termine pour pouvoir rentrer chez elle.

Et retrouver Alistair.

En traversant la route pour se rendre au pub, elle pensa au message qu'il lui avait envoyé à propos d'un souper à deux et de sauce au chocolat. Il n'y avait pas que cela qu'elle avait envie de dévorer...

Cette fois, elle se mit à rire toute seule. Six mois auparavant, jamais elle n'aurait imaginé être aussi audacieuse sur le plan sexuel. Sa quête de spontanéité était en train de payer.

C'est parce que c'est Alistair.

Elle savait que c'était la vérité. Bien sûr elle avait passé un an avec Michael, mais elle ne s'était jamais sentie aussi acceptée, entourée et aimée qu'avec Alistair. Elle était bel et bien amoureuse, et c'était une sensation délicieuse.

Au début, quand elle s'en était rendu compte, elle avait éprouvé de l'inquiétude, mais plus maintenant. Au contraire, elle ressentait une sorte de paix en sachant qu'elle l'aimait. Ce soir par exemple, au lieu d'essayer de tout contrôler, de lui exprimer ses sentiments ou de chercher à savoir ce qu'il éprouvait, elle avait simplement l'intention de savourer cette sensation et cette soirée.

Alistair ne disait-il pas qu'il fallait vivre chaque jour comme s'il était le dernier ?

Le pub était un bâtiment historique bâti en 1823 dans un pur style anglais, avec des panneaux en bois sombre, des lumières d'ambiance, de confortables sièges chesterfield et un jeu de fléchettes. Une partie était en train de se disputer entre les médecins juniors et les portiers de l'hôpital, c'étaient ces derniers qui gagnaient.

Une serveuse traversait la salle avec quatre assiettes très appétissantes. Claire, affamée, inspira avec avidité des odeurs de viande, de poulet et de chou. Soudain, son estomac se souleva, et elle dut se précipiter aux toilettes des dames.

Une femme un peu forte était en train d'appliquer son rouge à lèvres devant le miroir.

— Ça ne va pas ? Vous avez l'air un peu patraque.

Claire n'osa pas ouvrir la bouche avant d'avoir atteint les WC. Là, son estomac se délesta aussitôt de son maigre contenu. Après avoir tiré la chasse d'eau, elle rabattit le couvercle et s'assit dessus en tremblant. La sueur perlait sur sa lèvre supérieure.

On frappa à la porte.

— Ça va ? demanda la voix de la dame au rouge à lèvres.

— Je vais mieux, merci, répondit Claire d'une voix faible.

— C'est quelque chose que vous avez mangé ?

— Je n'ai presque rien avalé aujourd'hui, dit-elle en ouvrant la porte. Je me suis réveillée avec la nausée, j'étais anxieuse par rapport au travail.

Elle ouvrit les robinets et s'aspergea le visage d'eau.

— A mon avis, c'est plus qu'un problème de nerfs, déclara la femme. Soit vous avez attrapé un microbe, soit c'est un bébé.

Elle rit en se tapotant les cheveux devant le miroir.

— Quand j'étais enceinte, les odeurs de friture et de chou me faisaient à chaque fois cet effet.

— Je ne peux pas être enceinte, affirma Claire.

Alistair et elle avaient toujours utilisé des préservatifs.

La femme la regarda d'un air désabusé.

— À moins que vous vous soyez fait ligaturer les trompes ou que vous soyez stérile, il y a toujours un risque. Au moins, de nos jours, on peut être rapidement fixé. Vous savez, il y a une pharmacie de l'autre côté de la rue.

Puis, après un dernier coup d'œil dans le miroir, la femme regagna le pub.

Claire prit sa place devant le miroir : elle était pâle, avec des cernes sombres sous les yeux. Elle avait dû attraper quelque chose. Elle était en contact permanent avec des enfants et, rien que cette semaine, il y avait eu deux épisodes de gastro dans le service. Même quand on se lavait soigneusement les mains, il suffisait d'un enfant qui éternuait ou toussait pour transmettre l'infection.

Mais elle ne pouvait pas être enceinte. D'ailleurs, elle avait eu ses règles à peine deux semaines auparavant. Mais elles avaient été peu abondantes.

Sentant la panique la gagner, elle se força à se calmer. Elle était ridicule d'accorder de l'importance aux paroles de la première venue. Sans doute était-elle tout simplement fatiguée, elle n'avait pas bien dormi à cause de la présentation. Sa nausée matinale était due au stress, et elle avait vomi parce qu'elle était fatiguée et affamée. Ou bien elle avait attrapé un virus.

En tout cas, elle *n'était pas* enceinte.

Elle irait tout de même faire un tour à la pharmacie prendre des médicaments contre la gastro.

Elle récupéra son parapluie. À peine avait-elle fait un pas sous la pluie que son téléphone sonna. C'était le service de neuro. Sam Riccardo était en train de faire une crise d'épilepsie.

Les médicaments attendraient.

10

Claire était allongée, alanguie, contre Alistair, baignant dans la félicité et l'obscurité de la chambre. Le champagne qu'il avait acheté était resté sur le réfrigérateur, à côté du gâteau intact et de la sauce au chocolat.

À peine entrée, Claire s'était précipitée dans les bras d'Alistair qui lui avait dit combien elle avait été époustouflante le matin, au symposium. Puis il avait fourragé dans sa nuque en énumérant toutes les choses qu'il avait eu envie de lui faire toute la journée. Soudain, ils avaient perdu tout intérêt pour la nourriture et la boisson.

Le téléphone de Claire sonna. Avec un grognement, elle roula sur le bord du lit et saisit l'appareil. C'était Andrew.

— Désolé, dit-il d'une voix tremblante. Mais j'ai de la fièvre et j'ai vomi il y a une heure. Il faudrait que je rentre mais je suis d'astreinte cette nuit. J'ai appelé trois personnes qui ont attrapé la même chose. Mes patients sont stables, mais pourriez-vous me remplacer si nécessaire ?

C'était la gastro. Andrew avait la gastro.

— Bien sûr. Vous devriez prévenir le reste du service et la standardiste, et rentrer chez vous.

— Désolé, Claire, fit Andrew en poussant une exclamation étouffée. Il faut que j'y aille !

Il raccrocha brusquement. Elle aurait dû compatir, mais elle éclata de rire. Elle était honteusement soulagée.

Alistair la regarda d'un air intrigué et la ramena vers lui sur le lit.

— Qu'est-ce qu'il y a de si drôle ?

— Andrew a la gastro. Ce n'est pas drôle pour lui, mais...

Elle sourit, pressée de partager sa joie.

— J'ai vomi ce soir au Frog and Peach, et une femme qui se trouvait dans les toilettes à ce moment-là m'a demandé si j'étais enceinte. Bien entendu c'est ridicule, pourtant, un court instant, j'ai été un peu ébranlée. Mais Andrew a la gastro, comme plusieurs autres membres du personnel du Château.

Alistair resta sérieux.

— Je ne vois pas en quoi l'idée que tu sois enceinte pourrait être drôle. Bon sang, Claire...

Il enfila fébrilement sa chemise avant d'allumer la lampe.

— Tu sais bien que ce serait un désastre absolu.

Pourtant, une petite partie d'elle-même se disait qu'être enceinte pourrait être la chose la plus merveilleuse qui puisse lui arriver. D'un côté pratique, une grossesse maintenant ne serait pas idéale, mais de là à appeler ça un désastre...

— Nous sommes deux adultes ayant des relations sexuelles, Alistair. Il arrive que la contraception échoue. Le risque est faible, mais il existe.

Elle laissa échapper un petit rire.

— Tu dis toujours que tout ne peut pas être planifié dans la vie.

— Les enfants sont la seule exception.

Elle posa la main sur son dos.

— Mais tu sais si bien y faire avec les enfants. Je me dis que, si nous avions un accident et que je me retrouve enceinte, nous ferions une bonne équipe.

Il sauta brusquement hors du lit, s'éloignant d'elle si vite qu'elle resta la main en l'air.

— Une équipe ? répéta-t-il d'une voix incrédule. En tant que parents ?

Il secoua la tête avec force.

— Non. Cela n'arrivera jamais.

La violence de ces paroles lui fit l'effet d'un coup de poignard, et son cœur se serra si fort qu'elle eut du mal à respirer. La phrase de Michael, qu'elle avait oubliée ces dernières semaines, lui revint en mémoire.

« Tu es trop difficile à aimer, Claire. »

— Je vois...

Brusquement, elle éprouva le besoin de se couvrir et enfila son pyjama avant de foudroyer Alistair du regard, les poings sur les hanches.

— Si j'ai bien compris, je suis assez bonne pour coucher, mais pas pour être la mère de tes enfants.

Il grimaça.

— Je n'ai pas dit ça, Claire. Mais pourquoi discuter d'une situation hypothétique alors que tu n'es même pas enceinte ?

C'est toi qui as commencé.

— Et, si j'étais enceinte, qu'est-ce que tu dirais ? insista-t-elle.

Il eut soudain l'air méfiant.

— Quelle importance ?

— C'est important pour moi.

Il la regarda comme s'il ne la reconnaissait pas.

— Es-tu en train de me dire que, si tu étais enceinte, tu le garderais ?

Pour elle, une grossesse, c'était un bébé longtemps désiré et la réactivation d'un rêve qu'elle avait cru à jamais perdu.

— Bien sûr que je le garderais.

Il lui jeta un coup d'œil horrifié.

— Pourquoi ?

Elle ne prit pas le temps de réfléchir.

— Parce que ce serait notre enfant. Et parce que je t'aime.

Il se figea, et son visage perdit ses couleurs.

— Tu ne m'aimes pas, Claire, dit-il doucement.

Ses paroles l'assommèrent, détruisant tous les rêves auxquels elle s'était accrochée et lui brisant le cœur.

— Je pense que ce que tu veux dire, c'est que, *toi*, tu ne m'aimes pas, répliqua-t-elle.

Il se mit à marcher dans la pièce à grandes enjambées.

— Ce qu'il y a entre nous, c'est du plaisir, Claire. Pas de l'amour.

Elle n'avait pas l'intention de mentir.

— Pour moi, ce sont les deux.

— Non, Claire. Par pitié.

Tous ses vieux souvenirs affluèrent d'un coup : quels que soient les efforts qu'elle faisait, ce n'était jamais assez pour qu'on l'aime. Elle s'enfonçait dans un abîme où ne subsistait plus aucun espoir.

Ses jambes tremblaient si fort qu'elle dut chercher un appui sur le mur. En quelques secondes, elle revit les merveilleux moments passés avec Alistair.

La bouche sèche, elle se rappela sa relation avec Michael et comprit plus clairement que jamais qu'il ne s'était intéressé qu'à lui-même. Jamais il ne s'était préoccupé de ce qu'elle éprouvait, ni de ses besoins ou de ses attentes.

En quelques semaines, Alistair, lui, s'était plus préoccupé d'elle que Michael en un an.

Et si Alistair l'aimait, mais ne prenait pas ce qu'il ressentait pour de l'amour ?

Cette pensée ne demandait qu'à s'ancrer en elle. Si elle partait maintenant pour éviter de souffrir davantage, elle risquait de perdre sa chance d'être heureuse.

Et s'il ne t'aime pas ?

N'est-il pas préférable d'avoir essayé et échoué, plutôt que de n'avoir jamais essayé ?

Cela ne peut pas être pire que ça l'est déjà. Bats-toi pour lui. Ouvre-lui les yeux.

Tirant son haut de pyjama, elle prit une profonde inspiration.

— En fait, Alistair, la réponse est oui : je t'aime. Je n'avais pas l'intention de tomber amoureuse et, si c'est arrivé, tu ne peux t'en prendre qu'à toi.

— Quoi ?

— C'est toi qu'il faut blâmer.

Il eut l'air complètement dérouté.

— De quoi est-ce que tu parles ?

Elle s'efforça de sourire.

— Tu as été trop gentil... Tu prends soin de moi.

— Naturellement. Comme de n'importe quelle femme que je fréquente. Cela ne veut pas dire que je les aime. Ni que je t'aime.

La réponse faisait mal, mais elle ne se découragea pas.

— Est-ce que ce sera la fin du monde si tu reconnais que tu m'aimes ?

— Écoute, Claire, lui dit-il du ton qu'il employait avec les médecins juniors de l'hôpital, tu te trompes complètement.

Pour la première fois, elle vit une distance s'installer dans son regard.

— Je ne cherche pas l'amour. Je croyais que nous étions tous les deux très clairs là-dessus. J'ai une très bonne carrière et une vie que j'aime. Je possède un appartement à Notting Hill, un mas en Provence et je peux faire ce que je veux quand il me plaît.

Elle remonta ses lunettes sur son nez.

— Tu oublies la voiture de sport allemande.

— Exact. Elle n'est pas conçue pour un siège bébé. Si tu additionnes tout ce que j'ai, pourquoi voudrais-je m'enchaîner en me mariant et en devenant père ?

— Tu as trente-neuf ans. Pourquoi ne pas le faire ?

Il haussa les épaules.

— C'est une liste de possessions impressionnante, dit-elle en s'efforçant de rester calme, alors que le désespoir s'emparait d'elle. Il y a juste une faille dans tes arguments. Ton travail, tes maisons et ta voiture ne t'aimeront pas comme une famille.

Le regard d'Alistair s'assombrit aussitôt.

— Comme ta famille t'a aimée ? demanda-t-il.

L'attaque était brutale.

— Mes parents m'ont aimée, Alistair. Mais ils ne savaient pas comment m'aider.

Soudain, elle eut une intuition.

— Je pense que cette question se rapporte bien plus à toi qu'à moi. Ton père est mort alors que tu étais à un âge fragile, et ta mère t'a envoyé en pension. Est-ce que c'est de l'amour ?

— Ne t'imagine pas que tu saches quoi que ce soit sur moi et ma famille !

La colère avait pris en lui avec la force d'un incendie. Sa réaction en disait long, et Claire était certaine qu'elle touchait du doigt la raison pour laquelle il avait choisi les possessions matérielles avant les gens.

— La raison pour laquelle je ne sais rien, c'est que tu n'as jamais rien voulu me dire, répondit-elle aussi calmement que possible.

Elle posa la main sur son bras.

— Tu m'as aidée, Alistair. Tu m'as écoutée sans me juger. Permets-moi de te rendre cette faveur. S'il te plaît, laisse-moi t'aider.

Il s'écarta brusquement, rompant le contact avec elle.

— Je n'ai pas besoin d'aide. Contrairement à toi, il n'y a rien qui n'aille pas chez moi.

Le coup fut violent. Ce fut comme si elle était déchirée par une douleur viscérale. Une fois de plus, le passé tentait de refaire surface et de la consumer, mais il n'y parvint pas, car son attention était entièrement tournée vers Alistair.

Sans l'ombre d'un doute, l'homme qui venait de la blesser si profondément n'était pas celui qu'elle connaissait et aimait. Cet homme l'avait toujours respectée. Il lui avait offert des opportunités et des choix. Sortis du domaine du travail, ils étaient sur un pied d'égalité.

Il souffre.

Elle n'avait aucune idée de ce qui le faisait souffrir, ni pourquoi. C'était certainement une douleur ancienne, aux racines profondes. Elle vivait en lui, et plus Claire chercherait à s'approcher, plus il se débattrait et s'en prendrait à elle, jusqu'à ce qu'il ne reste plus qu'un tas sanglant. Ce serait elle qui se retrouverait à souffrir.

Mais elle avait travaillé trop dur pour le laisser détruire sa confiance en elle naissante. En même temps, c'était parce qu'il l'avait acceptée qu'elle avait appris à s'estimer.

Elle releva le menton.

— Je ne t'avais jamais pris pour un lâche, Alistair.

Les lèvres pincées, il s'habilla rapidement.

— J'étais parfaitement bien avant de te connaître, Claire. Je serai parfaitement bien lorsque j'aurai passé cette porte.

Il saisit son portefeuille, son téléphone et ses clés de voiture avant de passer devant elle.

— De toutes les femmes avec qui j'ai batifolé, je croyais que tu étais celle qui me comprenait le mieux parce que tu faisais passer le travail avant tout. Le sexe entre nous était un moyen pour toi d'apprendre à être spontanée et à t'amuser.

Il eut un petit rire amer.

— Et tu progressais si bien. Je croyais que tu étais assez comme moi, finalement.

— C'est-à-dire complètement fermée émotionnellement et me cachant derrière une collection de possessions ?

Il lui jeta un regard incendiaire, qu'elle lui retourna aussitôt.

— Crois-moi, dit-elle d'un ton coupant, je ne suis pas aussi triste.

Il ouvrit la porte et la claqua derrière lui.

C'était la fin d'une amitié, de ses espoirs et de ses rêves.

Un épais silence s'installa, l'enveloppant tout entière. Alistair était parti, sans un regard en arrière. Il n'avait pas voulu de son amour, qu'il avait laissé sur le canapé, le lit et dans chaque recoin de l'appartement. Il flottait dans l'air qu'elle respirait. Elle se sentit soudain abandonnée.

Elle se laissa tomber au sol et laissa libre cours à ses larmes.

— Morag ! appela Alistair à travers la porte fermée du bureau du directeur de l'unité.

Sa journée partait en vrille, et il n'était pas encore 10 heures du matin.

Tout était parti en vrille la veille au soir.

Mais il ne voulait plus penser à la façon dont les choses s'étaient si rapidement dégradées entre Claire et lui. Pourtant, habituellement il savait détecter les femmes qui cherchaient un mari et des enfants, mais, cette fois, il avait raté les indices. Claire était comme toutes les femmes, elle voulait ce qu'il ne pouvait pas lui donner.

— Morag !

Elle apparut au bout d'une trentaine de secondes, une expression peu amène sur le visage.

— Vous est-il venu à l'esprit que vous pouviez franchir les douze marches allant d'ici au poste des infirmières, si vous vouliez me parler ? demanda-t-elle.

— Mm, grommela-t-il en ouvrant un tiroir. Je pars pour la France.

— Quand ? demanda-t-elle, surprise.

— Ce soir, si je peux avoir une place sur l'Eurostar. Où sont passés les formulaires de demande de congé ?

Morag entra calmement dans le bureau et s'assit.

— Vous n'avez pas lu la note sur le tableau ? Toutes les demandes ont été annulées, on a juste assez de personnel pour continuer à fonctionner.

Peu lui importait. Il fallait qu'il sorte du Château. Maintenant. Il avait besoin d'espace et de la sérénité que la Provence lui offrait. Il avait besoin de retrouver son équilibre en s'appuyant sur les solides fondations qui l'avaient aidé à reconstruire sa vie après avoir failli la perdre, cinq ans auparavant.

— Cela ne concerne sûrement pas les consultants, dit-il.

Elle lui adressa un sourire de commisération.

— Cette fois, cela concerne tout le monde. La France devra attendre votre prochain week-end de trois jours.

Il savait bien, pourtant, que son travail ne lui permettait pas de partir à la dernière minute.

— Pour arranger le tout, Bailey et Mitchell sont bloqués avec la gastro, comme trois de mes infirmières.

Claire ne viendrait pas. Malgré lui, il fut soulagé de ne pas avoir à lui faire face aujourd'hui. Elle avait chamboulé toutes les règles de leur jeu. Si elle n'avait pas fait cela, si elle ne l'avait pas poussé à bout en parlant de bébés et de sa famille, il ne lui aurait pas dit les paroles cruelles et impardonnables, dictées par la peur, qu'il avait prononcées.

Chaque fois qu'il fermait les yeux, il revoyait son beau visage soudain si tourmenté, et ça le rendait malade. Il aurait voulu s'excuser, mais alors elle voudrait qu'il s'explique, ce qui entraînerait plus de discussions et plus de détresse. Il y survivrait, mais peut-être pas elle, et il ne voulait pas courir le risque. Il ne pouvait pas se permettre de la faire souffrir encore.

Mieux valait ne rien dire, mieux valait une rupture claire et nette. Elle se consolerait en apprenant à le haïr, ce qui la tiendrait loin de lui. Il s'attendait à recevoir sa lettre de démission avant la fin de la journée. C'était la meilleure solution pour tous les deux. Dans son état et avec son passé familial, il ne pouvait pas lui proposer le mariage ni des bébés, et elle méritait d'être libre de trouver quelqu'un qui pourrait le faire.

Pensant à cet homme sans visage, il ferma les yeux et se frotta les tempes.

— Je peux faire quelque chose pour vous, Alistair ? demanda Morag dont le ton s'était radouci.

Me donner un nouveau cœur.

— Non. Il n'y a plus qu'à se mettre au travail.

— Soyez très scrupuleux en vous lavant les mains, dit-elle. Inutile que quelqu'un d'autre soit touché.

11

Après une nuit blanche, Claire s'était levée et mâchonnait des biscuits. Ce qu'elle voulait par-dessus tout, c'était prendre le premier avion pour l'Australie. Et mettre dix-sept mille kilomètres entre elle et Alistair. Le voir serait un rappel permanent au fait qu'il ne l'aimait pas. Elle tentait de se consoler, il n'aimait pas quelqu'un d'autre non plus, mais cela ne faisait que la rendre terriblement triste pour lui.

Pour des raisons qu'elle ignorait, il semblait s'interdire d'aimer qui que ce soit.

La perspective de passer encore trois mois à travailler à ses côtés était stressante, mais celle d'abandonner sa bourse et de retourner chez elle sur un échec était pire. Elle avait travaillé trop dur pour tout laisser tomber maintenant, elle avait encore des choses à apprendre.

Pour le moment, dans les décombres de sa vie personnelle, sa carrière était la seule chose qui lui restait et qui la guidait. Il y avait encore quatre-vingt-dix jours à courir — moins si elle soustrayait les congés à rattraper.

Tout en sirotant son thé au citron et gingembre, elle se redressa. Elle *pouvait* le faire. Et elle commencerait dès qu'elle n'aurait plus de nausées.

En fait, elle n'avait pas vomi depuis la veille. Même si elle s'était sentie un peu nauséeuse au réveil, elle avait pu engloutir un solide petit déjeuner et retournerait travailler dans la matinée.

Jetant un coup d'œil sur son calendrier pour vérifier le

nombre de jours qu'elle avait encore à passer, elle cligna des yeux et réajusta ses lunettes : elle aurait dû avoir ses règles le 10. Elle les avait eues plus tôt, mais très peu abondantes. Et, trop occupée à être spontanée, n'y avait pas prêté attention...

Son estomac se serra. C'était peut-être un saignement d'implantation. Ce qu'elle avait pris pour une légère gastro n'en était peut-être pas une du tout.

Était-elle enceinte ? Certes, ils avaient toujours utilisé des préservatifs, et aucun d'eux n'avait craqué.

Mais il y a eu cette fois où tu l'as chevauché avant qu'il ait enfilé le préservatif.

Il n'en fallait pas plus. Elle se mordit la lèvre. Alistair avait été très clair : il ne voulait pas de bébé, avec aucune femme. Pourtant, il travaillait avec les enfants et savait s'y prendre pour les calmer quand ils étaient malades et apeurés.

Et si tout cela était lié à la mort de son père ?

Quoi qu'il en soit, Claire ne se faisait pas d'illusions : si elle était enceinte, elle devrait emprunter la voie difficile mais gratifiante d'une mère célibataire qui travaille.

Et si tu n'es pas enceinte ?

Je serai soulagée.

À cette idée, elle éprouva pourtant un sentiment de vide et de tristesse.

Il n'y avait qu'une façon d'en avoir le cœur net. Prenant son téléphone, ses clés et son sac à main, elle sortit de l'appartement.

La veille, Alistair avait accueilli avec plaisir la charge de travail supplémentaire causée par l'absence de Bailey et Claire — Mitchell —, qui lui avait permis de ne pas penser à autre chose.

Il avait passé la soirée à jouer avec les enfants, mais à présent tous étaient couchés. Il aurait dû rentrer chez lui, mais, à la pensée de retrouver un appartement vide, il avait préféré rester dans la salle de loisir du service et enchaînait les jeux l'un après l'autre.

Il était déterminé à battre la machine. Et à chasser Claire de ses pensées.

Ce n'était tout de même pas sa première rupture — ni la dernière.

Les autres ne t'avaient pas atteint. Celle-là, si.

Il ne voulait pas l'admettre. Il y avait eu d'autres femmes avant, il y en aurait d'autres après. Quelques semaines plus tôt, il aurait probablement choisi Maddie, la jolie petite kiné.

Il commençait à avoir chaud et, retirant sa cravate, il donna un autre coup à la balle virtuelle, projetant énergiquement son bras en avant. Maintenant, il en était officiellement à *l'après Claire,* excepté qu'elle était toujours à l'hôpital.

Toute la journée de la veille, il avait attendu sa démission. Elle n'était pas arrivée. Ce matin, après un sommeil intermittent, il s'était précipité sur sa boîte mail. Toujours rien.

Une heure plus tard, il avait été stupéfait de la voir à côté de Bailey, en train de l'attendre dans le couloir. Son visage était un peu pâle, mais il reflétait une détermination sans faille. Tout en elle disait : « Je ne bougerai pas d'ici. » Il en était resté sans voix.

À la fin de la tournée, lorsque tout le monde s'était dispersé, il avait trouvé le moyen de lui parler calmement.

— Es-tu sûre d'aller suffisamment bien pour reprendre le travail ?

— Absolument, avait-elle répondu avec la même raideur qu'à son arrivée d'Australie.

Puis elle l'avait regardé droit dans les yeux.

— J'ai l'intention de tirer le meilleur profit des soixante-douze jours qu'il me reste à travailler au Château.

Elle serait donc là cinq jours par semaine pendant les trois prochains mois, et il ne pouvait rien y faire. Mais il connaissait les femmes.

— Tu sais que, même si tu restes, cela ne changera rien entre nous ? avait-il demandé avec appréhension.

— Inutile de t'inquiéter. Tu as été très clair sur tes sentiments. Et mon consultant m'a appris à nettement séparer le travail et les loisirs. Je suis ici parce que c'est le meilleur endroit pour apprendre. Tout le reste n'est que littérature.

S'il n'y avait que le sexe qui t'intéressait, pourquoi restes-tu attaché à son rire et aux moments partagés au pique-nique ? Pourquoi flânais-tu avec elle sur le canapé ? Et pourquoi as-tu passé des nuits entières dans son appartement ? Tu n'avais encore jamais fait ça avec aucune femme.

Sentant l'irritation le gagner, il reprit son jeu avec plus d'ardeur que jamais et envoya la balle virtuelle à travers l'écran.

Soudain, sa vue se brouilla, et il cligna des yeux. Ne faisait-il pas un peu trop chaud, ici ?

Il servit avec style, envoyant le bras si fort qu'il lui fit mal. La sueur perla sur son front, et il se mit à sautiller, déterminé à battre cette satanée machine.

« Est-ce que ce sera la fin du monde si tu admets que tu m'aimes ? »

Il entendait nettement la voix de Claire dans sa tête. Non, il ne pouvait pas l'aimer, ou le nouveau monde qu'il s'était soigneusement construit s'écroulerait, ravivant les vieilles douleurs auxquelles il ne voulait plus être confronté. Et qu'il ne voulait pas infliger à quelqu'un qu'il aimait.

Car il l'aimait.

Cette évidence le frappa si fort que la pièce se mit à tourner. Il se sentit soudain incroyablement fatigué. Après tout, quelle importance, s'il aimait Claire ? Rien de bon ne pouvait en sortir, il était donc inutile de lui en parler. Il avait survécu à d'autres moments difficiles, il survivrait à celui-là.

Dans soixante-douze jours, elle serait partie.

— Alistair ?

C'était la voix de Claire, mais il ne s'arrêta pas et continua à jouer, même si à chaque tir il avait de plus en plus de difficulté à lever le bras.

— Oui ?

— Est-il possible d'ajouter Harrison Raines sur la liste chirurgicale de demain ?

— Pas de problème.

Il donna un coup avec la raquette en plastique et se mit à tituber, luttant pour rester debout.

— Ça va ?

— Très bien.

En fait, ça n'allait pas du tout. Son esprit était de plus en plus embrumé, la raquette lui échappa de la main.

Il se laissa tomber sur le canapé, et la terreur s'empara de lui. Il était assailli de vieux souvenirs. Il se sentit glisser sur le côté.

— Alistair ! hurla Claire en le voyant tomber.

Ensuite, tout devint flou. Il entendit des bruits de talons sur le sol, sentit la main de Claire sur sa gorge, cherchant son pouls.

— Mon Dieu, il est à vingt-huit. Tu as mal ?

Le beau visage de Claire flotta au-dessus de lui, et il tenta de le fixer pour qu'il cesse de bouger. En vain.

Est-ce que c'était la fin ? Avait-il épuisé son temps ? *Non !*

Il ne voulait pas mourir, mais il se sentait déconnecté de son corps, comme s'il en était sorti et regardait tout le monde s'agiter en bas pour tenter de le sauver.

Au prix d'un immense effort, il se concentra sur le visage de Claire. Derrière ses lunettes, ses yeux brillaient d'angoisse, et il eut envie de changer ça.

Il ne voulait pas qu'elle se souvienne seulement de leur dernière conversation, quand il lui avait dit avec une grande cruauté : « Contrairement à toi, il n'y a rien qui n'aille pas chez moi. »

Quelle ironie !

— Claire...

Sa voix lui parut venir de très, très loin, mais elle dut l'entendre car elle pencha la tête vers lui.

— Je suis là, Al, dit-elle. Il est hors de question qu'il t'arrive quelque chose.

Il voulut porter sa main à sa joue pour sentir sa peau douce, mais il n'en eut pas la force.

— Je... t'aime...

La dernière chose qu'il entendit avant de sombrer dans l'inconscience fut un sanglot étouffé.

12

Au distributeur automatique du St John's Hospital, Claire sélectionna un jus de fruits, du fromage, des biscuits et du chocolat, tout en souhaitant ne jamais avoir à revivre ces dernières heures.

Sauf quand Alistair lui avait dit : « Je t'aime », se rappela-t-elle en souriant. Les paroles d'un homme qui croyait qu'il allait mourir ne pouvaient qu'être sincères.

Par chance, Thomas Wolfe, croulant sous une montagne de papiers en retard, se trouvait sur place lorsque Alistair avait eu son malaise. Il avait accompagné Alistair en ambulance à l'hôpital et, plus tard, l'avait rassurée. La chirurgie s'était bien passée.

Avec le malaise d'Alistair, elle avait eu des réponses à certaines de ses questions, notamment la raison pour laquelle il vivait toujours pour le moment présent, même si elle trouvait sa façon de réagir un peu excessive.

Elle déchira l'étui de la barre de chocolat au caramel et allait mordre dedans quand une infirmière s'avança.

— Docteur Mitchell ? M. North est en train de se réveiller. Comme sa mère n'arrivera que demain matin, le Dr Wolfe dit que vous pouvez vous asseoir près de lui.

Merci, Thomas.

La jeune femme la conduisit à une chambre située face au poste des infirmières.

À peine la porte ouverte, Claire s'immobilisa. Habituellement si plein de vie, Alistair était en position semi-allongée sur l'étroit petit lit. Un drap était remonté jusqu'à sa taille, et il portait une tenue blanche couvrant son corps jusqu'à la pomme d'Adam. Son visage était à peine moins pâle que le tissu de coton. Des tuyaux le connectaient au moniteur, la perfusion était reliée à une pompe qui ronflait doucement, et le bip-bip du moniteur rompait le silence de la pièce.

Ce genre de scène lui était familier, mais c'était la première fois qu'elle voyait quelqu'un qu'elle aimait dans cette situation. Son cœur battit plus vite, et elle s'approcha doucement.

Elle s'assit sur la chaise près du lit et glissa sa main dans la sienne. Il remua et tourna la tête avant d'ouvrir les yeux.

— Bienvenue de retour parmi nous, dit-elle. Il paraît que tu m'aimes.

Alistair émergea lentement du brouillard et regarda les lèvres de Claire remuer. Puis il entendit ses mots, et tout lui revint.

Le tennis virtuel. Son malaise. La quasi-certitude qu'il allait mourir.

Je t'aime.

Sa main se porta à son épaule gauche, à la recherche du petit appareil qui avait fait partie de lui pendant cinq ans et de la cicatrice qu'il avait cachée à Claire. Il ne rencontra qu'un sparadrap et une sensation de gêne.

— Thomas l'a enlevé, annonça-t-elle.

— Mais alors, qu'est-ce qui me maintient en vie ?

— Le plus petit pacemaker du monde. Il est sans fil et se trouve dans ton ventricule droit. Il fait son travail à la perfection.

Elle sourit.

— Raconte-moi, dit-elle doucement. Depuis combien de temps jouais-tu au tennis virtuel quand je suis arrivée et que je t'ai trouvé au bord de l'évanouissement ?

— Je ne sais plus très bien, répondit-il, les sourcils froncés. On a commencé par les enfants bien avant le dîner.

— Cela doit faire presque cinq heures ! Une action répétitive sur la durée n'est pas recommandée aux personnes ayant un pacemaker.

— Je ne me suis pas rendu compte. J'étais trop occupé à penser à toi.

— La bonne nouvelle, c'est que ton nouveau pacemaker est en titane et que tout est rassemblé dans la taille d'une pile.

Il observa le moniteur.

— Il a l'air de fonctionner très bien.

— En effet. Maintenant, si nous revenions aux faits : tu m'aimes ?

Au soulagement d'être encore en vie s'ajouta une bonne dose d'embarras. Comment allait-il pouvoir sortir de cette situation sans la blesser ?

— Je croyais que j'allais mourir.

Elle ne broncha pas et ne lâcha pas son regard.

— Je sais.

Il poussa un long soupir.

— Maintenant que tu connais mon secret, tu dois comprendre que, même si je t'aime, cela ne change rien au problème.

Elle fit la moue.

— Pas d'accord. Je crois que cela change tout.

— Tu m'as vu m'évanouir. Tu sais que je peux mourir à n'importe quel moment. Je refuse de te faire vivre ça.

— Et alors ? On vivra des vies misérables séparément et, quand je mourrai avant toi à quatre-vingt-dix ans, tu te rendras compte à quel point c'était stupide !

Il retira sa main pour ne pas être distrait par sa chaleur.

— Je ne vivrai pas jusqu'à quatre-vingt-dix ans.

— Tu n'en sais rien.

— Claire, soupira-t-il à nouveau. Tu mérites d'avoir une vie longue et heureuse avec quelqu'un qui peut te donner des enfants en pleine santé. Quelqu'un qui sera là pour les voir grandir. Je ne peux rien te promettre de tout ça.

— Avec ton nouveau stimulateur cardiaque et si tu abandonnes un peu ton obsession de vouloir vivre pour le moment en jouant au tennis virtuel cinq heures d'affilée, le pronostic sera beaucoup plus favorable, et tu vivras longtemps.

Il secoua la tête. Il aurait tant voulu que ce soit aussi simple.

— Ce n'est pas seulement le pacemaker, dit-elle doucement.

Cette fois, il était pris au piège. Non seulement il était dans une chambre d'hôpital, mais il avait avoué à Claire qu'il l'aimait.

— Cela a à voir avec ton père, n'est-ce pas ?

Il leva les yeux au ciel.

— Pourquoi a-t-il fallu que je tombe amoureux d'une femme intelligente ?

— Parce que je suis bonne pour toi et que tu es bon pour moi, répondit-elle en portant sa main à ses lèvres.

Il y avait du vrai dans ses paroles, mais pas assez pour le convaincre de l'entraîner avec lui.

— Papa est mort d'un infarctus du myocarde à quarante-sept ans.

— C'est jeune...

— Exactement. Cela a causé un changement dramatique dans ma vie, et dans celle de ma mère. On n'a pas seulement perdu mon père, mais aussi notre maison et tout ce qui nous était familier. Ma mère s'est repliée sur son chagrin, et il lui a fallu longtemps pour se faire un nouveau chemin, sans lui. Elle a fait ce qu'elle a pu, mais, pendant des années, je me suis retrouvé sans père et avec la moitié d'une mère. Je ne voudrais pas faire vivre cela à un enfant.

— Ton père souffrait-il d'arythmie comme toi ? demanda-t-elle sans se démonter.

— Je ne crois pas.

— Il est possible qu'avec le traumatisme de son décès tu aies fait un amalgame entre vos deux conditions et que tu sois convaincu que tu connaîtras le même sort. Les statistiques ne vont pas dans ce sens. C'est possible, mais rien ne permet d'affirmer que tu transmettras un cœur défaillant à un enfant. Je pourrais tout aussi bien lui transmettre ma dyslexie.

— C'est totalement différent.

— En effet. Mais il faut que tu parles avec Thomas pour avoir une chance de déceler si ton état est héréditaire ou s'il existe d'autres facteurs. De mon côté, je suis certaine que ma dyslexie *est* héréditaire. Ma grand-mère et mon arrière-grand-père n'ont jamais appris à lire. Il est possible qu'un jour notre enfant ait aussi des difficultés.

Notre enfant.

L'idée était tentante et le terrifiait à la fois.

— Ce n'est pas la même chose, soupira-t-il. La dyslexie ne met pas la vie en danger.

— Des gens manquant d'espoir et d'estime de soi meurent aussi tous les jours, dit-elle doucement.

— Nous ne laisserions pas les choses aller aussi loin, répondit-il, surpris de son besoin de protéger un enfant qui n'existait même pas. On guetterait les premiers signes de dyslexie et on interviendrait si l'enfant faisait de l'arythmie.

— Bien sûr, renchérit-elle.

Il secoua la tête.

— Mais ce n'est pas si simple.

— Je t'assure que si. Avec ton nouveau pacemaker, tu profites de tout ce que la technologie peut offrir. Pour la suite, tu as le choix : tu peux laisser une peur irrationnelle continuer à diriger ta vie et maintenir tout le monde à distance, ou bien saisir ta chance et choisir l'amour en acceptant un certain niveau de risque et en partageant ta vie avec moi. À toi de choisir.

Sans attendre sa réponse, Claire se leva et quitta la chambre.

Ses paroles résonnaient encore dans sa tête, en complète opposition aux décisions qu'il avait prises par le passé. Pas une seule fois en cinq ans il ne les avait remises en question. Il avait accepté son destin et organisé sa vie, alors pourquoi revenir là-dessus ?

Parce que tu n'avais encore jamais été amoureux.

Quelques instants plus tard, Thomas Wolfe lui rendit visite et parut satisfait de son état. Alistair lui parla longuement de son passé médical et familial, puis lui posa de nombreuses questions sur son nouvel appareil et ce qu'il pensait de ses chances de mener une vie normale. Il évoqua également les risques liés à l'hérédité. Thomas examina le cas de ses parents et conclut que le risque d'éventuels problèmes était plutôt restreint.

Alistair se rappela les paroles de Claire sur le choix qu'il avait à faire concernant sa vie.

— Merci beaucoup, Thomas.

— Je vous reverrai dans la matinée, mais, en cas d'autres questions, n'hésitez pas à m'appeler.

— Avant que vous repartiez, puis-je vous demander une faveur ?

La veille, Claire avait dû se faire violence pour sortir de la chambre d'Alistair. Mais, s'ils voulaient avoir une chance de bonheur, il devait prendre sa décision tout seul.

— Comment va le patron ? lui demanda Andrew tandis qu'ils retiraient leur tenue de bloc.

— S'il suit les recommandations de son médecin, il sera de retour au travail la semaine prochaine.

— Attendons-nous donc à le revoir demain, dit-il avec un clin d'œil.

Elle se dirigea vers le salon des médecins et se prépara un en-cas de fin d'après-midi pour conserver son énergie. Elle grignotait une assiette de fromage et de biscuits, quand son téléphone sonna.

— C'est Thomas Wolfe, Claire. Comme Alistair n'est pas disponible, je me demandais si vous pourriez m'aider.

— Bien sûr. Vous avez un patient qui a besoin d'une consultation en neurologie ?

— En quelque sorte. C'est un patient privé très en vue, le faire venir ici serait difficile étant donné sa célébrité. Ils vont donc vous envoyer une voiture. Quelle heure vous conviendrait ?

— Je serai libre dans une heure.

— Parfait. Je demanderai au portier de vous prévenir à l'arrivée du chauffeur.

Intriguée par ce patient top secret, elle s'interrogea. S'agissait-il d'un enfant royal ? Elle fut parcourue par un frisson d'excitation. Au moins, pendant un moment, elle ne penserait pas à Alistair.

La voiture n'était pas une limousine et n'avait pas de signes caractéristiques. Claire essaya d'interroger le chauffeur, qui répondit qu'il n'était pas autorisé à révéler quoi que ce soit.

Après un trajet assez court, elle se retrouva devant le porche d'un immeuble avec une porte couleur bleu roi. Sa curiosité de plus en plus éveillée, elle appuya sur le bouton de la sonnette en cuivre.

La porte s'ouvrit, et elle écarquilla les yeux de surprise.

— Alistair ?

Il était vêtu d'un jean délavé et d'un léger pull en laine au col boutonné, qui mettait ses yeux gris en valeur. Ses cheveux étaient toujours savamment décoiffés, et un soupçon de barbe ombrait ses joues. Il était plus sexy que jamais.

— Tu es déjà sorti ? demanda-t-elle, s'efforçant de rester calme alors qu'elle mourait d'envie de le serrer dans ses bras. Je vois avec plaisir que tu as retrouvé tes couleurs.

— En fait, je me sens très bien. Et toi ? Tu as l'air fatiguée, dit-il, fronçant les sourcils.

— Ces derniers jours ont été plutôt agités.

— Je t'en prie, entre.

En passant près de lui, elle sentit son odeur épicée mais se retint de s'emballer. Si Alistair l'avait fait venir chez lui, c'était qu'il voulait lui parler. Ce qu'il allait lui dire lui briserait le cœur pour de bon ou le guérirait définitivement.

Elle avança dans le hall et entra dans une grande pièce à vivre baignée de lumière, qui regroupait la cuisine, le coin repas et le coin détente, et ouvrait sur un jardin clos. La soirée était chaude, et le doux parfum des glycines pénétrait à travers la baie vitrée ouverte.

C'était donc là son appartement ? Elle s'était imaginé un studio de célibataire, ultramoderne et impersonnel. En fait, cela ressemblait à la maison remplie d'enfants qu'il craignait d'avoir.

— On pourrait peut-être s'installer dehors ? suggéra-t-il poliment.

Ils s'assirent à une table ornée d'un vase de roses et de lilas joliment arrangés.

Claire n'allait pas tarder à craquer.

— Alistair…

— Oui ?

— Je n'ai pas envie que tu m'offres à boire et à manger pour ensuite me briser le cœur. Il vaudrait mieux aller droit au but.

Il parut déconcerté, puis inspira profondément.

— Je t'aime, Claire.

— Oui, je le sais, mais je ne suis pas rassurée pour autant.

— Je me tiens ici devant toi pour te demander de saisir notre chance et de prendre le risque de partager ta vie avec moi.

Pendant quelques secondes, elle resta muette d'étonnement, puis son cœur fit un bond de joie dans sa poitrine.

— Tu as choisi l'amour ?

Il lui tendit les bras.

— Oui. Je vous ai choisis, toi et la vie.

Plus que tout au monde, elle avait envie de se précipiter dans ses bras, mais elle se retint encore.

— Et les enfants ? demanda-t-elle doucement.

— Oui, répondit-il. C'est-à-dire… Si nous avons la chance d'en avoir. Tu as raison, Claire. Si nos enfants ont des défis à relever, nous serons là avec les moyens de les aider.

Le soulagement et la joie se peignirent sur le visage de Claire.

— Qu'est-ce qui s'est passé pour que tu changes d'avis ?

— Toi.

Il plongea dans ses yeux en lui caressant tendrement les cheveux.

— Il y a cinq ans, lorsque j'ai eu mon pacemaker, j'y ai vu une seconde chance dans la vie. Mais je ne voulais pas prendre le risque d'avoir des enfants, et il y a peu de femmes qui ne rêvent pas d'être à la fois épouse et mère. Alors, je me suis focalisé sur le travail et mon plaisir. Quand une femme s'approchait trop, c'était la rupture. Cela se passait plutôt bien, jusqu'à ce que je te rencontre.

— Je n'ai jamais été facile, dit-elle, moitié riant, moitié sérieuse.

Il lui sourit.

— Tu es la femme la plus merveilleusement difficile que j'ai eu le plaisir de connaître. Tu es aussi la seule dont je sois jamais tombé amoureux. Cela m'a tellement déstabilisé que je me suis conduit d'une manière abominable.

Elle s'éclaircit la gorge. De toutes les belles femmes qui l'avaient précédée, elle était la seule qu'il aimait… C'était avec elle qu'il voulait faire sa vie et construire un avenir. Les larmes lui montèrent aux yeux, et elle caressa sa joue râpeuse.

— Je me rends compte que j'ai bien failli te perdre, déclara-t-il d'une voix émue. Merci d'être venue à l'hôpital me faire entendre raison. Et merci de m'aimer.

Elle s'essuya rapidement les yeux.

— Merci de m'aimer, toi.

L'entourant de ses bras, il la serra si fort qu'elle pouvait à peine respirer.

— Claire ?

— Oui.

Il l'écarta pour pouvoir la regarder en face.

— Veux-tu me faire l'honneur de devenir ma femme ?

— Je… Euh… Oui, balbutia-t-elle, troublée et excitée à la fois. Oui, oui, oui.

Lui prenant le visage dans ses mains, il l'embrassa longuement. Blottie contre lui, elle sentit sa force contre elle.

— Ces fleurs sont pour toi, dit-il. En gage de paix, pour me faire pardonner ma stupidité.

— Elles sont si belles…

— Comme toi. Je te fais visiter le jardin ?

Quand ils regagnèrent la table pour boire une coupe de champagne, elle se glissa dans ses bras et laissa ses doigts courir dans ses cheveux.

— Je ne suis pas toute seule, annonça-t-elle.

— Tu veux dire que tu as des frères et sœurs ? À propos, ma mère a hâte de te rencontrer, on peut organiser un voyage et…

Elle posa un doigt sur ses lèvres en secouant la tête.

— Je ne veux pas parler de ma famille, mais de *notre* famille.

Il eut l'air tellement dérouté qu'elle eut pitié de lui.

— Il s'est avéré que je n'avais pas la gastro.

Ses yeux gris s'arrondirent de stupeur.

— Tu es enceinte ? dit-il avec espoir.

— De six semaines.

Elle ne put retenir un large sourire.

— Il est encore tôt, et tu sais que tout peut arr…

Sentant que ses pieds quittaient le sol, elle poussa un cri tandis qu'Alistair la soulevait dans ses bras et la faisait tourner, encore et encore.

— Tu es une femme étonnante. Époustouflante.

Elle rejeta la tête en arrière et éclata de rire. Puis il lui tendit du jus de pomme et saisit une coupe de champagne qu'il leva vers elle.

— À ma Claire chérie, qui m'a ouvert les yeux et m'a rendu la vie.

Elle se pencha pour l'embrasser, le cœur si plein qu'il était prêt à éclater.

À son tour, elle tendit son verre.

— À mon Alistair chéri, qui m'a ouvert les yeux sur mes forces et mes qualités.

— Quelqu'un d'avisé m'a dit un jour que nous étions bons l'un pour l'autre.

Elle songea à tout ce qu'ils s'étaient apporté mutuellement et, quand il l'embrassa, elle sut qu'elle était arrivée chez elle.

Épilogue

Claire et Alistair se promenaient sur la plage dorée, portant chacun un bébé sur le dos.

Elle se pencha pour embrasser son mari sur la joue, plus amoureuse encore de lui que le jour où elle lui avait dit « oui ».

— Je suis tellement heureuse de montrer le pays où je suis née aux jumeaux.

Les jumeaux — un garçon et une fille qui venaient d'avoir un an — poussaient des cris de plaisir en tendant les mains vers les vagues.

Elle respira l'air frais et vivifiant, sentant la paix l'envahir par tous les pores de sa peau. Elle aimait Londres, mais elle adorait l'Australie et ses grands espaces. Elle n'arrivait pas à croire qu'ils étaient dans le Queensland.

Les dix-neuf derniers mois avaient été mémorables. Deux semaines après la demande d'Alistair, il l'avait accompagnée à l'échographie, et ils avaient entendu deux petits cœurs battre. Ils s'étaient regardés, débordants de joie.

— Des jumeaux ?

— Papa a des frères qui sont jumeaux, avait-elle répondu.

— C'est une forme d'hérédité qui ne me pose pas de problème, avait dit Alistair en riant.

Être enceinte tout en préparant ses examens n'avait pas été facile, mais, avec l'aide d'Alistair, elle avait obtenu son diplôme. La bonne nouvelle était arrivée juste avant l'accouchement. Un pédiatre avait examiné les bébés et déclaré qu'ils avaient des cœurs sains — diagnostic confirmé à l'âge de six mois.

La vie professionnelle et familiale s'était organisée autour des bébés. La plus grande surprise était venue d'Alistair, quand il avait décidé de réduire ses horaires de travail pour s'occuper davantage des enfants. Claire avait repris les deux jours de travail par semaine que son mari avait abandonnés. Ils avaient ainsi trouvé un rythme parfait.

Pour le premier anniversaire des jumeaux, ils avaient eu envie de leur faire rencontrer leurs grands-parents australiens et de prendre des vacances à la plage.

Le soleil se couchait, et Claire sentit pour la première fois la fraîcheur de l'air marin.

— On devrait peut-être rentrer les enfants.

— Dîner, bain, dodo ?

— Pour nous ou pour eux ? plaisanta-t-elle.

Les yeux d'Alistair prirent l'expression intense qu'elle aimait.

— D'abord eux, et puis nous.

Elle laissa échapper un soupir de regret.

— J'ai du mal à croire qu'il ne nous reste plus qu'un jour de vacances.

— Et si on restait ?

Elle rit.

— Tu dis ça parce que tu trouves le vol trop long.

— Je suis sérieux, Claire. Et si on restait travailler en Australie ? J'avais aimé travailler comme interne à Sydney. J'aime ce pays et j'ai beaucoup apprécié nos vacances. Ta mère adore les jumeaux. On demande des neurochirurgiens à Brisbane. Ce n'est pas loin de chez tes parents.

L'idée d'avoir sa famille près d'eux pour les soutenir était tentante, et les jumeaux grandiraient avec leurs grands-parents.

— Et ta mère ?

— Tu sais qu'elle préfère les enfants quand ils sont plus grands. On se contactera sur Skype chaque semaine, et j'achèterai une grande maison avec une chambre d'amis confortable, elle pourra venir quand elle voudra.

Elle n'osait pas encore y croire.

— Tu avais déjà réfléchi à tout ça ?

— Absolument.

— Londres ne va pas te manquer ?

— Paddington restera toujours dans mon cœur, c'est là que je t'ai connue. Mais les temps changent. Hier, je me suis renseigné auprès des hôpitaux publics et privés de Brisbane.

Il lui caressa le visage.

— Ça vous plairait d'entrer dans un établissement privé de Brisbane avec moi, madame North ?

Elle ne prit pas le temps de réfléchir, heureuse d'avoir cet homme dans sa vie.

— Oh ! oui.

Nouant les bras autour de son cou, elle l'embrassa, accueillant avec lui le futur et tout ce qu'il avait à offrir.

KATE HARDY

Un père pour ses jumeaux

PADDINGTON, HÔPITAL POUR ENFANTS
VOLUME 1

Traduction française de
CÉCILE LOMBARD

SAGAS

HARLEQUIN

Titre original :
MUMMY, NURSE...DUCHESS?

Ce roman a déjà été publié en 2023.

1

Paddington Children's Hospital

Au volant de sa voiture, Leo Marchetti, duc de Calvanera, aperçut enfin l'imposant bâtiment de brique rouge dont les tourelles au dôme vert brillant sous le soleil lui rappelaient Florence au point qu'il faillit regretter la Toscane. Pourtant, depuis qu'il était venu étudier la médecine à Londres, il s'y sentait davantage chez lui que dans sa ville natale.

Robyn Kelly, la chef du service de chirurgie, l'attendait devant les portes, des reflets dorés jouant dans ses boucles blondes. Elle l'avait prié de venir leur prêter main-forte après l'incendie de l'école primaire de Westbourne Grove, et il avait accepté d'emblée : il n'avait pas oublié son accueil au temps où, encore novice, il effectuait son premier internat. Elle l'avait pris sous son aile protectrice et considéré comme un médecin avant tout, un simple membre de l'équipe.

Il avait vu dans cette requête une occasion de lui retourner sa gentillesse.

Près d'elle, un petit groupe de manifestants brandissait des pancartes sur lesquelles on lisait : « SAUVEZ NOTRE HÔPITAL ! », ou « LA SANTÉ DES ENFANTS PASSE AVANT LE PROFIT ».

C'était, entre autres, pour cette raison que son contrat était de deux mois à peine : cet hôpital pédiatrique vieux d'un siècle et demi était menacé de fermeture et il était prévu de transférer personnel et malades au Riverside Hospital, situé à la périphérie de Londres. Non que Paddington ne soit plus nécessaire — le fait qu'il était bondé de petits patients après l'incendie de cette école proche le prouvait assez —, mais les administrateurs avaient reçu une offre lucrative d'agents immobiliers qui comptaient y aménager des appartements. En vue du fusionnement, l'administration avait déjà réduit le personnel d'une façon drastique au point qu'il était difficile de faire face à tout le travail.

Leo fit la moue. Il avait grandi dans un monde où l'argent était roi et qui le dégoûtait. Si la médecine philanthropique l'attirait, c'était qu'il lui semblait être redevable à la société. Aussi, quand Robyn lui avait exposé la situation, il avait accepté le poste en espérant que sa présence aiderait à médiatiser le plus possible les revendications de ses collègues.

Même si les photographes, qui s'intéressaient plus au duc de Calvanera qu'au Dr Marchetti, n'étaient pas là pour évoquer les difficultés de l'hôpital, il avait bien l'intention de faire figurer les manifestants et leurs banderoles sur toutes les photos. Il avait donc donné rendez-vous à Robyn devant la grande porte, et en plein milieu de la matinée.

Il prit une profonde inspiration et ouvrit la portière de son élégant cabriolet noir.

— Monsieur le duc ! cria un reporter. Par ici !

Des années de pratique lui avaient appris à éviter les clichés en prenant des postures bizarres jusqu'à ce qu'il atteigne l'entrée. Les piquets de grève, sans nul doute prévenus par Robyn, se groupèrent aussitôt derrière lui en brandissant leurs pancartes. Impossible que sur un cliché de lui en gros plan n'apparaissent pas au moins quelques mots d'ordre. Il serra la main à sa chef de service, regarda droit vers les objectifs et sourit aux flashs.

— Est-ce vrai que vous venez travailler ici ? demanda un journaliste.

— Exact.

— Pourquoi Paddington ?

— J'estime que cet hôpital pédiatrique, qui existe depuis cent cinquante ans, doit continuer à fonctionner au lieu d'être fusionné avec le Riverside Hospital, qui est situé en dehors de Londres.

— Mais dont les installations sont plus modernes, fit remarquer un reporter.

— Un équipement de pointe, c'est ça ? Vous savez, en médecine, la modernité n'est pas le plus important. On peut avoir le matériel le plus performant du monde, si le patient n'y a pas accès à temps, ça ne lui sauvera pas la vie.

Le journaliste rougit sans répondre, se dandinant d'un pied sur l'autre.

— Un hôpital doit avant tout être accessible. Que serait-il advenu des enfants de l'école de Westbourne Grove, si le Paddington avait été fermé ? Combien seraient arrivés à temps au Riverside pour être soignés ?

Un silence songeur lui répondit.

— Et j'aimerais que vous citiez ce que je viens de dire dans vos articles, ajouta-t-il à voix plus basse. Parlez donc à ces manifestants dont certains ont eu des enfants soignés ici, écoutez-les raconter leurs histoires. Elles sont bien plus intéressantes que la mienne.

Puis il entra avec Robyn qui allait le présenter à ses collègues du service.

— Je crois qu'ils ont compris, Leo. Merci.

— Tant mieux. Le Paddington est essentiel dans cette ville, et je ferai le maximum pour vous aider à le faire savoir.

Rosie Hobbes, qui entendit ces mots à leur passage, réprima un ricanement. Qui essayait-il de leurrer, ce duc de Calvanera ? Pourquoi le play-boy riche et puissant qu'il était se soucierait-il du sort d'un hôpital londonien ? Il voulait surtout se faire de la publicité...

À ce qu'il paraissait, il avait accepté ce poste parce que, des années plus tôt, il avait effectué son internat ici sous la houlette de Robyn ; mais comment croire qu'un duc ait vraiment envie d'exercer dans un hôpital bondé, au personnel plus que réduit et sur le point d'être vendu ?

Surtout un si bel homme, grand, aux yeux noirs et aux cheveux bruns coupés court, très séduisant...

Mais Rosie n'ignorait pas que la beauté et le charme cachaient parfois une personnalité détestable. Elle, et surtout ses jumeaux de trois ans, en avaient fait les frais.

En repensant à cette terrible nuit, elle sentit son cœur manquer un battement et dut reprendre son souffle. Cela datait d'un peu plus d'un an, mais elle éprouvait toujours la même panique en se remémorant les menaces, le regard glacial de ce sale type qui exigeait le remboursement de la dette de jeu de son mari. Et sa façon de regarder les enfants comme s'ils n'étaient qu'un moyen d'obtenir ce qu'il voulait...

Elle enfonça les ongles dans ses paumes pour se raisonner. Lexi et Freddie allaient bien. S'il y avait eu un problème, la crèche de l'hôpital l'aurait appelée. Personne ne pouvait emmener un enfant sans figurer sur la liste des gens autorisés ou fournir le code personnel attribué à chacun. Michael étant mort, plus personne ne la menaçait. Elle avait retrouvé du travail, et son passé ne troublerait pas sa nouvelle existence.

— Tout va bien, Rosie ? demanda Robyn.

— Oui.

— J'aimerais te présenter le pédiatre qui travaillera avec nous ces deux prochains mois.

Du moins s'il n'avait rien de mieux à faire, songea Rosie. Pour elle, ce genre de type imbu de lui-même n'était pas digne de confiance.

— Leo, voici Rosie Hobbes, l'une de nos infirmières. Rosie, voici Leo Marchetti.

Rosie fit un bref signe de tête.

— Bonjour, docteur.

Ses yeux noirs pétillèrent d'intérêt et il lui adressa le sourire le plus sexy qu'elle ait jamais vu.

— Enchanté de vous connaître, *signora*.

Il devait s'entraîner devant le miroir... Et elle était sûre que son accent italien était moins prononcé quand il parlait à Robyn, tout à l'heure. Elle n'avait pas eu droit à la révérence et au baisemain, mais peut-être réservait-il cela pour plus tard ?

— Soyez le bienvenu, monsieur le duc.

Il eut encore ce sourire craquant...

— Ici, je suis médecin. Vous pouvez m'appeler Leo.

— Docteur Marchetti, dans ce cas, dit-elle d'une voix ferme.

Que ce soit bien clair : elle s'en tiendrait aux rapports professionnels.

— Veuillez m'excuser, je dois revoir des dossiers. Bonne première journée au Château !

Leo n'en crut pas ses oreilles. Au « château » ? Que voulait-elle dire ? Était-ce un commentaire désobligeant sur son origine ? C'était rare que les femmes le détestent d'emblée. En principe, elles lui rendaient aussitôt son sourire. Pourquoi cette jolie infirmière aux cheveux flamboyants et aux yeux d'un bleu vif le traitait-elle ainsi ? L'aurait-il contrariée en une autre occasion ?

Non, il était certain de ne l'avoir jamais rencontrée. Il se serait souvenu d'elle, et pas seulement à cause de son physique. Son caractère intransigeant l'aurait frappé. Elle semblait le défier, et il avait envie d'en savoir plus long sur elle.

Était-elle mariée ? Elle ne portait pas d'alliance, ce qui n'était pas une preuve, de nos jours…

Et pourquoi se le demander, au fait ? Il était ici pour travailler, et avait pour règle de ne jamais s'intéresser à ses collègues. Du reste, il était supposé trouver une épouse de son rang, avec qui il aurait un héritier.

Mais il répugnait à faire vivre une famille dans le château où il avait grandi, solitaire et malheureux, quêtant sans cesse l'approbation d'un père tyrannique.

Il chassa ces pensées importunes et lui adressa son plus beau sourire.

— Merci mille fois !

Puis il suivit Robyn, qui tenait à le présenter au reste de l'équipe.

Après avoir revu les dossiers et tapé ses notes sur l'ordinateur, Rosie se dirigea vers la première salle. Le Dr Marchetti avait dû passer dans la seconde, maintenant, pour serrer des mains…

Pourquoi l'avait-il tant troublée ? Outre son physique de star de cinéma, il était charmant et inspirait confiance… Mais cela ne signifiait rien : son mariage avec un homme de ce genre était vite devenu un enfer. Par conséquent, elle le tiendrait à distance le plus possible.

Elle s'approcha du lit de Penelope Craig, dont on tentait de contrôler le défaut cardiaque et qui restait à l'hôpital un jour sur deux pour son traitement.

— Comment vas-tu, Penny ?

La fillette leva la tête de son dessin et lui adressa un adorable sourire.

— Bonjour, Rosie ! Je vais bien, merci.

Rosie échangea un regard avec Julia, la mère de l'enfant, qui savait aussi bien qu'elle que c'était faux. Mais Penny ne se plaignait jamais.

— Tant mieux. Je voulais juste...

— Prendre mes constantes, je sais.

Rosie mesura le pouls, la température et la saturation en oxygène.

— Voilà, c'est fini. Oh ! j'ai quelque chose pour toi !

Elle fouilla dans sa poche et en sortit une feuille d'autocollants. La fillette eut un sourire radieux.

— Chic, des chatons ! Regarde, maman !

— Ils sont adorables ! commenta Julia avec enthousiasme.

Feint, songea Rosie en voyant ses traits tirés et sa lassitude derrière son sourire. Elle savait ce que c'était de s'inquiéter pour ses enfants et de se sentir impuissante...

Elle adressa un clin d'œil à Penny.

— J'espère que ce nouveau médicament te remettra sur pied bientôt.

La fillette, qui voulait être ballerine, portait un tutu rose même dans son lit, et Rosie espérait de tout cœur qu'elle réaliserait un jour son rêve.

— Je vous laisse, à présent. Bien entendu, je reviens à l'heure du déjeuner pour lire une histoire.

— Merci, Rosie, c'est si gentil à vous !

Après avoir vu les autres enfants dont elle avait la charge, elle alla remplir les dossiers au comptoir des infirmières.

— Tu as vu le duc ? demanda Kathleen, sa collègue, en s'éventant de la main. On dirait un acteur de cinéma.

Rosie leva les yeux au ciel.

— La beauté ne se mange pas en salade !

— Ne sois pas si méchante ! Il a vraiment l'air d'un chic type. Sa photo est déjà sur Internet, avec une banderole « Sauvez notre hôpital » à l'arrière-plan. Tu vois bien, il va tout faire pour nous soutenir.

— Super..., répondit-elle avec un sourire forcé.

Kathleen lui jeta un regard intrigué.

— Qu'est-ce qui te prend, Rosie ?

— J'ai eu une nuit agitée. Lexi a fait un cauchemar, et je ne me suis pas rendormie tout de suite.

— Franchement, je me demande comment tu t'en sors. Surtout avec des jumeaux...

— Eh bien, c'est simple, la joie et l'amour sont multipliés par deux, et je ne veux pas en perdre une miette. Et je peux compter sur mes parents et ma sœur.

— Quand même... Ton mari doit te manquer !

Inutile que tout le monde sache qu'avant la mort de Michael elle voulait divorcer... C'était plus commode de se dire veuve. Pourtant, elle avait repris son nom de jeune fille et l'avait choisi pour ses enfants.

— C'est dur, en effet.

Elle ne mentait pas tout à fait : l'homme qu'elle avait épousé lui manquait. Pas le malade qui avait préféré le jeu à sa femme et ses enfants...

— Je crois que nous serons appelés à travailler souvent tous les deux. Et si nous déjeunions ensemble, pour faire un peu connaissance ?

Elle releva la tête de ses dossiers. C'était Leo Marchetti.

— Navrée, je me suis déjà engagée.

Comme tous les lundis, mercredis et vendredis où Penny était à l'hôpital.

— Je suis certaine que Kathleen et les autres seront heureuses de partager votre repas, ajouta-t-elle.

— Merci. Je vais tâcher de les trouver.

Il ne s'était pas départi de son sourire enjôleur, et elle eut un peu honte d'avoir été aussi sèche avec lui. Mais il avait déjà tourné le coin... Trop tard pour le rappeler et lui donner des explications.

Leo était intrigué : pourquoi Rosie Hobbes le traitait-elle ainsi ? Elle était la seule à ne pas l'avoir accueilli avec chaleur.

Détestait-elle la gent masculine en général ?

Sans doute que non puisqu'il l'avait vue parler au cardiologue, Thomas Wolfe, avec qui elle semblait très à l'aise.

En fait, pourquoi en était-il si contrarié ? Elle n'était qu'un membre de son équipe, et c'était partout pareil : avec certains le courant passait tout de suite, et avec d'autres on ne travaillait qu'en serrant les dents. Rosie était visiblement de ceux-là... Il lui suffisait de garder son calme. Malgré tout, il ne put s'empêcher d'interroger à son sujet les deux internes et les deux infirmières avec qui il déjeunait.

— Rosie ne vient jamais à la cantine, si je comprends bien ?

— Pas les jours où Penny est ici, répondit Kathleen.

— Qui est Penny ?

— Vous avez dû la voir durant la visite avec Robyn. Une de nos patientes, six ans, des tresses blondes et des prunelles incroyables, grises entourées de noir...

— Désolé, ça ne me dit rien.

— Eh bien, vous ne tarderez pas à la connaître. Elle souffre d'un défaut cardiaque, et ça fait des mois qu'elle entre et sort d'ici. C'est toujours Rosie qui s'occupe d'elle, et à l'heure du déjeuner elle lui lit des histoires... Des histoires de danse classique, c'est sa passion.

— Donc, Penny est la préférée de Rosie ?

— Et de tout le service... Avez-vous remarqué les dessins de chatons et de danseuses affichés dans la salle du personnel ? Ils sont presque tous d'elle.

— D'accord. Je vois.

C'était donc si simple... Mais pourquoi Rosie n'avait-elle rien précisé ? Parce qu'elle craignait qu'il lui reproche de faire du favoritisme ?

Il bavarda avec les autres jusqu'à la fin de leur pause, puis retourna dans la salle et se trouva nez à nez avec Rosie qui devait venir de chez sa petite patiente.

— Alors, votre histoire a plu à Penny ?

Il la vit rougir.

— Comment êtes-vous au courant ?

— Par Kathleen.

— Hum... Ça lui fait plaisir, et ça permet à Julia ou à Peter de sortir prendre l'air quelques minutes. Robyn est d'accord, ajouta-t-elle très vite.

Ainsi, elle avait bien redouté qu'il désapprouve...

— J'estime que c'est très gentil de votre part.

Qu'est-ce qui pouvait la pousser à sacrifier si souvent sa pause déjeuner ? Son affection pour la fillette, simplement ? Mais pas question d'être indiscret s'il ne voulait pas la voir rentrer dans sa coquille.

— C'est une petite fille adorable.

— Vous accepteriez de me parler d'elle en sortant de l'hôpital ? Il paraît qu'il y a un pub sympa juste en face. La grenouille et la... ?

— Pêche, termina-t-elle. Je regrette, je ne peux pas.

Ou elle ne voulait pas...

— Vous vous êtes déjà engagée ailleurs ?

— Exactement.

— Dommage... Une autre fois, alors.

Elle se borna à un signe de tête peu enthousiaste.

Il devrait laisser tomber. Certaines de ses collègues avaient déjà laissé entendre qu'elles lui tiendraient volontiers compagnie s'il se sentait seul. Il pourrait s'amuser à accepter leurs offres, les unes après les autres...

Mais Rosie l'attirait. Pas seulement pour être l'une des rares à le repousser, chose que son ego pouvait supporter. Surtout, elle l'intriguait. Juste parce qu'il la sentait différente de ses conquêtes habituelles, ou était-ce plus profond ?

Cela faisait longtemps qu'une femme ne l'avait pas intéressé à ce point, et ce n'était pas une simple question d'attirance physique. Il voulait comprendre pourquoi.

Demain, songea-t-il. Il essaierait de lui parler demain.

Rosie avait cinq minutes de retard, et les enfants l'attendaient déjà avec leur sac à dos. Son amie Nina, assistante à la crèche, les faisait chanter en leur enseignant les gestes accompagnant la chanson. Elle éprouva une bouffée d'amour pour ses jumeaux si différents l'un de l'autre : Lexi, vive et sûre d'elle, son portrait craché, hormis les boucles blondes qu'elle tenait de Michael. Et Freddie, plus calme, timide, aux boucles châtaines et aux yeux du même bleu que les siens. Elle avait la ferme intention de les entourer d'amour, en espérant qu'ils ne se rappelaient pas ce qu'ils avaient vécu du temps de leur père.

— Maman !

Ils se précipitèrent vers elle et l'entourèrent de leurs bras.

— Mes bébés !

L'émotion lui coupait la respiration tant elle se sentait soulagée de les revoir. Elle les prit chacun par une main pour sortir de l'hôpital.

— Alors, qu'avez-vous fait de beau, aujourd'hui ?

— On a chanté, dit Lexi, avant de hurler d'une voix de fausset le premier couplet d'*En sortant de l'école*.

— C'est très joli, ma chérie !

— Et on a *frabiqué* un chien en papier, ajouta Freddie. Le mien, il était violet.

— Super, mon cœur.

Le grand regret de son fils était de ne pas avoir de chien. Mais, pour l'instant, c'était impossible. Un animal n'était pas fait pour rester enfermé seul toute la journée…

— On a mangé des cookies ! s'écria Lexi.

— Au chocolat. C'est Nina qui les fait, ajouta Freddie. Ils étaient crou… crous…, articula-t-il les sourcils froncés, visiblement désolé de ne pas se souvenir de ce mot nouveau.

— Croustillants ? Et Nina les a *faits*, mon chéri.

Les jumeaux bavardèrent sans interruption dans le métro, pendant les dix minutes de marche qui les séparaient de la maison, et continuèrent pendant le dîner et quand elle leur donna un bain. Si Freddie était très réservé en présence d'étrangers, il se rattrapait à la maison.

Et elle les laissait parler et rire. Elle avait tant redouté que cette horrible scène avec le soi-disant associé de Michael les ait traumatisés ! Mais, à deux ans à peine, ils n'avaient pas compris qu'on les menaçait, ni perçu sa propre terreur.

Une fois qu'ils furent au lit, elle se blottit sur le canapé avec une tasse de thé et un livre. Quelle tranquillité ! Bien entendu, elle avait toujours en charge les enfants, la cuisine et le ménage, mais elle n'avait plus à subir les sautes d'humeur incessantes de son mari. Même si c'était dur d'élever les jumeaux seule, elle était bien entourée et Michael n'était plus là pour saper en permanence sa confiance en elle.

Parmi sa famille ou ses amis, on lui avait suggéré de trouver quelqu'un et, d'un côté, elle aurait bien aimé avoir un homme contre qui se blottir quand elle s'éveillait d'un cauchemar. Mais elle ne pouvait s'empêcher de se défier de tous, même si son père ou les maris de ses amies étaient de chics types. Après s'être si cruellement trompée, elle se méfiait aussi de son propre jugement. Et il y avait les jumeaux... Par conséquent, elle répondait évasivement à ses proches, et opposait un « non » ferme à toute invitation.

Exactement comme à celle de Leo Marchetti d'aller boire un verre au pub.

En y réfléchissant, elle avait été assez brusque...

D'accord, mieux valait éviter ce play-boy, mais il s'était peut-être senti un peu perdu au Paddington où il ne connaissait que Robyn... Elle se sentit soudain coupable : il n'était responsable ni de son physique avantageux ni de sa position sociale... Demain, pour se rattraper, elle lui proposerait de déjeuner avec lui.

En prenant la précaution d'indiquer clairement qu'il ne s'agissait *que* de partager son repas à la cantine.

2

— Leo, vous êtes à la consultation avec Rosie, ce matin. Allergie et immunologie.

Il rendit son sourire à Kathleen.

— Parfait. Indiquez-moi simplement la direction à prendre.

Rosie... Il espérait qu'elle serait un peu plus aimable avec lui. S'ils parvenaient à bien s'entendre dans le travail, il pourrait peut-être fouiller un peu et découvrir pourquoi elle se tenait sur ses gardes. Ensuite, il lui serait facile d'arranger les choses : un peu de charme, un rapprochement graduel et subtil...

Une fois entré, il s'installa au bureau et parcourut les dossiers en l'attendant.

— Navrée, j'ai été retenue.

Il leva la tête. Elle haletait comme si elle avait couru.

— Vous n'êtes pas en retard !

Elle eut un geste vague.

— Non, mais... On vous a expliqué, pour aujourd'hui ?

— S'il s'agit d'une consultation d'allergie et immunologie, je suppose que les patients sont des habitués ?

— C'est ça.

— Eh bien, au moins, ils vous connaissent. Voulez-vous appeler la première ? Gemma Chandler, dix-huit mois, si je ne me trompe pas de dossier.

Rosie sortit et revint avec la fillette et sa mère qui sortit un cahier de son sac.

— La dernière fois, le médecin m'a demandé de noter tout ce qu'elle mangeait quotidiennement, et ses symptômes.

— Puis-je voir vos notes, s'il vous plaît ?

Elle lui tendit le cahier qu'il lut attentivement.

— Donc, elle a tendance à avoir mal au ventre, des flatulences et de la diarrhée, et parfois son abdomen vous paraît gonflé.

— Il lui arrive aussi d'avoir de l'urticaire sur le visage, et c'est difficile de l'empêcher de se gratter.

— Il existe des lotions qui la calmeront un peu plus longtemps que la calamine. Je vous fais une ordonnance. Et bravo pour votre travail… Je vois nettement le lien entre ce qu'elle mange et ses symptômes.

Mme Chandler se mordilla la lèvre inférieure.

— Ce sont les produits laitiers, n'est-ce pas ? Je l'ai vu sur Internet.

— Internet est utile, mais il est aussi rempli d'histoires effrayantes et de fausses informations ; vous avez bien fait de venir nous consulter. Oui, je pense aussi que c'est ce qui cause son allergie, plus précisément le lactose. Ce qui signifie que son corps ne produit pas assez de lactase pour digérer le sucre du lait. Nous devons essayer un régime sans lactose pendant les quinze prochains jours pour vérifier. Il va vous falloir examiner toutes les étiquettes pour vous assurer qu'il n'y a pas de lait dans ce qu'elle boit ou mange. Continuez à tout noter dans votre journal, et nous revoyons tout ça dans deux semaines.

— Nous avons des dépliants sur les substituts et les suppléments vitaminés, intervint Rosie. Vous pouvez lui donner du lait de riz, et de la margarine au lieu du beurre.

Mme Chandler soupira.

— La semaine prochaine, elle est invitée à l'anniversaire de sa cousine. Elle ne va rien pouvoir manger, n'est-ce pas ?

— Préparez-lui des choses à emporter, et parlez-en à votre famille et à vos amis.

Elle lui tendit la brochure.

— C'est déjà difficile à cet âge de se nourrir ailleurs qu'à la maison mais, s'il faut en plus tenir compte d'une allergie, c'est encore pire. Au dos du dépliant, vous trouverez une liste de bons sites Internet qui vous indiquent des endroits où l'on peut se procurer des produits sans lactose.

Rosie parlait-elle d'expérience, ou était-ce simplement l'habitude de voir des patients allergiques ? se demanda Leo. Mais c'était une question d'ordre privé, et il ne tenait pas à lui fournir le prétexte de se renfermer.

— Merci, mademoiselle.

— Nous nous revoyons dans une quinzaine, madame Chandler. Si nous avons vu juste, je vous adresserai à une diététicienne qui vous guidera sur le long terme. Entre-temps, si vous avez des questions ou des soucis, appelez-nous.

— Merci, docteur. Pensez-vous que ce soit à vie ? J'ai entendu dire que ça pouvait passer, avec l'âge.

— Difficile à dire tout de suite. Pour l'instant, prenons les choses un stade après l'autre.

Tandis que Leo écrivait dans le dossier, Rosie consulta celui du patient suivant.

— Sammy Kennedy. Il est adorable.

— Pourquoi vient-il ?

— CAPS.

Syndrome périodique associé à la cryopyrine, traduisit Leo pour lui-même… Une maladie génétique, où il ne s'agissait pas, comme dans l'allergie, d'une production d'anticorps du corps contre lui-même, mais d'une hyperactivité du système immunitaire qui causait des périodes prolongées d'inflammation.

— C'est rare, un sur un million. Je n'ai vu ça qu'une fois, jusqu'à présent.

— Je ne connais que Sammy, en effet. Comme la plupart des victimes de CAPS au Royaume-Uni, il souffre de la variante nommée syndrome de Muckle-Wells.

— Parlez-moi de lui, Rosie.

Bien entendu, rien ne l'empêchait de consulter le dossier, mais elle avait l'esprit vif, et il saisissait toutes les occasions de communiquer avec elle.

— Il a huit ans, et sa mère l'amène depuis presque un an environ tous les deux mois. Nous examinons ses genoux et ses chevilles, nous faisons des analyses de sang pour mesurer les degrés d'inflammation, et nous lui injectons le produit qui maintient son syndrome sous contrôle.

— Un inhibiteur de l'interleukine IL-1, n'est-ce pas ?

— Oui. C'est un traitement assez récent dont nous ignorons les effets à long terme, mais nous espérons qu'il stoppera le développement de problèmes plus graves lors de la croissance, par exemple la surdité.

— Faites-le entrer, je vous prie.

Elle sortit et revint avec l'enfant et sa mère qu'elle pria de s'asseoir.

— Bonjour. Je suis le Dr Marchetti, tu peux m'appeler docteur Leo, si tu préfères. Et tu es Sammy ?

Le garçonnet hocha la tête.

— Dis-moi comment tu vas.

Sammy haussa les épaules.

— Ça dépend des jours.

— Et que se passe-t-il, les mauvais jours ?

— Maman dit que j'ai une éruption. J'ai mal au ventre, aux genoux et à la tête, et une plaque rouge qui gratte, toujours la nuit.

Il esquissa une grimace.

— Montre-lui, maman.

Mme Kennedy sortit son téléphone et montra une photo de l'urticaire bien visible sur l'abdomen de son fils.

— Ça t'arrive souvent ?

— Environ toutes les deux semaines. Mais ça n'a pas été trop grave, ces derniers temps.

— Tu nous permets de t'examiner ? demanda Leo.

Sammy eut un sourire piteux.

— Hum, je connais… Vous me posez des questions, vous me regardez partout et puis vous me faites une piqûre.

— Bien résumé, dit Leo en souriant.

— Je n'aime pas les piqûres, ça fait mal… Mais pas autant que l'urticaire.

— Tu n'es pas le seul à détester ça. Avez-vous quelque chose à ajouter, madame Kennedy ?

— Non, pas pour l'instant.

Ils examinèrent l'enfant ensemble, puis Leo se chargea de l'injection, et Sammy grimaça.

— Je t'ai fait mal ? Désolé.

— J'ai quelque chose pour toi, intervint Rosie en hâte. Tu penses que tu es trop grand pour qu'on t'offre une sucette en récompense ?

En voyant la friandise rouge et blanche, l'enfant eut un large sourire.

— Comme si j'allais refuser une sucette ! Surtout aux couleurs de mon équipe !

— Tu es supporter de football ?

— Oui, je voulais être footballeur. Et je ne laisserai pas tomber mon équipe, même si ma maladie m'empêche de jouer. Je pourrais faire de la recherche et inventer une aiguille à faire les piqûres sans douleur ?

— C'est une idée géniale ! s'exclama Leo. Qui mérite un autre cadeau.

Il exhiba une seconde sucette.

Sammy éclata de rire et la prit.

— À la prochaine fois, docteur !

— À bientôt, répondit Leo en souriant.

— Un petit garçon épatant ! dit-il lorsqu'il fut parti. Et si courageux !

— C'est vrai. Euh... Leo...

Il la vit hésiter avant de se décider à poursuivre.

— Je me rends compte que j'ai été un peu dure avec vous hier, et je le regrette. Et si nous déjeunions ensemble ? En collègues, ajouta-t-elle très vite.

Pourquoi cette précision ? se demanda-t-il. Voulait-elle vraiment s'en tenir au plan professionnel, ou tentait-elle d'échapper à une attraction pour lui aussi violente que celle qu'il éprouvait pour elle ?

Cela expliquerait pourquoi elle l'avait repoussé hier... Mais que faire de cette hypothèse, et où les mènerait-elle ? Ce qu'il avait vu d'elle jusque-là — sa compétence, sa gentillesse à l'égard des patients — lui plaisait beaucoup, mais il avait l'impression qu'elle n'était pas du genre à se contenter d'une aventure sans lendemain. Elle n'était donc pas pour lui.

— Merci, Rosie, et d'accord, nous déjeunons en collègues.

Après avoir vu le dernier enfant de leur liste, ils se rendirent à la cantine. Il choisit un sandwich et un café, et elle une salade composée et du thé vert. Visiblement, elle prenait soin de sa santé...

— Alors, cette installation ? demanda-t-elle en s'asseyant à une table.

— À Londres, ou au Paddington ?

— Les deux, en fait.

— Eh bien, ayant étudié la médecine ici, je m'y sens chez moi. En ville aussi bien qu'au travail, même si je ne connais encore pas grand monde. Les gens me semblent très sympathiques.

— Tant mieux.

Il y eut un silence gênant. Peut-être devrait-il l'interroger sur les difficultés actuelles de l'hôpital...

— Étant donné les projets de l'administration, je comprends pourquoi nous manquons de personnel en ce moment. Mais, si j'ai bien compris, cet incendie dans une école a retardé un peu les choses ?

— En effet. C'était le mois dernier. Un radiateur défectueux dans la salle de dessin qui aurait mis le feu à du papier.

— Hum, je vois. Je devine que le reste du matériel était hautement inflammable...

— Exact. C'était assez effrayant. Le personnel s'est efforcé de faire sortir les enfants, et nous avons accueilli des patients intoxiqués à la fumée ou brûlés plus ou moins grièvement.

Elle fit la grimace avant d'ajouter :

— Et il y a le cas de Ryan Walker, l'un des derniers à avoir été sauvé. Il s'était caché dans un placard d'où il n'est sorti qu'en entendant les pompiers, mais, par malheur, il a reçu sur la tête une poutre qui s'est détachée du plafond.

— Il a de la chance d'être en vie, donc.

— Oui, si l'on veut... Il a dû subir une craniotomie en urgence. Il est encore sous sédation et doit porter un casque protecteur jusqu'à ce que l'équipe de chirurgie reconstructrice puisse remplacer le lambeau crânien.

— Pauvre petit...

— Hum. Si on avait dû l'emmener au Riverside, il n'y serait pas arrivé vivant.

— Vous vous battez donc pour sauver le Paddington.

— Certains ont fondé un comité, en effet, personnel et parents réunis. Les manifestants sont à la porte vingt-quatre heures sur vingt-quatre, sept jours sur sept. Mais je ne vous apprends rien puisqu'on vous a photographié avec eux hier.

Et les photos, grâce à Internet, avaient depuis fait le tour de la planète...

— Eh bien, la presse en tirera peut-être quelque chose d'utile, dit-il d'un ton sec.

— Ainsi, les paparazzis vous traquent en permanence ?

— Ça dépend si la journée a été fertile en événements ou non. Le duc les intéresse plus que le médecin. Au fait, pourquoi cette allusion à un château, hier ?

Elle fronça les sourcils puis son visage s'éclaira.

— Un château ? Ah ! c'est le surnom de l'hôpital, à cause de ses tourelles !

Elle lui jeta un regard choqué.

— Attendez ! Vous avez cru que je vous charriais parce que vous étiez duc ?

— Nous ne sommes pas vraiment partis du bon pied, hier matin.

— C'est vrai, j'ai dû être presque grossière. Je regrette.

C'était bien qu'elle lui présente ses excuses, songea-t-il, un peu frustré qu'elle ne lui fournisse aucune explication...

— Pour la petite histoire, j'ai grandi dans un château, et je vous assure que ce n'est pas forcément un privilège. Ce sont des lieux humides et pleins de courants d'air.

— Et d'armures ?

Il sourit.

— En effet, nous en possédons quelques-unes.

— Pourquoi un duc voudrait-il se consacrer à la médecine ? N'avez-vous pas déjà suffisamment de choses à faire chez vous ?

— Je délègue une bonne partie de mes obligations, et j'ai un excellent personnel.

— Tout de même, vous êtes différent de la plupart des médecins que je connais.

En mieux, ou en pire ? se demanda-t-il.

— Personne dans mon entourage n'a de personnel, poursuivit-elle. Pas même une femme de ménage.

— Je plaide coupable, j'en ai une. Non que j'ignore comment me servir d'un aspirateur, mais j'ai tellement de façons plus agréables d'occuper mes loisirs...

Elle ne répondit pas.

— Je veux être médecin pour améliorer les choses autant que possible, poursuivit-il d'une voix douce.

— Ne pouvez-vous rien en tant que duc ?

— Pas de la même façon. Je refuse de me borner à donner de l'argent. Je veux agir.

— On dirait que votre titre de duc vous gêne.

— Disons... que, vu de l'intérieur, ça ne correspond pas à l'idée que la plupart des gens s'en font.

Elle tendit la main pour presser la sienne et, aussitôt, il fut parcouru de frissons. Que lui arrivait-il ? Qu'était cette réaction à une femme qu'il ne savait pas comment prendre ?

Elle paraissait aussi choquée que lui, comme si elle avait ressenti la même chose.

— Je regrette, Leo, je n'aurais pas dû...

Sa voix s'étrangla.

Qu'aurait-elle dit si elle avait terminé sa phrase ? Mieux valait ne pas poser la question. Elle était capable d'inventer un prétexte pour le planter là.

— Ne vous excusez pas, c'est gentil à vous de compatir. Donc, il y a longtemps que vous travaillez dans ce « château » ?

— Presque un an.

— Où étiez-vous, avant ?

— À l'autre bout de Londres, là où j'ai fait mes études.

Pas très précis... Pourquoi était-elle si discrète sur son passé ?

Inutile d'insister tant qu'il n'aurait pas trouvé une explication à ces étranges frissons. Ensuite, il pourrait peut-être découvrir ce qu'il souhaitait en faire. Ainsi que de cette femme si énigmatique.

Mercredi à midi, il ne la vit pas à la cantine et se rappela qu'elle avait dû aller faire la lecture à Penny. Malgré lui, il se retrouva dans le couloir, devant la chambre de la fillette. La voix de Rosie était claire et posée et, de temps à autre, il percevait un éclat de rire enfantin.

— Rosie est si gentille avec elle ! entendit-il derrière lui.

Il se retourna : la mère de Penny, sans aucun doute. Il lui tendit la main.

— Vous êtes sa maman, n'est-ce pas ? Je suis le Dr Marchetti. Je ne suis pas cardiologue, votre fille n'est pas ma patiente, mais Rosie m'a parlé d'elle.

— Je m'appelle Julia. En effet, Rosie fait preuve d'une gentillesse et d'une patience… Chaque fois que Penny doit rester ici, elle sacrifie sa pause déjeuner pour lui lire une histoire.

— À mon avis, une foule d'autres infirmières seraient prêtes à le faire aussi ! Si j'ai bien compris, votre fille est la préférée du service. J'ai vu ses dessins de chatons, dans la salle du personnel. Ils sont adorables.

Julia sourit, mais son regard restait triste.

— N'est-ce pas ? Désolée, je vous retiens alors que vous êtes en plein travail.

— Ce n'est pas un problème. Si vous avez besoin de quelque chose…

Sur un dernier sourire, il retourna dans son bureau pour préparer sa consultation, luttant en vain pour se sortir Rosie de la tête.

— J'ai lu le dossier de Penny, bien sûr, mais toi qui l'as vue souvent cette semaine, que penses-tu de son état ?

Thomas Wolfe était accoudé au comptoir. Rosie fit la grimace.

— Apparemment, aucun changement. Le nouveau médicament que tu as prescrit ne semble pas faire effet…

Il soupira.

— Bon, c'est raté. Je commence à croire qu'on ne pourra pas éviter la transplantation. Je vais en parler à Julia, et la prier de faire venir Peter pour que nous prenions la décision ensemble.

— Veux-tu que je vienne ?

— Merci, Rosie, c'est gentil de ta part, mais je me débrouillerai.

Cette conversation ne serait pas facile, songea-t-elle. Thomas allait souffrir encore davantage, mais il ne laisserait personne le soutenir dans cette épreuve. Comme elle, quand les choses avaient mal tourné avec Michael. Cela dit, c'était toujours bon d'avoir quelqu'un qui vous offre une oreille compatissante...

— Thomas, pardon si je me mêle de ce qui ne me regarde pas, mais tu vas bien ?

— Naturellement !

Il lui adressa un sourire un peu forcé qui signifiait que, non, il n'allait pas bien, mais qu'il refusait d'en parler.

— Hum. Bon. À plus tard, donc.

Il hocha la tête puis s'éloigna.

Ainsi, si Julia et Peter donnaient leur accord, il faudrait attendre un cœur pour Penny... Elle avait horreur de ce genre de dilemme. De n'importe quel côté qu'on se tourne, quelqu'un serait perdant. Elle se sentait presque coupable de souhaiter que l'on trouve un organe compatible pour la fillette car cela signifiait qu'une autre famille serait en deuil...

Pauvre Julia... Elle s'imaginait à sa place, morte d'inquiétude pour Freddie ou Lexi, et sachant qu'il n'y avait rien à faire pour eux. Mais elle n'avait pas le temps de s'appesantir. C'était l'heure de la consultation.

— Rosie, voulez-vous prendre un verre avec moi, en sortant ? Il me semble que vous avez besoin de vous épancher.

Elle semblait si bouleversée que Leo, venu consulter des dossiers au comptoir des infirmières, n'avait pu s'empêcher de lui parler.

— C'est gentil à vous, mais je ne peux pas.

— Ne me dites pas que vous avez un rendez-vous ?

— Je crains que si.

— Dans ce cas, allons bavarder à la cuisine au moment de la pause. Rosie, je n'ai aucune idée derrière la tête, j'essaie simplement de vous soutenir comme je le ferais avec n'importe quel autre collègue.

Elle parut surprise puis honteuse.

— D'accord. Merci.

Tandis qu'elle s'occupait de ses patients, il termina ses papiers et fit un saut à la *trattoria* de son compatriote, située juste en face, pour acheter deux vrais cappuccinos.

Au contraire de ce qu'il avait craint, elle arriva en même temps que lui et accepta le gobelet en carton qu'il lui tendait.

— Merci. On vous a donc parlé de Tony ?

— Du bon café italien de Tony ? Bien sûr !

— Nous avons du cappuccino instantané, ici.

Il sourit.

— C'est une abomination. Alors, qu'est-ce qui ne va pas ?

Ses splendides yeux bleus s'emplirent de tristesse.

— J'ai vu le cardiologue. Le traitement que nous avons essayé pour Penny cette semaine ne donne aucun résultat.

Elle secoua la tête d'un air désespéré.

— Thomas juge que seule une transplantation peut la sauver. Mais, même si elle est sur la liste d'attente, rien ne garantit qu'un cœur compatible pour elle se présentera avant des mois, voire des années. Et en plus... Ça semble horrible de le souhaiter parce que ça implique que d'autres parents perdent un être cher.

— Au moins, leur deuil serait atténué par la pensée que cette perte a sauvé une vie, dit-il avec douceur. Craignez-vous que cela prenne trop de temps ?

— Vous savez que dans un cas sur cinq il est trop tard. Elle est si mignonne ! C'est terrible...

Elle éclata en sanglots.

— Hé !

Il lui passa un bras sur l'épaule et le regretta aussitôt parce qu'il eut tout de suite envie de l'embrasser pour sécher ses larmes, puis encore autant de fois qu'il faudrait pour qu'elle oublie son chagrin.

Il s'écarta un peu pour la regarder dans les yeux : le bleu vif de ses iris n'était plus qu'un anneau étroit tant ses pupilles étaient élargies. Elle éprouvait donc aussi du désir pour lui... Il fixa sa bouche, se retenant de la goûter, et s'aperçut qu'elle regardait aussi la sienne. Pouvaient-ils s'embrasser ? Était-ce le moment ?

Il allait pencher la tête quand elle s'écarta de lui.

— Pardon, je ne devrais pas me reposer ainsi sur vous.

— C'est ma faute. Je suppose que c'est parce que je suis italien que je...

— Que vous prenez les gens dans vos bras ?

— Hum...

Mais il fut incapable d'en rester là.

— Vous êtes sûre que je ne peux pas vous inviter à dîner, ce soir ?

— Oui. Je vous remercie, mais vraiment c'est impossible.

Il vit passer un soupçon de mélancolie sur son visage... Pourquoi s'obstinait-elle à refuser ? Si elle avait dit être mariée, ou vivre avec un homme, il n'aurait pas insisté. Elle devait avoir une autre raison... S'il tentait de se renseigner auprès d'un collègue du service, il déclencherait aussitôt une rumeur.

Il devrait essayer encore. Cette Rosie Hobbes lui plaisait beaucoup, et il avait envie de mieux la connaître. Et de découvrir pourquoi elle l'attirait autant, bien plus que toutes ses conquêtes habituelles.

— Je ferais mieux d'y aller, à présent. Merci pour le café, et pour votre compassion.

— De rien. À plus tard, Rosie.

Pas facile de refuser son invitation, songea-t-elle en regagnant le comptoir des infirmières. Il était vraiment gentil. Avec les petits patients, leurs parents, et avec elle. Et, chaque fois qu'elle le touchait, elle avait des frissons...

Mais elle n'était pas prête à une relation et, de toute façon, ils n'avaient pas d'avenir ensemble : il était duc, et son milieu lui ferait toujours sentir qu'elle était une intruse. Après ce qu'elle avait vécu avec Michael, plus question d'être la cinquième roue de la charrette. Du reste, sa vie actuelle lui convenait parfaitement :

elle avait deux merveilleux enfants, une famille qui l'aimait et la soutenait, et un métier qu'elle adorait. Pourquoi vouloir en plus partager tout cela avec un homme ?

Malgré son attirance pour Leo, mieux valait qu'il reste un collègue. Qu'elle commençait à apprécier beaucoup, mais juste un collègue.

3

— Ah, Rebecca, bonjour. Vous savez sans doute que Thomas s'est résolu à mettre la petite Penny sur la liste d'attente ? C'est Rosie qui me l'a annoncé.

Curieux, se dit Leo. Il aurait juré que la spécialiste des transplantations s'était pétrifiée quand il avait mentionné le nom du cardiologue. Il avait d'ailleurs remarqué que Thomas et elle n'échangeaient pas un sourire, pas une phrase, lorsqu'ils travaillaient ensemble. Comme s'ils s'ignoraient après s'être connus intimement… C'était pour éviter ces situations gênantes que lui-même prévenait toujours ses conquêtes qu'elles n'espèrent rien de lui.

Mais, en fait, du moment que l'équipe était tenue au courant des difficultés qu'ils rencontraient avec leurs patients… Le reste ne le regardait pas.

— En effet. Pauvre petite Penny !

Il crut voir un soupçon de tristesse dans son regard, puis elle lui adressa un large sourire.

— Alors, docteur Marchetti, vous vous adaptez à l'hôpital ?

À l'évidence, elle ne tenait pas à s'éterniser sur le sujet. Très bien. Inutile de risquer de lui faire de la peine.

— Oui, merci. Tout le monde a été sympathique, et on ne me laisse jamais manger seul à la cantine.

Elle sourit.

— J'en suis contente. Bon, je dois vous laisser, on m'attend au bloc. Faites-moi savoir si vous avez besoin de quelque chose.

— Merci, je n'y manquerai pas.

Comme tous les vendredis, Rosie lut une histoire à Penny et parla de chatons et de danse classique. Lorsque Julia revint, elle l'entoura de ses bras.

— Nous la soutenons tous, vous savez. Nous ne devrions pas faire de favoritisme, mais elle est tellement adorable...

Une larme roula sur la joue de la jeune femme.

— Julia, tout ira bien, ajouta-t-elle. Je suis maman, moi aussi, je sais exactement ce que vous ressentez.

— Merci de votre patience, Rosie.

— Oh ! ça ne me dérange pas ! Les deux miens s'intéressent surtout aux dinosaures mais, quand Lexi sera plus grande, je suis sûre qu'elle aimera aussi les histoires de ballerines.

En milieu d'après-midi, alors qu'elle était au comptoir des infirmières en train de remplir des dossiers, elle vit Leo s'approcher avec un gobelet fumant de chez Tony.

— Tenez, un petit remontant !

— Merci, Leo. J'adore ce cappuccino, mais c'est la seconde fois cette semaine que vous sortez pour aller m'en chercher un. Je me sens redevable, et donc mal à l'aise.

— Ne vous inquiétez pas. Payez-moi donc un café en sortant, si ça peut vous aider à vous sentir mieux !

Ce serait sans doute le cas, mais elle n'en avait vraiment pas le temps.

— Je regrette, c'est impossible.

— Alors, acceptez de partager une pizza avec moi ce week-end. Vous me paieriez un café à la fin.

Comme ce serait simple... Cette attirance pour ce beau ténébreux à la bouche si sensuelle commençait à la préoccuper. Et, de plus, il était si généreux...

Oui, elle était tentée. Mais comment être sûre que, comme par le passé, elle ne tomberait pas amoureuse d'un homme qui l'abandonnerait ensuite ? Serait-il aussi adorable hors de l'hôpital, dans une relation personnelle ? Pour en avoir le cœur net, elle pouvait sortir avec lui une ou deux fois. Il s'enfuirait sans doute en courant dès qu'il aurait vu les jumeaux, et elle était presque certaine qu'ensuite il la laisserait tranquille. Pour l'instant, elle pouvait d'abord essayer un repas en tête à tête, en demandant à sa sœur de jouer les baby-sitters pour la soirée…

— D'accord. Mais, cette fois, c'est moi qui vous l'offre.

Il parut surpris qu'elle ait accepté.

— Quand ?

— Demain soir.

— Parfait. Je passerai vous prendre. À quelle heure ?

Elle fronça les sourcils.

— Attendez… C'est à moi de venir vous chercher.

— Changement de programme. Je tiens à vous inviter.

Ainsi, dès qu'un marché était conclu, il changeait la donne ? Dans ce cas, il allait comprendre tout de suite que ses enfants avaient la priorité, et que ce n'était pas négociable. Elle nota son adresse et la lui tendit.

— D'accord. 18 heures, ça vous convient ?

— Et votre téléphone en cas d'urgences ou de changement de programme ?

Elle les rajouta.

— Merci. Je vous enverrai un texto pour vous donner mon numéro. Je vous laisse.

Avant de tourner les talons, il lui frôla la joue d'un revers de main, et elle frissonna de la tête aux pieds. Comme mercredi après-midi, quand il l'avait prise dans ses bras et avait failli l'embrasser. Et que, pire encore, elle en avait eu envie. Que lui arrivait-il ?

Elle dut faire un effort pour se concentrer sur la paperasse jusqu'à la fin de son service. En se dirigeant vers la crèche pour prendre les jumeaux, elle se demanda si elle avait bien fait d'accepter. Mais ainsi, la mise au point serait définitive : il trouverait un charmant prétexte pour s'échapper, et cesserait de l'importuner.

Leo avait du mal à croire que Rosie avait accepté de dîner avec lui. 18 heures, c'était un peu tôt pour le restaurant, mais ils pourraient aller boire un verre avant de s'y rendre…

Alors qu'il se dirigeait vers la sortie, il rencontra Robyn.

— Ah, tu es justement celle que je voulais voir !

— Un problème ?

Il sourit.

— Non, tout va bien, et je suis ravi d'être ici. C'est personnel. Je me demandais si tu avais un bon restaurant à me conseiller.

— Ta mère vient séjourner chez toi ?

— *Mamma* n'est pas très en forme, je préfère qu'elle reste en Toscane, où elle est bien surveillée.

Il mit de côté le léger sentiment de culpabilité qu'il éprouvait à ne pas s'en charger lui-même. Mais il l'appelait tous les jours et avait trouvé un confrère de confiance, qui lui prodiguait les meilleurs soins possible.

— Donc, il te faudrait un endroit romantique ? plaisanta Robyn.

Elle cita deux ou trois noms qu'il enregistra dans son téléphone.

— Oserai-je te demander qui est l'heureuse élue ?

— Pas encore. Ce ne serait pas digne d'un gentleman.

Elle éclata de rire.

— Un gentleman ! Je te connais, tu l'inviteras deux ou trois fois et tu t'arrangeras pour rompre...

— Tu exagères ! En général, ça dure plus longtemps que ça.

Il se sentit un peu vexé et, pourtant, c'était vrai que, depuis Emilia, il n'avait plus jamais laissé une femme pénétrer réellement son intimité.

Il ferait peut-être mieux de laisser Rosie tranquille, mais il en était incapable. Ce mélange étonnant de chaleur et de défiance l'intriguait trop. Il voulait comprendre. C'était la première femme qui lui faisait cet effet depuis Emilia. Ce qui devrait d'ailleurs l'inciter à la prudence, car l'histoire s'était très mal terminée...

Une fois chez lui, il réserva une table pour deux dans l'un des restaurants indiqués par Robyn.

Le samedi matin, il se sentit aussi nerveux qu'un adolescent avant son premier rendez-vous. Mais son adolescence s'était terminée par un chagrin d'amour et un départ précipité pour

Londres, et il ne tenait pas à revivre ce temps où il était sous la coupe d'un homme à qui il voulait désespérément plaire, et qui lui donnait à entendre qu'il ne serait jamais à la hauteur.

Il se secoua. Son père était mort, et il se sentait bien dans sa peau. Il était sûr de lui et n'avait à quémander l'approbation de personne.

En fin d'après-midi, il se rendit chez Rosie et gara son cabriolet deux places devant chez elle.

Elle lui ouvrit, maquillée discrètement, en robe noire toute simple. Cela la changeait de son uniforme...

— Vous êtes ravissante, ce soir !

Elle leva un sourcil, et il se sentit embarrassé.

— Je ne voulais pas dire que vous ne l'êtes pas d'habitude, ajouta-t-il, s'enfonçant davantage.

Pourquoi était-il soudain si maladroit ? En principe, il était à l'aise avec les femmes...

— Merci du compliment. Entrez.

Parvenu sur le seuil du salon, il s'arrêta net : deux jeunes enfants jouaient au train électrique sur la moquette. Un garçon brun et une petite fille blonde, qui avaient les yeux bleu vif et le sourire de leur mère. Identiques, des jumeaux.

Aucune baby-sitter dans les parages... Et l'expression de défi de Rosie ne trompait pas : elle l'avait fait venir exprès pour qu'il les voie, espérant le rebuter...

Bon sang, sa réputation s'était-elle déjà répandue à ce point à l'hôpital ? Le croyait-elle si superficiel ?

Si elle était seule avec deux enfants, elle avait dû vivre une mauvaise expérience dans son couple... En attendant de connaître les détails de l'histoire, il ne la jugerait pas comme elle semblait l'avoir jugé.

— Nous sortons tous les quatre ?

Elle haussa les épaules et baissa la voix.

— Vous voyez, Leo, je suis toujours accompagnée.

— J'aurais préféré le savoir d'avance.

— Pour pouvoir vous dédire plus tôt ?

Le jugeait-elle si peu digne de confiance, ou était-ce son opinion sur les hommes en général ?

— Pour venir vous prendre avec une voiture à quatre places, au lieu d'un cabriolet deux places.

Il la vit rougir.

— Oh...

— Je me réjouis de vous emmener tous les trois, mais nous prenons soit un taxi, soit votre voiture. Les jumeaux ont-ils un restaurant préféré ?

Rosie était morte de honte. Il ne s'esquivait pas, et il avait même demandé les préférences des jumeaux...

Il faisait passer les enfants d'abord.

Elle l'avait mal jugé. Elle s'était fondée sur le comportement de Michael, et ce n'était pas juste. Bien sûr, selon la rumeur de l'hôpital, Leo était un don Juan, mais elle n'avait pas rencontré les cœurs brisés qu'il laissait derrière lui. En fin de compte, on pouvait être beau et correct...

— Merci, Leo. Vous êtes sûr que ça ne vous dérange pas ?

— À l'évidence, les enfants sont habillés pour sortir, je ne vais pas les décevoir. Comment comptiez-vous leur expliquer que j'arrivais pour repartir ?

— Vous êtes mon collègue, vous êtes passé pour me parler d'un cas, et vous ne pouviez pas nous accompagner à la pizzeria parce que vous étiez pris ailleurs.

— Vous pensiez donc réellement qu'après les avoir vus je m'enfuirais à toutes jambes !

— Oui. Je vous en demande pardon. Je n'aurais jamais dû vous assimiler à un autre homme pour vous juger. Je vous expliquerai plus tard, je ne veux pas en parler devant les jumeaux.

— D'accord. Je décommande la table que j'avais réservée et nous allons dans un endroit qui leur plaît ?

Quelle délicatesse ! Pas question qu'il apprenne qu'elle avait réservé pour trois à la pizzeria...

— Merci. Et encore une fois, pardonnez-moi.

Il se borna à un signe de tête, et elle se sentit un peu mesquine.

Pendant qu'il repartait dans l'entrée pour annuler sa réservation au restaurant, elle rectifia la sienne en s'efforçant d'être discrète. Puis il entra au salon et s'accroupit près des enfants.

— Salut ! Je m'appelle Leo.

Le petit garçon ne parut pas le remarquer, mais la fillette lui sourit.

— Moi, c'est Lexi. Ça commence par la même lettre !

— Ravi de faire ta connaissance, Lexi.

Il lui serra la main puis se tourna vers le garçon.

— Et toi ?

Cette fois, l'enfant lui jeta un regard timide. Il avait les yeux de Rosie, expressifs et perçants.

— Lui, c'est Freddie ! déclara Lexi.

Visiblement, c'était elle qui parlait pour son frère...

— Enchanté, Freddie.

Il lui tendit une main que le garçonnet refusa de prendre.

Il se méfiait donc... De tous les hommes, ou juste de lui ? Aucune trace, aucune photo de leur père dans la maison... Y avait-il eu un divorce dans de mauvaises conditions ? Ce qui expliquerait les paroles de Rosie, tout à l'heure, et qu'elle l'ait si hâtivement jugé.

— Je travaille à l'hôpital avec votre maman.

— Nous, on va à la crèche de l'hôpital, dit Lexi.

Il comprenait enfin pourquoi Rosie refusait de boire un verre avec lui à la fin de son service...

— Quel âge as-tu, Freddie ?

L'enfant ne répondit pas et sa sœur lui donna un coup de coude.

— Il est un peu timide, expliqua Rosie.

— Maman a dit de pas parler aux inconnus, précisa Lexi.

— Elle a raison, je pense.

— Mais, toi, tu connais maman, alors on peut te parler.

— Trois ans, dit Freddie avec réticence.

— Et moi, un peu plus, parce que je suis née la première.

Devant son ton sentencieux, Leo réprima un sourire.

— Tu es l'aînée, donc.

Freddie se dérida un peu.

— On va manger à la pizzeria avec maman.

— Et moi aussi.

Lexi ouvrit de grands yeux.

— Pourquoi ?

— Lexi, ce n'est pas poli ! intervint Rosie.

— Ce n'est pas grave, Rosie. Je viens avec vous parce que votre maman est très gentille. Je ne connais pas beaucoup de monde à l'hôpital, et elle m'a proposé de vous accompagner pour que je ne reste pas seul. Si vous êtes d'accord, tous les deux, bien sûr !

Les jumeaux échangèrent un regard.

— Maman est ton amie ? demanda Freddie.

— Oui, dit-il sans regarder Rosie dans les yeux.

— Tu es aussi le nôtre, alors ! s'exclama la fillette.

Son sourire rappelait tant celui de sa mère que Leo sentit son cœur battre plus vite. Les enfants semblaient aussi méfiants qu'elle envers les étrangers et, pourtant, Lexi semblait l'avoir adopté immédiatement.

— Tu viens au parc avec nous ? demanda Freddie.

— Nous n'y allons pas ce soir, mon chéri.

— Et demain ?

— Nous verrons. Maintenant, il faut ranger le train, nous allons partir.

L'enfant fit la moue.

— Mais je veux jouer encore en rentrant !

— Peut-être, mais pour l'instant nous rangeons. On fait la course pour voir lequel de vous deux est le plus rapide ?

— Moi ! s'écrièrent-ils en chœur avant de se précipiter.

Leo, en retrait, les observa. Rosie était stricte avec eux, mais il était aussi absolument certain qu'elle ne les priverait jamais d'amour.

Son enfance à lui avait été si différente ! Sa mère l'avait gâté, mais n'était pas intervenue une seule fois en sa faveur contre son père froid et tyrannique qui ne voyait en lui que le futur duc, oubliant qu'il était un enfant.

Il chassa ces pensées. Il avait mieux à faire, ce soir, que de s'y attarder.

— Ça ne vous dérange pas que je conduise, Leo ?

Rosie venait de boucler les ceintures des sièges auto des jumeaux.

— Pas du tout.

Elle esquissa une grimace.

— Navrée, ce sont encore des préjugés...

— Un homme qui refuse d'être conduit par une femme est un pauvre type, qui a intérêt à changer d'attitude.

Ces paroles la réconfortèrent. Il était vraiment spécial !

Les enfants chantèrent à tue-tête tout le long du trajet, et elle en profita, bien qu'un peu honteuse, pour rester muette.

En descendant de la voiture, elle prit chaque enfant par la main et, une fois entrés à la pizzeria, ils s'installèrent, Lexi à côté de Leo et Freddie en face.

— C'est donc ici, votre endroit favori ? demanda Leo.

— Oui, on adore la pizza ! décréta Lexi.

— Moi aussi, parce que je suis né en Italie, d'où elle vient.

— C'est où, l'Italie ? s'enquit la fillette.

Rosie faillit la faire taire, sachant qu'une réponse déclencherait des milliers d'autres questions, mais Leo sortit aussitôt son portable et chercha une carte.

— Tu vois ce pays très long et étroit, qui ressemble à une botte ? Eh bien, c'est de là que je viens.

Il désigna une région du nord-ouest du pays.

Rosie sentit son cœur battre plus vite : la Toscane, qu'elle rêvait de visiter... Du temps de son mariage, ils avaient prévu de voir Florence, Sienne et Pise, mais ils avaient dû renoncer parce que Michael avait un nouveau poste. Ou plutôt, songea-t-elle avec amertume, il avait perdu au jeu l'argent destiné à leur voyage, et elle avait été trop naïve pour s'en apercevoir. Elle croyait tout ce qu'il lui racontait...

— Les maisons sont jolies, là-bas ?

— Très, dit Leo en cherchant des photos. Tu vois ?

— Celle-ci, on dirait un peu l'hôpital, sauf qu'elle est rose au lieu de jaune, dit la fillette.

— Y a des châteaux, en Italie ? demanda Freddie.

— Bien sûr, regarde ! Un *palazzo*.

L'enfant s'appliqua à répéter.

— Pal...

— Ça commence comme un « palais », expliqua Leo. *Pal-at-zo.*

Freddie répéta, maladroitement, mais Leo ne se moqua pas de lui. Il l'encourageait à parler, au contraire.

— Il y a des princesses, dans le château ?

— La serveuse attend, Lexi, interrompit Rosie. Il faut que nous commandions.

— Un petit pain à l'ail, s'il vous plaît, dit Lexi.

— Moi aussi, s'il vous plaît, renchérit Freddie.

— Ce sera donc trois, dit Leo.

— Quatre, je vous prie, ajouta Rosie.

— Savez-vous que ces boules de pâte frites sont une spécialité de Florence ? intervint Leo en souriant. Chez moi, on appelle ça des *coccoli.*

Les enfants éclatèrent de rire, et Rosie sourit.

— Amusant !

Elle se tourna de nouveau vers la serveuse.

— Ensuite, deux petites *margarita* pour les enfants, une aux quatre fromages pour moi, et...

— Une *quattro stagioni* pâte fine pour moi, termina Leo.

Les yeux de Lexi s'arrondirent.

— Qu'est-ce que c'est ?

— *Quattro stagioni*, ça veut dire « quatre saisons ». Chaque quart de la pizza a une garniture différente. Tu sais ce que sont les saisons ?

— Comme le printemps, expliqua Rosie.

Sa fille secoua la tête.

— Le printemps, reprit Leo, c'est la saison des jonquilles et des jacinthes sauvages, l'été, celle de la chaleur, l'automne, quand toutes les feuilles deviennent rouges et tombent des arbres, et l'hiver, quand il fait froid et qu'il y a de la neige.

Rosie le regarda, émue : au lieu d'ignorer la question, il avait donné des explications simples et compréhensibles. Il était vraiment doué avec les enfants. Mais après tout, en tant que pédiatre, il passait son temps à les soigner à l'hôpital ; pourquoi ne serait-il pas attentionné avec eux à l'extérieur ?

En attendant leurs plats, Lexi continua à le questionner sur l'Italie, et même Freddie sortit un peu de sa coquille quand Leo se mit à l'interroger sur ses trains préférés. Il l'aida aussi, sans ostentation, à découper sa pizza, et Rosie sentit son cœur s'ouvrir.

C'était exactement l'idée qu'elle se faisait d'une famille.

Hélas, Michael n'était pas de cet avis… Sa famille ne comptait pas assez pour lui. Mais, même s'il regrettait de l'avoir épousée, comment avait-il pu tourner le dos aux jumeaux ? Elle en souffrait toujours.

Leo, qui ne rencontrait pas beaucoup d'enfants après ses heures de travail, s'étonna de constater à quel point il se sentait à l'aise avec Lexi-la-bavarde et Freddie-le-timide.

De temps en temps, il regardait Rosie à la dérobée pour s'assurer qu'il ne la contrariait pas en étant aussi familier avec les petits, mais elle semblait totalement détendue, au contraire de son attitude lorsqu'ils étaient à l'hôpital.

En dépit de ses principes, il dut admettre qu'il se sentait bien avec eux trois ; il s'amusait pour de bon en répondant au feu roulant de questions de Lexi et en s'efforçant de faire parler Freddie.

Il aurait aimé avoir ce genre d'enfance, avec un père qui lui aurait coupé sa viande sans en faire une histoire, et une mère qui l'aurait aidé à manger sa glace à la chantilly sans craindre d'être éclaboussée…

On ne change pas le passé, mais peut-être son avenir pouvait-il être différent ?

En fait, tout bien réfléchi, peut-être aussi qu'il n'était pas obligé de trouver une épouse de sang noble pour donner un héritier au duché. Peut-être devrait-il chercher l'existence dont il avait envie, et la famille qui lui plaisait.

Peut-être…

4

Le repas terminé, Rosie reprit le volant pour rentrer.

Ce serait grossier de ne pas inviter Leo pour le café, mais elle était certaine qu'il invoquerait un prétexte pour ne pas entrer.

Bien qu'il ait été adorable avec les jumeaux, ce n'était sans doute pas le genre de soirée intime dont il avait rêvé, et elle comprendrait que, dans le fond, il soit un peu fâché. Maintenant, elle se rendait compte qu'elle avait été stupide et égoïste de ne pas lui avouer plus tôt qu'elle avait des enfants.

Cependant... d'un côté, elle regrettait un peu, elle aussi, de ne pas l'avoir suivi au restaurant où il avait réservé pour deux personnes.

— Je vous inviterais bien à prendre un café, mais je suppose que vous préférez rentrer ?

— Volontiers, un café sera bienvenu, après ce bon repas.

Bon sang ! Elle s'était encore trompée sur son compte...

— Je mets l'eau à chauffer, mais ça ne vous fait rien d'attendre que j'aie mis les enfants au lit ?

— Je ne veux pas me coucher ! protesta Lexi.

— Il est tard, ma chérie. Et, si tu as envie d'aller te dépenser au parc demain, il faut que tu dormes. Venez, je vous lirai une histoire.

— C'est Leo qui me la lit ! s'écria Freddie. C'est mon copain !

— Leo...

Elle s'interrompit, à la recherche d'un prétexte plausible.

— Sera enchanté de le faire..., termina-t-il à sa place. Tu en as une préférée, Freddie ?

— Les dinosaures !

Freddie se précipita dans l'escalier.

— Merci, murmura Rosie.

Une fois les enfants couchés, bien au chaud sous leurs couettes, il s'assit sur le tapis en forme de panda, entre les deux lits, et ouvrit le livre choisi par Freddie.

— Une seule, d'accord ? dit Rosie en les embrassant tous les deux. Je vais préparer du café pour Leo et moi. Bonne nuit. Je t'aime, Freddie, je t'aime, Lexi.

— On t'aime, maman, répondirent-ils à l'unisson. Fais de beaux rêves.

De sa petite cuisine, elle entendait la voix de Leo se moduler selon celle des différents dinosaures, et avait envie de pleurer. C'était une chose qui avait beaucoup manqué aux enfants, même si leur grand-père était ravi de leur lire une histoire de temps en temps.

C'était parfois dur, d'être parent... Elle se sentait bien seule, en dépit du soutien de ses proches. En réalité, personne ne l'aidait à prendre les décisions.

Le récit terminé, Leo leur chanta une berceuse dans une langue inconnue qu'elle supposa être de l'italien, d'une voix chaude et veloutée. Michael ne s'était jamais donné cette peine... Au contraire, il avait brisé en mille morceaux le CD de chansons enfantines qu'elle avait acheté pour les trajets en voiture, au prétexte qu'il ne supportait pas d'entendre les mêmes rengaines répétées en boucle.

Il faudrait qu'elle parle de Michael à Leo. Elle lui avait promis une explication, elle la lui devait. Mais cette histoire-là n'était pas jolie, et l'idée de sa propre naïveté la rendait encore malade de honte.

Elle prépara le café et les tasses en attendant qu'il redescende.

— Merci pour tout, Leo, et en particulier pour la chanson. C'était très gentil à vous.

— J'aime beaucoup chanter, et eux aussi sont très gentils !

Elle ajouta du lait dans sa propre tasse et lui tendit la sienne.

— C'est de l'instantané, mais il n'est pas mauvais.

Leo sourit.

— « Pas mauvais » ? Je ne suis pas tout à fait sûr que ça existe, mais merci.

Il jeta un coup d'œil aux dessins fixés par des aimants sur le réfrigérateur.

— Ils se débrouillent bien, tous les deux !

— Le rose est de Lexi, et le jaune celui de Freddie. Ils sont aussi fous des chiens que Penny des chats. Ils ne dessinent que ça.

— Et vous n'en avez pas ?

— J'aimerais beaucoup, mais ce pauvre animal resterait seul toute la journée...

Pour la même raison que lui, donc. Il but une gorgée de café.

— Il n'est pas aussi mauvais que vous le craigniez ? demanda-t-elle d'un ton un peu inquiet.

Si, mais il ne le lui dirait pas.

— Disons qu'il est... buvable.

Il haussa les épaules.

— Je suis toscan. Nous, les Italiens, nous prenons la question du café au sérieux.

Elle se mit à rire.

— Je suppose. Venez vous installer.

Le salon était aussi exigu que la cuisine, mais très douillet, décoré de photos des enfants au mur, de ce qui était à l'évidence leur premier portrait jusqu'à la plus récente, visiblement prise à la crèche de l'hôpital.

Il y avait aussi des morceaux d'argile sur le manteau de la cheminée qui voulaient ressembler à des chiens. Il ne se rappelait pas que ses parents aient un jour exposé l'une de ses œuvres. Peut-être les ducs et les duchesses n'étaient-ils pas supposés placer les premiers modelages de leurs enfants au milieu de leurs porcelaines de Meissen ou de Sèvres...

— Je suis bien, ce soir.

— Je crains que les jumeaux ne soient un peu envahissants, surtout quand Lexi se met à bavarder à tort et à travers...

— Elle est très mignonne, et je trouve génial qu'elle ait déjà tant d'assurance.

— Sans doute parce qu'elle est l'aînée d'un quart d'heure, et aussi que les filles parlent plus tôt que les garçons. En revanche, je me fais un peu de souci pour Freddie. Il est si timide !

— De nombreux enfants passent par cette phase.

Il hésita. En continuant sur sa lancée, il pouvait la pousser un peu et découvrir pourquoi elle s'était mis dans la tête qu'il s'enfuirait en voyant sa progéniture.

— Jusqu'à ce soir, je ne soupçonnais pas du tout que vous en aviez.

— Si vous l'aviez su, vous ne m'auriez pas invitée ?

— Ce n'est pas ce que j'ai dit.

— Non, bien sûr. Et j'ai eu tort de le croire. On ne devrait jamais se référer au passé pour juger du présent…

C'était maintenant ou jamais. Il croisa son regard.

— Qui vous a tant fait souffrir, Rosie ? Qui vous a ôté votre confiance en vous ?

Elle soupira.

— Mon ex-mari, Michael, le père des jumeaux. Je vous dois la vérité puisque j'ai commencé… Peu de gens la connaissent à l'hôpital, et j'estime que c'est très bien ainsi.

Il comprenait parfaitement. Lui-même ne racontait pas grand-chose de son propre passé…

— Je ne vous trahirai pas, promis.

Elle le regarda de ses yeux bleus perçants, et parut décider de se fier à lui.

— Je l'ai rencontré à une fête quand j'avais vingt-deux ans, un an après la fin de mes études d'infirmière. Un ami d'un ami. Il était très beau, très séduisant, et je l'ai trouvé charmant et drôle au début. Je n'arrivais pas à croire que je l'intéressais… Aussi, sortir avec lui a été pour moi un éblouissement. Il m'emmenait dans des endroits fastueux, des restaurants étoilés du Michelin, il avait des places de concert réservées aux VIP lors du passage de groupes célèbres, et pour mon anniversaire il m'a offert un séjour à l'hôtel le plus chic de Paris. Il m'a complètement fascinée.

Son regard se perdit au loin.

— Au bout de trois mois à peine, il m'a demandé de l'épouser et, bien entendu, j'ai accepté. J'étais tombée amoureuse de l'homme le plus attentionné et le plus gentil du monde, et j'avais du mal à croire qu'il m'aimait aussi. J'avais l'impression d'être très spéciale.

Étant donné la situation actuelle, les choses avaient mal tourné, conclut Leo.

— Et, après le mariage, il n'a plus été drôle ?

— Il a changé. J'ai été enceinte assez vite, et il a eu beau m'assurer qu'il en était heureux, je ne l'ai pas vraiment cru. On ne le voyait pas beaucoup, il passait d'un emploi à l'autre à une vitesse surprenante. Je m'imaginais que c'était par ambition, qu'il voulait nous faire une belle vie, aux enfants et à moi…

Inutile de chercher le hic…, songea-t-il.

— Il s'est mis à rentrer de plus en plus tard, et les huissiers ont commencé à frapper à notre porte. Il m'avait promis de gérer l'argent et de payer les factures pendant que je m'occupais des jumeaux, et je n'aurais pas dû le croire. Je n'en savais encore rien à ce moment-là, mais il avait un problème de jeu. Quand j'ai enfin épluché nos relevés de compte, j'ai compris que nous étions endettés jusqu'au cou.

Elle inspira à fond.

— Jouer est une maladie, je le sais. Comme j'avais prononcé des vœux de mariage, que nous étions unis pour le meilleur et pour le pire, j'ai voulu à tout prix essayer de l'en guérir. J'ai trouvé un groupe qui l'aiderait à vaincre son addiction et un bon psychologue. Il m'a promis d'assister aux réunions, d'aller à ses consultations et de cesser de jouer pour le bien de nos enfants.

Naturellement, il n'avait pas tenu cette promesse, se dit Leo.

Elle déglutit avec peine, comme si elle redoutait la suite de son récit.

— Un soir où j'étais seule avec les jumeaux, un homme est venu exiger un remboursement. Ce n'était pas un huissier, cette fois. Michael devait de l'argent à des gens que je ne connaissais pas et qui n'étaient manifestement pas fréquentables. J'ai appris ensuite qu'il n'était allé qu'une fois à une réunion du groupe et chez le psy et, durant tout le temps où je le croyais là-bas, il continuait à jouer et à s'endetter de plus en plus. Et ce sale type…

Il la vit frissonner.

— Il a proféré des menaces à l'égard des petits. Si Michael ne le remboursait pas, a-t-il dit, les enfants en souffriraient. Il avait un regard meurtrier, Leo, il ne plaisantait pas. Il les regardait comme s'ils étaient une simple monnaie d'échange. Aucune pitié, aucune compassion. Je n'ai jamais eu si peur de ma vie.

— La police ne pouvait-elle pas les protéger ?

— Je l'ai menacé de l'appeler, mais ce type ne paraissait pas craindre la loi. Il s'est borné à me jeter un regard épouvantable, et j'ai compris qu'il me briserait tous les os des doigts avant que j'attrape le téléphone, plus quelques autres pour que j'assimile bien la leçon. Puis il a déclaré que Michael avait trois jours pour payer, sinon...

— Vous n'avez donc pas prévenu la police ?

— Si, bien sûr, dès qu'il a été parti. Mais j'étais incapable de le décrire en détail, ou de donner un nom. Et, quand j'ai interrogé Michael, bien entendu, il est resté muet. J'avais si peur, Leo. Pas pour moi, pour mes bébés. Ils n'avaient pas deux ans, je ne pouvais pas prendre le risque...

Elle ferma les yeux.

— J'aurais pu pardonner tout le reste, mais pas qu'il ait mis nos enfants en danger. Quand j'ai voulu savoir pourquoi il avait renoncé à se faire aider, il a répliqué que ça ne l'intéressait pas. On ne peut pas changer les gens contre leur gré. Je lui ai annoncé que je partais avec les enfants, et que, puisqu'il était évident qu'il leur préférait le jeu, j'allais demander le divorce pour les protéger. Mes parents ont été merveilleux. Ils nous ont hébergés jusqu'à ce que je trouve mon poste au Château et cet appartement, et que je retombe sur mes pieds financièrement.

— Et ensuite, vous avez divorcé, et ces voyous ne sont jamais revenus ?

Elle soupira.

— C'est la partie de l'histoire que je regrette... Je pense que j'aurais pu être un peu plus charitable. Michael s'est tué en voiture quelques jours plus tard avant que j'aie pu prendre rendez-vous avec un avocat.

— À votre avis, c'était vraiment un accident ?

— Je n'en sais rien, il était seul dans sa décapotable qui a embouti un arbre. On allait du reste la lui reprendre, comme je l'ai découvert plus tard, parce qu'il ne payait plus le crédit.

Elle se mordilla la lèvre inférieure.

— Ce type lui avait donné trois jours pour rembourser, et l'accident s'est produit le jour suivant…

— Donc, vous soupçonnez ces truands d'y être pour quelque chose ?

— Je n'ai aucune preuve. Michael s'est-il jeté contre cet arbre parce qu'il ne voyait plus aucune issue, ou ces types ont-ils décidé de saboter sa voiture pour faire un exemple ? N'importe comment, je suis sûre que j'aurais pu tenter de l'aider encore au lieu de l'abandonner à son sort. L'accident a eu lieu en rase campagne, et on l'a découvert des heures plus tard, les jambes écrasées, vidé de son sang. Il est mort tout seul, Leo, et sans doute désespéré.

— Ce n'est pas votre faute, Rosie. Vous avez tout fait pour l'aider à se soigner, et il a préféré continuer à s'adonner à son vice. Il vous a menti, s'est acoquiné avec des voyous, et a mis la vie de vos enfants en danger. Vous n'êtes pas responsable de ses choix.

— Il ne méritait pas de mourir pour autant.

Elle se passa une main dans les cheveux, l'air abattu.

— J'ai dit tout ce que je savais à la police, mais comment leur prouver ce que j'avançais ? C'était si vague, je n'avais toujours pas de nom à leur fournir… Ensuite, comme personne n'est jamais revenu m'ennuyer, j'en ai conclu que sa mort annulait sa dette.

— Voyez-vous encore des gens de sa famille ?

— Non. Il était déjà fâché avec eux quand je l'ai connu. Ils n'ont pas assisté à notre mariage, bien que nous les ayons invités, et ils n'ont jamais vu les enfants.

Elle déglutit.

— Et ils ne sont même pas venus à l'enterrement de Michael.

— Vous avez dû passer des moments terribles…

En dépit de ses désaccords avec son père, Leo était allé à ses funérailles. Il était aussi resté assis à son chevet pendant vingt-quatre heures après son premier infarctus dans l'espoir qu'une réconciliation l'aiderait à se rétablir. Mais son père était resté sur ses positions jusqu'à la seconde attaque qui l'avait emporté.

Il se sentait toujours coupable, comme s'il n'avait pas fait tout ce qu'il fallait. Il comprenait donc exactement ce que ressentait Rosie.

Il ne sut pas si c'était le besoin de recevoir du réconfort ou celui d'en donner qui le poussa à la prendre dans ses bras.

Ce contact le bouleversa encore plus que le jour où il avait failli l'embrasser dans la cuisine du service. Et cette fois, il ne put résister.

Il sentait la chaleur de son corps à travers le tissu de leurs vêtements, et la désirait comme un fou. Malgré lui, il se pencha pour frôler sa bouche de ses lèvres qui frémirent. Aussitôt, un frisson courut dans son dos.

Au début, elle ne bougea pas, comme si elle était choquée, mais, au moment où il allait s'écarter d'elle et lui présenter des excuses, elle posa la main sur sa nuque pour lui rendre son baiser et il eut l'impression qu'un feu d'artifice s'allumait dans sa tête et dans son corps.

Quand il s'éloigna enfin, elle avait les joues rouges et sa bouche était gonflée. Il devait avoir la même allure...

— Navré, Rosie. Je n'aurais pas dû.

Elle lui caressa le visage.

— Vous n'étiez pas seul.

— Alors, que comptez-vous faire ? Vous me plaisez.

— À moi aussi, vous me plaisez...

À son ton, il sentit qu'il y avait un « mais ».

— Mais c'est impossible. Je dois me concentrer sur mes enfants et ma carrière.

— Je vous comprends très bien.

— Et vous n'avez qu'un contrat temporaire. Je suppose que vous repartirez en Italie dès qu'il se terminera.

— Peut-être... Je n'ai pas de projets précis, en ce moment.

— Mais, en tant que duc, vous devez avoir des obligations.

— Je vous l'ai déjà dit, je délègue beaucoup. Mes assistants sont très compétents.

— Vous avez tout de même des responsabilités. Et je suppose qu'on attend de vous que vous épousiez une princesse...

— Pas nécessairement une princesse.

— Mais pas non plus une roturière.

— En effet, mon père était absolument contre l'idée.

Horrifié, il prit soudain conscience de l'énormité qu'il venait de proférer.

Sans doute perçut-elle son désarroi, parce qu'elle lui pressa légèrement la main.

— Ne vous inquiétez pas, je ne dirai rien à l'hôpital, et je ne me précipiterai pas sur le premier paparazzi que je rencontrerai. Si un jour vous avez envie de vous confier...

— Merci.

Il n'avait aucune intention de lui parler d'Emilia, l'étudiante dont il était tombé amoureux dès sa première semaine à l'école de médecine, et de la réprobation de son père. Bien que lui-même n'en ait pas conscience à l'époque, le duc, qui avait le bras long, avait multiplié les petites tracasseries pour rendre la vie difficile à la jeune fille. Pour lui montrer qu'il avait les moyens de ruiner sa carrière si elle persistait à fréquenter son fils... Emilia avait résisté un certain temps, mais elle avait fini par se décourager, rompre avec Leo sans explications et quitter l'université. Et, quand il avait retrouvé sa trace, il était trop tard...

La force de leur amour n'avait pas réussi à vaincre l'opposition de son père. Mais l'idée de se marier sans amour, d'élever un enfant dans ce milieu dysfonctionnel, de se cantonner à son rôle de futur duc lui faisait horreur. Il voulait agir, rendre service autant que possible. Il avait quitté Rome pour venir étudier à Londres. Et, au moment où son père avait menacé de le déshériter, il avait renoncé pour de bon à tenter de lui plaire. Il revoyait encore la scène.

« Eh bien, vas-y, déshérite-moi, ne te gêne pas ! »

Pour finir, il avait reçu son héritage et il était devenu duc...

— Raconte-moi, Leo, murmura-t-elle.

— Inutile, c'est du passé. J'ai réglé mes comptes avec lui.

— Sûr ?

— Peut-être pas...

Malgré lui, il lui passait le pouce sur la lèvre, et il sentit son désir s'exacerber en lisant dans ses yeux une soif égale à la sienne.

— Qu'allons-nous faire, Rosie ?

— Je ne sais pas. Prétendre qu'il ne se passe rien, je suppose. Je dois penser aux enfants.

— D'accord.

— Et rien ne dit que tu es à Londres pour longtemps. Je ne peux pas t'imposer dans leur vie pour que tu disparaisses quand ils seront attachés à toi. Je ne leur ferai pas ça.

— Je te comprends. Voyons-nous quand ils ne sont pas là.

— Je suis seule, Leo. En dehors de mes heures de travail, je passe tout mon temps avec eux.

Il soupira.

— Et nous sommes tous les deux très occupés à l'hôpital.

— Nous resterons donc collègues. Peut-être amis...

— Je veux te voir, Rosie. Il doit y avoir un moyen. Répète aux jumeaux ce que tu as dit ce soir, que je suis nouveau à l'hôpital et que tu m'invites pour ne pas me laisser seul. Du reste, c'est assez proche de la vérité.

Son silence dura si longtemps qu'il craignit qu'elle ne refuse.

— Leo, je ne suis pas douée pour les relations. Je ne fais plus confiance à personne...

Étant donné ce qu'elle lui avait raconté, c'était compréhensible.

— Je n'ai aucune réponse, Rosie. Je ne comprends pas bien ce qui m'arrive, mais tu me plais, et il me semble que c'est réciproque. Ne penses-tu pas que ça vaut la peine d'essayer ?

Un autre silence.

— En ce qui concerne les enfants, tu es mon ami italien, qui repartira bientôt dans son pays, reprit-elle enfin.

— D'accord. Et quand ils dormiront... Je pourrai te tenir la main. Te parler, prendre ta bouche...

Elle rougit, et il ne résista pas à l'envie de l'embrasser de nouveau. Elle était adorable.

— Demain, c'est dimanche, dit-elle, le souffle court.

— Nous faisons quelque chose, tous les quatre ?

— Le parc, peut-être.

— Parfait. Je viens vous prendre ou nous nous retrouvons sur place ?

— Rendez-vous là-bas, à 10 h 30. Je t'envoie le code postal pour que tu trouves l'endroit avec ton GPS.

— D'accord.

Il lui vola un autre baiser.

— J'y vais vite, pendant que je suis encore un gentleman.

Elle rougit de plus belle, et il devina qu'elle envisageait ce qu'il se passerait lorsqu'il cesserait de l'être. Et cette pensée l'excitait déjà.

— À demain, Rosie.

Quel égoïste il faisait ! se dit Leo en prenant sa douche, dimanche matin après son jogging. L'attirance irrésistible qu'il éprouvait pour Rosie avait failli lui faire perdre son bon sens.

Elle avait tout à fait raison, ils ne devraient pas continuer à se voir en dehors de l'hôpital. Ses jumeaux passaient d'abord et, même s'ils étaient prévenus, il n'était pas juste qu'il leur permette de s'attacher à lui pour les quitter ensuite. Quant à Rosie… Eh bien, elle-même méritait mieux que l'aventure sans lendemain qu'il pouvait lui offrir. Il fallait mettre un terme à cette histoire, et tout de suite.

Dès qu'il fut habillé et eut pris son petit déjeuner, il envoya un texto.

Impossible de vous rejoindre ce matin, j'ai un empêchement. Navré.

Il fut incapable de trouver sur-le-champ une raison valable. D'ici demain, il aurait le temps d'inventer une explication…

Rosie, incrédule, fixa les mots qui s'inscrivaient sur son écran.

Ainsi, Leo faisait machine arrière… Il ne s'était même pas donné la peine de fournir une excuse polie, de prétexter qu'on avait besoin de lui à l'hôpital pour une urgence, ou qu'il était retenu par une affaire de famille.

Elle était dans le vrai, en se méfiant de lui. Il avait peut-être été gentil avec les enfants mais, en réfléchissant, il avait compris qu'elle n'était pas la femme qu'il lui fallait.

Et il n'avait pas tort. Dans le fond, elle était incapable d'une relation éphémère, elle espérerait toujours davantage, et son passé chargé lui avait laissé un manque de confiance chronique — en elle et en les autres — difficile à gérer pour un partenaire.

En outre, ils venaient de deux mondes si différents... Il était l'héritier d'un duché, et elle une mère seule avec des jumeaux. Elle était ridicule d'avoir envisagé que cela pût fonctionner...

Elle n'aurait pas dû baisser sa garde hier soir. Elle lui avait confié toute son histoire avec Michael, y compris ce qu'elle eût préféré que personne ne sache jamais.

Surtout, elle s'était laissé embrasser et, pire, avait répondu à son baiser...

Quelle idiote ! Elle n'apprendrait donc jamais !

Eh bien, elle emmènerait quand même les enfants au parc ce matin. Elle n'allait pas les en priver à cause de sa propre stupidité.

Ensuite, demain, quand elle se trouverait nez à nez avec lui, ce qui était hélas inévitable, elle ferait comme si rien ne s'était passé.

Pour finir, elle s'arrangerait pour le tenir à distance pendant le temps qu'il lui restait à travailler au Paddington Children's Hospital.

5

Le lundi matin, elle embrassa les jumeaux avant de les laisser à la crèche.

— À ce soir, mes chéris.

— On ira manger une pizza avec Leo ? demanda Freddie.

— Je ne crois pas, non.

Nina leva un sourcil.

— Qui est Leo ?

Oh ! bon sang, elle n'avait pas pensé à ça ! Heureusement que son fils en avait parlé pendant qu'elle était là !

— Le nouveau pédiatre avec qui je travaille. Comme il ne connaît encore personne, je l'ai invité à manger une pizza avec nous samedi soir.

— Je vois...

Son amie ne semblait pas vraiment convaincue... Autant brouiller les pistes.

— En fait, j'ai l'impression qu'il aurait bien envie de sortir avec l'une des infirmières des urgences.

C'était pure invention, mais elle n'avait pas donné de nom...

— Maintenant, grâce aux jumeaux, il connaît une bonne pizzeria où l'inviter, au cas où.

— Je comprends, répliqua Nina d'un ton toujours dubitatif.

— C'est l'heure, il faut que j'y aille, dit-elle en embrassant à nouveau les enfants.

Bien entendu, la première personne qu'elle rencontra en entrant dans la salle fut Leo Marchetti.

Celui qui avait chanté une berceuse à ses petits et l'avait embrassée jusqu'à ce qu'elle en perde le souffle.

Puis qui avait changé d'avis et anéanti tous ses espoirs.

Elle lui adressa un hochement de tête très sec.

— Bonjour, docteur Marchetti.

— Bonjour, Ros... Euh... mademoiselle Hobbes.

Il avait dû remarquer son regard glacial...

Pour comble, elle apprit qu'ils étaient tous les deux de consultation, aujourd'hui.

Eh bien, elle resterait professionnelle, et leurs patients, leur seule préoccupation, bénéficieraient des meilleurs soins.

— Madison Turner, six ans, choc anaphylactique après une piqûre de guêpe, annonça-t-elle. C'est son second rendez-vous pour une immunothérapie. Le premier a eu lieu il y a deux semaines, six injections dans la journée, réaction positive.

— Bien. Dans ce cas, trois seulement aujourd'hui. Voulez-vous l'appeler ?

— Oui, docteur.

Elle savait qu'à la fin de la journée elle en aurait assez de ce ton compassé, mais elle devait penser aux patients.

Leo sourit à Madison et à sa mère.

— Bonjour. Vous connaissez Mlle Hobbes, et je suis le Dr Marchetti. Dr Leo, si vous préférez.

— Bonjour, dit Mme Turner.

— Salut, docteur Leo, dit timidement Madison.

— Avant de commencer, j'aimerais vérifier que vous avez sur vous un stylo injecteur d'adrénaline, autrement dit un Epipen, et que Madison a bien pris ses antihistaminiques hier soir.

— Oui, docteur, nous avons suivi les instructions.

— C'est bien. Comment tu te portes, Madison, depuis la dernière fois ?

La fillette regarda sa mère qui sourit.

— Aucun problème. Son rhume des foins a empiré un peu le soir de la visite, mais Rosie nous avait prévenues et, après ça, tout s'est bien passé.

— Bien. Aujourd'hui, il n'y aura que trois injections à une heure d'intervalle. Ensuite, nous vous demanderons de rester dans le service une heure après la dernière pour parer à toute réaction allergique éventuelle.

Mme Turner tapota son sac.

— Nous avons des livres et une console de jeux, plus des boissons et de quoi grignoter ; des choses sans noix, au cas où ce serait une cause d'allergie.

— Parfait, dit Rosie. Si tout se passe bien aujourd'hui, nous referons une seule injection dans quatre semaines et, ensuite, une dose d'entretien tous les mois. Madison, le médecin va t'examiner rapidement. Pendant ce temps, je dois mesurer tes constantes et te faire souffler dans un tuyau pour contrôler ta respiration. Est-ce que ça te convient ?

Quand la fillette eut hoché la tête, ils s'affairèrent.

— Rien d'anormal, docteur, dit enfin Rosie. Nous pouvons procéder à l'injection.

— Mlle Hobbes va te passer une crème sur la peau pour que tu ne sentes pas la piqûre.

Rosie obtempéra.

— Madame Turner, continua-t-il, si Madison présente une réaction allergique quelconque entre maintenant et la prochaine injection, il faudra nous prévenir tout de suite. Une éruption cutanée, des démangeaisons, des vertiges ou des malaises, un gonflement du visage, des lèvres ou de la langue, des difficultés à respirer ou le cœur anormalement rapide... Nous devons être informés sur-le-champ.

— D'accord, docteur.

— Madison, peux-tu regarder le papillon collé au plafond et compter les points qu'il a sur chaque aile ?

Avant que la fillette ait terminé, il enfonça l'aiguille, injecta le produit puis la retira.

— Sept ! annonça Madison.

— Bravo ! Tu comptes très bien. Je te revois dans une heure.

Rosie suivit la mère et la fille jusqu'à la salle d'attente.

— Prévenez-nous si quoi que ce soit vous préoccupe. Il se peut que son rhume des foins se manifeste, comme la dernière fois.

— Nous le savons, merci. Pas de bain chaud ce soir non plus, et une soirée calme, c'est ça ?

— Exactement, dit-elle en souriant.

Leo ne put que remarquer la froideur de Rosie. Elle ne lui parlait qu'entre deux patients, juste pour dire le nécessaire, et ne cessait de ressortir pour aller dans la salle d'attente voir les enfants qui patientaient entre deux traitements. Bref, elle l'évitait au maximum.

Il comprenait bien… C'était lui qui avait reculé, hier matin. Sans même prendre la peine de lui donner une explication. Il n'en avait toujours pas trouvé, au fait. Il se sentait d'un égoïsme monstrueux.

Il soupira. Il n'avait pas été juste avec elle. Il devait la laisser tranquille puisqu'il ne pouvait pas lui proposer d'avenir. Pourtant, il ne pouvait oublier que leur attirance était réciproque, s'il ne se trompait pas, et qu'il s'était senti en famille samedi soir avec elle et ses jumeaux. Il ne se rappelait plus avoir été à ce point déchiré entre sa raison et son cœur.

Rosie était vraiment spéciale. Reprendre ses distances était peut-être ce qu'il avait fait de plus stupide dans sa vie. En même temps, elle était tellement vulnérable… Impossible de devenir intime avec elle et de la laisser tomber dès que son contrat serait terminé.

Plus il avait de preuves de sa gentillesse, de son professionnalisme et de sa rapidité de réaction dans le travail, plus il était convaincu qu'ils étaient faits pour s'entendre, qu'il pouvait jouer un rôle dans sa vie.

Que décider ? À la fin de la matinée, il n'avait pas de réponse, mais il fallait qu'il lui parle. Le moins qu'il puisse faire était de lui présenter des excuses pour ce texto de dimanche matin, et lui expliquer pourquoi il avait été si grossier.

— Ros… Mademoiselle Hobbes. Pouvons-nous parler en déjeunant à la cantine ?

— Navrée, Penny m'attend, aujourd'hui.

Bien entendu, c'était lundi. Comment avait-il pu oublier ?

— Ce soir en sortant ?

— Je vais chercher les enfants tout de suite.

— Alors pendant la pause de l'après-midi. Je pense vraiment que nous devrions avoir une discussion.

— Nous n'avons rien à nous dire, docteur Marchetti. Nous travaillons ensemble, point final.

Mais son regard s'était attardé sur sa bouche un peu trop longtemps, comme si elle revivait leur baiser de samedi, et elle semblait aussi troublée que lui. Peut-être se faisait-il des illusions ?

Enfin, elle hocha la tête.

— Bon, si vous y tenez...

— On sort boire un café chez Tony ?

— Nous n'avons pas vraiment le temps. Retrouvons-nous plutôt dans la cuisine.

Il supporterait le café instantané pourvu qu'ils puissent se parler tranquillement...

— D'accord.

À son grand soulagement, la cuisine était déserte quand il y entra. Il remplit la bouilloire et la mit à chauffer, et venait de terminer de préparer le café quand elle le rejoignit.

Il lui tendit un mug fumant.

— Merci.

— De rien, Rosie.

Comme elle lui jetait un regard noir, il soupira.

— Si tu tiens à ce que je t'appelle « mademoiselle Hobbes », je peux, mais ça me paraît un peu guindé pour m'adresser à une femme qui m'a embrassé samedi soir.

— Tout le monde peut se tromper.

— En effet, et moi plus que les autres. Rosie... En réalité, je ne rêve que de passer du temps avec toi. Et les jumeaux.

— C'est pour ça qu'après m'avoir promis de nous rejoindre au parc hier matin tu m'as prévenue à la dernière minute que tu ne venais pas, sans aucune excuse ?

Il se passa une main dans les cheveux. Elle avait tout à fait le droit d'être en colère.

— J'avais très envie d'y aller. Mais vous avez déjà assez souffert, tous les trois, je ne veux pas en rajouter.

— En effet. Freddie et Lexi ne peuvent pas partager un moment leur vie avec toi si tu dois disparaître ensuite. Sais-tu au moins pour combien de temps tu es à Londres ? Tu as un contrat de deux mois...

— Qui peut être renouvelé. Sinon, il existe d'autres hôpitaux dans cette ville.

— Donc, tu prévois de prolonger ton séjour en Angleterre ?

Comment donner une réponse sûre ?

— C'est possible.

— De toute façon, tu es duc. Moi, je n'ai pas une goutte de sang bleu et j'ai deux enfants à élever. Juste le genre de femme avec qui tu ne peux pas t'engager.

— Tu es franche et douce, et je me fiche du sang bleu et des passés difficiles.

— Toi peut-être, mais pas ta famille.

— Le seul qui aurait pu protester — pour être sincère, qui *aurait* protesté — est mort.

Elle eut d'abord l'air perdue, puis se reprit et hocha la tête.

— D'accord.

— Rosie, je n'ai pas eu une enfance très heureuse.

C'était la première fois qu'il prononçait ces mots à haute voix, et il se sentit mal à l'aise. Mais maintenant qu'il avait commencé...

— Mon père avait des vues bien arrêtées sur la vie que je devais mener : il voulait que je m'oriente vers des études commerciales à la fac de Florence pour me préparer à prendre sa succession à la tête des affaires, et hériter du duché à sa mort. Je suppose qu'il a considéré mon inscription à la fac de médecine, à Rome, comme une rébellion. J'avais pensé que plus je serais loin, plus il aurait de mal à me surveiller.

— Et ça ne l'en a pas empêché ?

— Au début, j'ai cru que si. Je suis tombé amoureux d'Emilia, que j'ai connue dès mon arrivée. Une fille adorable, intelligente, qui m'aimait sincèrement, je pense. Certain qu'elle plairait à mes parents, je l'ai amenée avec moi en Toscane un week-end. Eh bien, je n'aurais pas dû.

— Pourquoi ?

— Si elle a plu à ma mère, mon père a décidé tout de suite qu'elle n'était pas un bon parti pour moi, et il l'en a prévenue.

— Et alors ? Elle a renoncé à toi ?

— Elle a dû résister, au début… Je n'ai pas compris, à ce moment-là, que c'était lui qui faisait pression sur elle. Il y a eu de légères erreurs administratives : ses impôts arrivaient en retard, ou on s'obstinait à lui réclamer un loyer impayé même si elle présentait un reçu. En même temps, l'entrepreneur qui l'employait à temps partiel l'a congédiée, et elle ne parvenait même plus à obtenir une entrevue pour les autres petits jobs pour lesquels elle postulait. Elle était de plus en plus stressée, ses notes ont commencé à baisser, et son avenir à la fac de médecine a fini par être compromis. Enfin, elle a rompu avec moi et quitté l'université. Je n'ai fait le rapprochement que plus tard… C'était mon père qui tirait les ficelles.

— Quelle horreur !

— J'ai essayé de la retrouver, j'ai même engagé un détective privé, mais elle avait disparu. J'ai parlé à mon père.

C'était la plus horrible dispute qu'ils aient jamais eue…

— Il représentait tout ce que je déteste, et là j'ai compris qu'il ne changerait jamais, qu'il continuerait à me manipuler. J'avais le choix entre me soumettre ou cesser de vouloir lui plaire à tout prix. De toute façon, j'avais beau faire des efforts, il n'était jamais satisfait. Donc, j'ai décidé de ne plus lui obéir, quitte à ce qu'il me déshérite. Je suis parti pour la fac de médecine à Londres, où je serais libre d'abandonner certains de mes privilèges au lieu d'essayer d'en obtenir plus.

Elle lui prit la main.

— Je suis navrée que tu n'aies eu personne pour te soutenir.

— Oh ! je ne devrais sans doute pas me plaindre, je suppose que des tas de gens sont plus mal lotis que moi…

— Et ta mère ? N'est-elle jamais intervenue ?

— Il était tellement tyrannique que c'était plus simple pour elle de se taire.

— J'ai du mal à comprendre… Je n'ai jamais laissé personne faire du mal à mes enfants. Pas même leur père, que j'ai quitté pour les protéger. J'ai même demandé à changer leur nom de famille quand j'ai repris mon nom de jeune fille.

— Tu es forte, Rosie. Tout le monde ne l'est pas. Dans mon milieu, les enfants n'ont qu'à exécuter les ordres, et les femmes n'ont pas droit à la parole.

— Je sais. Et certains n'ont aucun soutien. Moi, mes parents m'ont soutenue.

— Tu as de la chance.

— As-tu essayé de retrouver Emilia, une fois à Londres ?

— Je l'avais retrouvée avant.

L'expression de Leo lui indiqua que l'histoire finissait mal.

— Que lui est-il arrivé ?

— Après son départ d'Italie, elle a travaillé pour des ONG en Afrique. Elle a contracté un virus et, comme elle était loin de tout centre de soins, elle n'est jamais revenue.

— Navrée. C'est tellement triste !

— Hum… Après ça, j'étais encore plus motivé pour devenir médecin. C'est un domaine où tout le monde est sur un pied d'égalité, et où la générosité n'est pas considérée comme un défaut.

Leo était bien plus compliqué qu'elle ne le pensait, songea-t-elle. Elle le prenait pour un privilégié, et il avait beaucoup souffert. Pas seulement d'avoir perdu son amour, mais d'avoir eu un père despotique et possessif, capable de harceler la femme qu'aimait son fils pour qu'elle le quitte, et sans doute de pire encore.

Pas étonnant que la notion de famille, de relation à long terme, le fasse fuir…

— Alors, qu'allons-nous faire, Leo ?

— Franchement, je n'en sais rien. Je comprends que tu refuses de t'engager, et je ne cherche pas vraiment de relation non plus.

— Hum, la presse te présente comme un play-boy…

Il haussa les épaules.

— Les journaux disent n'importe quoi pour vendre. Je me suis bien amusé un temps, c'est vrai, mais je ne promets rien que je ne peux tenir. Je ne mens pas aux femmes avec qui je couche, elles sont prévenues dès le début.

— Il faut que je pense aux jumeaux. Si j'avais une aventure avec toi, ce ne serait pas bien pour eux. Et tu ne peux m'offrir davantage... Alors, peut-être ferions-nous mieux d'être de simples amis.

— Je ne veux pas être ton ami.

— Que veux-tu, alors ?

— Toi, Rosie, justement. Je te veux toi.

Son regard, son ton semblaient sincères, mais elle avait du mal à le croire... Cependant, il venait de lui ouvrir son cœur, de lui donner des détails de sa vie que les journaux à scandales adoreraient connaître, sans crainte qu'elle les révèle. Dans ce cas, elle pouvait peut-être elle aussi lui accorder sa confiance...

— Ma raison me dicte de cesser de te voir ; je prévois des complications sans fin si je fais ce que mon cœur me commande.

— Et que te commande ton cœur ?

— De prendre le risque. Tu me plais, et il me semble que c'est réciproque.

Rosie sentit son cœur se serrer. Oui, il lui plaisait, et elle pensait pouvoir l'aimer beaucoup. Mais elle commettrait sans doute une grosse erreur en sortant avec lui.

— Alors, que suggères-tu ?

— Que nous prenions les choses comme elles viennent, sans faire de projets.

— Nous en avons déjà parlé. J'ai deux enfants, Leo. Ils ont trois ans.

— Je les inclus volontiers dans notre histoire. Nous leur avons déjà dit que j'étais ton ami de l'hôpital et, pour l'instant, ils n'ont pas besoin d'en savoir plus. Tu fais preuve de gentillesse à mon égard parce que je suis nouveau ici. Et, en fait, c'est plutôt un bon exemple pour eux.

Pourquoi pas ? se dit-elle. Ils pouvaient se voir discrètement, en laissant croire aux jumeaux qu'ils n'étaient qu'amis. De toute façon, à leur âge, ce serait difficile de leur expliquer les choses autrement...

Dans ce cas, elle prenait le risque qu'ils s'attachent à lui et souffrent ensuite de son absence.

D'un autre côté, Freddie avait besoin d'une figure paternelle à laquelle s'assimiler, ne serait-ce que pour un moment. Et le Leo qu'elle commençait à connaître serait un excellent modèle.

— D'accord. Pas d'engagement, et les enfants passent en priorité.

— Marché conclu.

Elle sentit son ventre frémir d'excitation. C'était la première fois depuis un an qu'elle acceptait de sortir avec un homme. Et pas n'importe lequel... Leo était si séduisant !

— Que doit-il se passer, maintenant ? Je n'ai plus l'habitude.

— Je ne suis pas très doué en ce domaine, moi non plus. C'est sans doute pour ça que j'ai cette réputation de play-boy, parfaitement injustifiée, à mon avis.

Il déglutit.

— Depuis Emilia, je n'ai plus rencontré de femme qui me donne envie de l'approcher vraiment. Jusqu'à maintenant, jusqu'à... toi.

Et, même avec elle, il avait admis ne pas savoir où cela les mènerait...

— Merci de ta franchise. Et que les choses soient claires : je ne cherche pas de beau-père à Lexi et à Freddie.

— Nous allons donc avoir une amitié amoureuse ?

— Je ne sais pas si c'est le terme qui convient mais, comme nous avons déjà assez souffert, mieux vaut que nous n'espérions pas trop l'un de l'autre.

— Nous nous limiterons donc à marcher pas à pas, en allant là où le vent nous pousse.

— D'accord.

— Quand serais-tu libre, cette semaine ?

— Je voulais emmener les enfants au parc mercredi après-midi en sortant de l'hôpital. Tu pourrais nous accompagner et partager notre dîner ensuite ?

— Très volontiers.

Après tout, se dit-elle, ses proches avaient peut-être raison de lui conseiller de faire un nouvel essai, d'aller de l'avant...

Leo avait eu sa part d'épreuves, lui aussi. S'il avait reculé dimanche, c'était davantage par peur de la faire souffrir que parce qu'il voyait les enfants comme un fardeau. Peut-être que cela leur ferait le plus grand bien de passer un peu de temps ensemble...

— Parfait, Leo. Et maintenant, c'est l'heure de retourner à la consultation.

— OK, allons-y.

Il l'embrassa sur la joue, un baiser très léger, mais sa peau frémit, et elle se souvint de leur baiser de samedi...

— Merci, Rosie, de nous donner cette chance.

C'était donc un nouveau départ. Serait-il réussi ?

Ils étaient adultes, ils s'arrangeraient pour que Lexi et Freddie ne soient pas lésés, et s'efforceraient de profiter au mieux des moments qu'ils partageraient, le temps que cela durerait...

6

Le mercredi après-midi à la fin de son service, Leo prit un sac de sport qu'il avait rangé dans son casier, puis attendit Rosie devant la porte pendant qu'elle allait chercher les enfants.

Quand ils arrivèrent, Lexi lui jeta un regard accusateur.

— Tu n'étais pas au parc, dimanche ! Tu avais dit que tu viendrais !

— Je sais, et je regrette de vous avoir laissés tomber. Mais votre maman dit que nous pouvons y passer aujourd'hui sur le chemin de la maison.

— Tu viens avec nous ? demanda Freddie d'un ton où pointait le doute.

— Si ça ne vous dérange pas, oui.

Il tendit le sac qu'il tenait à la main.

— J'ai apporté un ballon. On pourrait y jouer, si vous voulez...

— Moi, je veux faire de la balançoire, déclara Lexi.

— Et moi du toboggan ! dit Freddie.

— Vous pourriez essayer les trois ? suggéra Rosie.

Les jumeaux échangèrent un regard et hochèrent la tête.

Au portail, Leo fut ému et surpris que Freddie lui prenne la main. C'était un sentiment étrange... Bien entendu, le parc du *palazzo* était immense, mais il ne se rappelait pas être allé enfant, même avec sa nourrice, dans un jardin public ayant une aire de jeux. Rosie y emmenait les jumeaux régulièrement...

Ils commencèrent par les balançoires, Leo poussant Lexi, et Rosie son fils au milieu des rires et des cris de joie.

Puis ils s'approchèrent du toboggan qu'il examina : il était vraiment haut, et assez large pour que quatre personnes puissent y glisser de front. Peut-être un peu dangereux pour des enfants de cet âge... Mais, à son grand étonnement, Rosie permit aux jumeaux d'y monter.

— Tu viens avec moi, Leo ? demanda Freddie.

— Il manque quelque chose, Freddie ! intervint Rosie.

— S'il te plaît ! ajouta l'enfant très vite.

Quand sa mère leva le pouce, il s'avança vers le petit garçon.

— Allons-y, Freddie.

Il l'aida à grimper l'escalier et, une fois au sommet, s'assit à côté de lui.

— Donne-moi la main, sinon je ne peux pas descendre.

Freddie avait-il peur, ou suivait-il une consigne de sa mère ?

— D'accord. Prêt ?

— Prêt !

— On compte jusqu'à trois. Un, deux, trois, partez !

Rosie sortit son téléphone pour prendre une photo d'eux pendant la glissade, et son sourire le bouleversa. Il sentit monter l'adrénaline...

Puis ce fut au tour de Lexi et de Rosie de faire l'ascension pour redescendre, et au sien d'immortaliser l'instant.

— Maintenant, tu y vas avec maman, ordonna Lexi.

Comment refuser ?

Une fois en haut, ils s'assirent tous les deux.

— Donnez-vous la main ! ordonna Freddie.

Rosie obtempéra en souriant, et Leo fut aussitôt parcouru de frissons. Il eut envie de l'embrasser, mais il n'en était pas question devant les jumeaux... Il patienterait. Le spectacle des deux petits qui les attendaient en bas en riant et applaudissant fit fondre son cœur.

Il remonta ensuite une fois avec Lexi et, pour finir, ils redescendirent tous les quatre en se tenant par la main... C'était nouveau pour lui, et si agréable !

Après quoi, ils jouèrent au ballon dans l'herbe et retournèrent ensuite aux balançoires.

Soudain, Rosie frappa dans ses mains.

— Terminé, les enfants ! C'est l'heure du dîner !

— Chic ! Ce soir, on a des « macanonis » ! s'écria Freddie tandis que Rosie les faisait entrer.

Leo réprima un sourire.

— Quelle chance ! J'adore les macaronis !

— Justement... Je me sens un peu gênée de préparer des pâtes à un Italien, murmura Rosie.

Il se mit à rire.

— Sais-tu que le macaroni au fromage a été inventé en Angleterre ?

— C'est vrai ?

— Tout à fait. Il existe déjà des recettes de pâtes et de plats au fromage au XIVe siècle dans le *Liber de Coquina*, en Italie et, à peu près à la même date, une version dans un ouvrage de cuisine anglais. Mais la première recette moderne se trouve dans un livre anglais du milieu du XVIIIe.

Les yeux de Rosie s'arrondirent.

— Comment sais-tu tout ça ? Tu as aussi étudié la cuisine ?

Il rit de nouveau.

— C'était une réponse que j'ai lue dans un test de connaissances générales. De toute façon, peu importe qui l'a inventé, j'adore ça. Veux-tu que je t'aide ?

— Volontiers. Tu peux mettre le couvert au salon avec Freddie et Lexi, et leur servir à boire. Si tu aimes le vin, j'en ai une bouteille dans le casier.

— Je prendrai la même chose que toi.

Après avoir dressé la table, il alla à la cuisine remplir la carafe d'eau puis ouvrit la bouteille de vin rouge.

Pendant que Rosie terminait à la cuisine, il bavarda avec les jumeaux, ravi qu'ils se sentent en confiance avec lui. Il les écouta raconter leur journée, ce qu'ils avaient dessiné, collé et chanté. Et il lui parut naturel de les laisser se blottir contre lui chacun d'un côté et de chanter avec eux l'une des chansons de la crèche.

Rosie s'arrêta sur le seuil pour contempler le charmant tableau de Leo encadré de ses enfants... Elle aimait sa façon de se comporter avec eux, d'obtenir par la douceur qu'ils fassent les choses chacun à leur tour, et de donner à Freddie ce petit coup de pouce qui l'aiderait à prendre de l'assurance.

Était-il l'homme qui pouvait changer sa vie ?

Ne risquait-il pas de se lasser quand il comprendrait que soigner les enfants à l'hôpital et les avoir à la maison tous les jours étaient deux choses différentes ?

Elle apporta le plat de macaronis et servit les jumeaux en les encourageant à prendre de la salade en même temps.

— Miam ! C'est un régal ! s'écria Leo après la première bouchée.

Était-ce simple politesse de sa part ? Le duc de Calvanera était bien loin de son mode de vie habituel... C'était un plat familial et, bien qu'elle ne se débrouille pas trop mal en cuisine, elle ne se faisait pas d'illusions : elle n'était pas un cordon-bleu.

Une fois les pâtes avalées ainsi qu'un saladier de fraises, Rosie annonça qu'il était l'heure de prendre le bain et de se mettre au lit.

— On veut rester avec Leo ! protesta Lexi.

— Le bain et le lit, répéta Rosie. Sinon, vous serez trop fatigués pour dessiner à la crèche. Nina m'a dit que demain matin vous commenciez par de la peinture par projection.

— Ouais ! C'est ce que je préfère ! s'écria Freddie. Lexi, viens prendre ton bain.

— Je me charge de la vaisselle, proposa Leo.

— Merci, mais, si tu veux partir, je le comprendrai.

— Tu as préparé le repas, je ne peux pas faire moins.

— Tu nous lis une histoire ? demanda Lexi.

— S'il te plaît ? ajouta Freddie.

— C'est maman qui décide.

Comment refuser ?

— Ce serait très gentil à toi, Leo.

Il monta au premier pendant qu'elle baignait les enfants et les mettait en pyjama.

— Quelle histoire voulez-vous, ce soir ?

— Les dinosaures, s'il te plaît !

Cette fois, Rosie s'appuya à l'encadrement et l'observa pendant qu'il lisait. Il avait l'air de s'amuser, et les enfants d'apprécier assez pour en réclamer une seconde.

Quand il eut terminé, sachant qu'ils risquaient d'insister pour une troisième, elle entra.

— C'est l'heure de dire bonsoir, à présent.

Lexi tendit les bras à Leo.

— Un bisou !

— Moi aussi ! renchérit son frère.

Leo lui jeta un regard interrogateur, et elle répondit d'un hochement de tête imperceptible.

Il se pencha pour les embrasser sur le front.

— Bonne nuit, dormez bien, murmura-t-il.

Ils descendirent l'escalier ensemble.

— J'apprécie ta patience, Leo, et je t'en remercie.

Elle crut voir passer une ombre sur son visage.

— Pas de quoi. En fait, je me suis bien amusé, ce soir. Je n'arrive pas à me rappeler si j'ai déjà fait du toboggan.

C'était donc cela... On ne l'avait jamais emmené au parc dans son enfance. Pauvre petit garçon riche, à qui ses parents avaient dû offrir des jouets de luxe, mais qui avait été privé d'une enfance normale, libre de courir, de rire et de jouer...

— Je suis heureuse que tu sois venu. Veux-tu un autre verre de vin ?

— Ce ne serait pas raisonnable, j'ai laissé ma voiture à l'hôpital.

Une façon polie de dire qu'il partait... C'était sans doute aussi bien, songea-t-elle.

— Tu rentres ?

— Pas tout de suite. Si ça ne t'ennuie pas, j'aimerais rester un peu.

Quand il posa une paume sur sa joue, elle sentit sa bouche s'assécher. Un peu plus encore quand il lui caressa la lèvre du pouce...

Et quand il frôla sa bouche de la sienne. Elle passa les mains autour de son cou et s'appuya contre lui, le laissant approfondir le baiser.

Sa tête tournait quand il s'écarta d'elle.

— Ma merveilleuse Rosie, murmura-t-il. J'ai tant envie de te tenir contre moi !

Incapable de formuler une phrase cohérente, elle se borna à hocher la tête.

Elle ne s'attendait pas à ce qu'il la soulève dans ses bras... Son cœur battit plus vite. Où l'emmenait-il ? Il s'assit sur le canapé et l'installa sur ses genoux.

— Ça fait un peu homme de Cro-Magnon, mais tu es irrésistible. Tu me rappelles la Flora du Titien.

— Qui est-ce ?

Il sortit son téléphone, chercha le portrait sur Internet et le lui montra.

— Tes cheveux sont plus courts, mais tu es aussi belle qu'elle.

Une femme aux courbes généreuses, comme elle, songea-t-elle en examinant le tableau. Michael aussi avait apprécié, jusqu'à ce qu'elle soit enceinte. Ensuite, il l'avait jugée trop grosse et repoussante.

Elle chassa cette pensée.

— Merci du compliment. Navrée, je ne connais pas grand-chose à l'art...

— J'ai eu la chance d'être élevé à Florence. Quand j'étais ado, c'était l'un de mes tableaux préférés. J'ai pas mal traîné dans la galerie Uffizi. Et toi, que faisais-tu à cette période ?

— Pas grand-chose de très original, je le crains. Je passais mon temps avec ma sœur et des amies, à faire ce que font toutes les filles à cet âge. Essayer des produits de maquillage, se coiffer, bavarder et écouter de la musique...

Elle sourit.

— Et à regarder des films. Je me rappelle que, plus tard, quand j'étais à l'école d'infirmières, nous allions au cinéma le soir quand notre emploi du temps le permettait.

— Tu as des films préférés ?

— Pas vraiment. Tous les genres me plaisaient. Maintenant, j'essaie d'emmener Lexi et Freddie voir les dessins animés qui sont bien plus beaux sur grand écran ; ils en ressortent enchantés la plupart du temps.

Elle surprit à nouveau une lueur de tristesse dans son regard. Ses parents ne l'avaient sans doute jamais emmené au cinéma…

— Et si nous y allions ce week-end ?

— Pourquoi pas, si les programmes sont intéressants ?

Elle lui passa une main sur la joue.

— Donc, tu as passé ton adolescence à écumer les musées ?

— Oui. Et à étudier, et à tenter de me dépêtrer d'obligations mortellement ennuyeuses.

Son père lui apprenait-il déjà son rôle de duc ? C'était sans doute un point douloureux, mais que dire ? Elle l'embrassa et, à l'éclat de ses yeux noirs quand elle s'écarta de lui, elle comprit que c'était la chose à faire.

Elle resta penchée sur lui, les bras autour de son cou, et ils bavardèrent. Enfin, il lui vola un dernier baiser.

— Je ferais mieux de te laisser dormir.

— Tu es sûr que tu retourneras sans problème jusqu'à ta voiture ?

— Oui, mais merci de t'en inquiéter.

Comme si personne ne s'était jamais occupé de lui. Peut-être parce qu'il était si compétent dans son travail, ou parce qu'on estimait qu'il avait assez d'assistants qui travaillaient pour lui. Mais quelqu'un avait-il songé à l'homme, que ce soit derrière le médecin ou derrière le duc ?

— À demain à l'hôpital, donc.

Elle souriait encore en sortant de la salle de bains pour se blottir sous sa couette. La compagnie de Leo était si agréable ! Et les jumeaux l'adoraient. Oserait-elle penser que cela pouvait marcher ?

Le jeudi, Leo fut seul à la consultation pendant que Rosie travaillait dans la salle, et ils ne se retrouvèrent que pour un rapide déjeuner à la cantine.

Toute la journée, il eut du mal à se concentrer sur son travail, tant elle occupait son esprit. Le vendredi, ils se virent à peine, puisqu'elle était dans la chambre de Penny à l'heure de midi, et le soir il lui envoya un texto.

Veux-tu que nous allions au cinéma demain ? Je t'envoie les programmes.

La réponse arriva vite.

Aucun film intéressant, cette semaine. Que dirais-tu de l'aquarium ?

Pourquoi pas ?

Au métro à 10 heures ?

D'accord.

Elle y était déjà quand il entra dans la station. Tout excités, les enfants se jetèrent contre lui et passèrent leurs petits bras autour de ses jambes. Il n'en espérait pas tant, et son cœur fondit de nouveau.

— On va voir les requins ! s'écria Freddie.

— Et les étoiles de mer. C'est beau, les étoiles de mer ! ajouta Lexi.

Une autre activité qu'il n'avait jamais connue, se dit Leo. Il s'amusa autant que les jumeaux dont l'enthousiasme était contagieux. De temps en temps, il les soulevait à tour de rôle pour qu'ils voient de plus haut les occupants d'un aquarium ; il remarqua que Rosie leur demandait de compter les poissons et de nommer leurs couleurs et leurs formes. Pourquoi ne pas participer à ce jeu éducatif ?

— Combien de branches a l'étoile de mer, Lexi ?

— Cinq !

Il sourit.

— Très bien !

Dans le hall central se trouvait une aire de jeux où les plus jeunes enfants pouvaient faire des coloriages et les plus grands répondre à des questionnaires. Il s'accroupit à côté de Lexi et de Freddie.

— Voulez-vous que je vous fasse un dessin à chacun ?

— Oh ! oui ! s'écrièrent-ils en chœur.

— Un requin pour Lexi et une étoile de mer pour toi, Freddie ? demanda-t-il pour les taquiner.

— Non, c'est le contraire ! s'écrièrent-ils de nouveau en chœur.

Il réprima un sourire.

En le regardant dessiner, Freddie frappait dans ses mains pour exprimer sa joie. Dès qu'il eut terminé, ils s'emparèrent tous deux de crayons de couleur et se mirent au travail.

Il regarda Rosie, muette depuis leur arrivée dans l'aire de jeux. Était-ce des larmes qu'il voyait dans ses yeux ? Qu'avait-il fait de mal ?

Une fois les coloriages terminés, ils les tendirent à leur mère.

— Tu écris nos noms dessus, maman, s'il te plaît ?

— D'accord. Pouvez-vous me les épeler ?

Emu, il observa leur air sérieux pendant qu'ils égrenaient chacun à leur tour les lettres de leur prénom.

Puis Freddie présenta son dessin à Leo.

— Tiens, c'est pour toi.

— Et le mien aussi, ajouta Lexi en lui remettant le sien.

— Merci à tous les deux. Je les afficherai en rentrant.

— Sur le réfrigérateur, comme maman ?

— Ouais ! répondirent-ils à l'unisson.

Dans le tunnel aux requins, ils se mirent à pousser des hurlements de joie et d'excitation. Rosie, à nouveau souriante, les prit par la main et s'accroupit près d'eux.

— Je sais que vous vous amusez, mais cessez de crier ainsi, vous allez effrayer ces pauvres bêtes.

— C'est vrai, mettez-vous à leur place, renchérit Leo. Ils sont bien tranquilles dans l'eau…

Les jumeaux parurent réfléchir puis hochèrent la tête. À partir de là, ils se calmèrent et se montrèrent les requins du doigt en chuchotant.

Rosie croisa son regard.

— Merci, murmura-t-elle.

À la fin de la visite, ils passèrent par la boutique où Rosie se procura un nouveau livre pour les enfants, *Sammy le requin timide*. Puis ils prirent le chemin de la South Bank, où ils mangèrent avec appétit des hot-dogs achetés à un marchand ambulant, et ce fut assis sur un banc qu'ils dégustèrent des churros au chocolat en regardant les spectacles de rue, un jongleur, un cracheur de feu... Les enfants finirent par être barbouillés jusqu'aux oreilles, et Leo commit l'erreur de leur acheter un ballon à chacun avant que Rosie leur ait essuyé les mains et le visage : comme ils voulurent à toute force l'embrasser pour le remercier, il se retrouva lui aussi tout maculé de chocolat.

Cela fit rire Rosie qui sortit son téléphone pour prendre une photo. Ensuite seulement, elle nettoya le visage des enfants avec une lingette et lui en tendit une.

Quand ils rentrèrent chez elle, les jumeaux étaient épuisés. Après avoir grignoté une moitié de leur sandwich, ils avaient commencé à s'endormir sur la table.

— Pas de bain, ce soir..., dit Rosie en souriant. Droit au lit avec une histoire.

— On veut Leo !

— S'il est d'accord.

Il les aida à se mettre en pyjama et les coucha avec l'étrange sensation que son cœur s'attendrissait.

Après leur avoir lu l'histoire de Sammy le requin timide et les avoir embrassés sur le front, il redescendit.

— Je n'ai pas préparé de dîner, ce soir ; le mieux que je puisse te proposer, c'est de commander un repas tout prêt.

— Ce serait super. Et c'est moi qui te l'offre parce que tu m'as invité mercredi pour les macaronis.

Ils partagèrent un plat chinois puis se blottirent sur le canapé.

— Rosie, je voudrais te demander quelque chose : qu'ai-je fait pour te peiner à ce point, tout à l'heure ?

— De quoi parles-tu ?

— Lorsque nous étions à l'aquarium. On aurait dit que tu retenais tes larmes pendant que je dessinais pour les jumeaux. J'ai eu envie de t'embrasser pour te consoler.

Elle sourit.

— Ah, oui ! Tu semblais si appliqué, et eux si heureux... Je pleurais de joie, Leo.

— Tant mieux. Je suppose que je peux t'embrasser quand même ?

Il joignit le geste à la parole jusqu'à ce qu'ils soient tous deux hors d'haleine.

C'était peut-être cela qui donnerait un sens à sa vie, songea-t-il : un métier qui le passionnait, plus la chaleur de Rosie et des enfants. Il lui suffisait de découvrir un moyen de se libérer de ses obligations en Toscane. Mais c'était un peu tôt pour y réfléchir. Pour le moment, il apprécierait chaque moment passé avec elle.

À la fin de la soirée, il l'embrassa une dernière fois sur le pas de la porte.

— À lundi.

— À demain, oui. Et merci de ta présence aujourd'hui. Tu as été merveilleux, avec moi comme avec les jumeaux.

— J'ai beaucoup aimé notre sortie, moi aussi.

— Oh ! j'allais oublier...

Elle fouilla dans son sac et en sortit un petit sac en papier orné du logo de l'aquarium.

— Pour toi. C'est trois fois rien.

Il ouvrit le sac et en tira deux aimants représentant un requin et une étoile de mer.

— Tu as promis aux enfants que tu afficherais leurs dessins sur ton réfrigérateur. J'ai pensé que tu n'avais peut-être pas d'aimants...

— C'est vrai. Mon appartement n'est pas vraiment aménagé encore. Merci de cette gentille attention.

Il l'embrassa de nouveau, s'attarda davantage...

— À demain, Rosie.

— À demain, Leo.

Et, pour la première fois depuis longtemps, ce lundi était pour elle comme une promesse.

7

— Tu es occupée, ce week-end, Rosie ?

On était lundi soir, et ils s'apprêtaient à sortir de l'hôpital à la fin de leur service.

— Pourquoi ?

Il lui vola un baiser.

— Ce n'est pas poli de répondre à une question par une autre.

— Je n'ai rien de prévu, non.

— Super. Les enfants ont-ils des passeports ?

— Oui, bien qu'ils ne soient encore jamais sortis du pays. Pourquoi ?

— Je me demandais... Et si nous allions passer deux jours en Toscane ?

Elle déglutit.

— Mais... Leo, est-ce que cela implique de rencontrer ta famille ?

— Oui et non.

— Tu n'es pas très précis.

— Je n'ai aucune idée derrière la tête. Il faut que je rentre pour le week-end, et j'ai pensé que ça vous plairait de profiter d'un peu de vrai soleil d'été. Et puis... J'ai affirmé à Lexi que les meilleures crèmes glacées viennent d'Italie, et j'aimerais le lui prouver.

— Nous dormirions chez tes parents ?

— Au Palazzo di Calvanera, oui.

Il lui sourit.

— *Mamma* ne va pas très bien. Je lui téléphone tous les jours. Bien sûr, je suis certain que Violetta, sa dame de compagnie, me signalerait le moindre problème de santé, mais ça me rassure de la voir moi-même de temps en temps.

Évidemment, songea-t-elle, outre les qualités qu'elle lui connaissait déjà, c'était un fils aimant et attentionné...

Pourtant, selon ce qu'il lui avait raconté, ses parents n'avaient pas voulu de cette Emilia et l'avaient harcelée jusqu'à ce qu'elle disparaisse de sa vie... La duchesse ne déciderait-elle pas qu'une femme affublée de jumeaux n'était pas non plus une épouse convenable pour son fils ?

— Ta mère préférerait peut-être te voir seul ?

— Je suis certain que ça lui fera plaisir de vous connaître, toi et les enfants.

Comment exposer ses craintes ? Ce week-end au *palazzo* faisait prendre un tour nouveau à leur relation, lui donnait un poids et un sérieux qui l'effrayaient un peu. Il fondait peut-être trop d'espoirs en elle ?

— C'est un peu tôt, tu ne trouves pas ? Je ne voudrais pas que ta mère s'imagine que nous sortons ensemble officiellement.

Il porta sa main à ses lèvres et lui embrassa les doigts.

— Je comprends, mais j'aimerais tant te montrer le *palazzo*, ses jardins, sa roseraie et son lac...

Elle éprouva un pincement au cœur : un lac, qui ne serait peut-être pas clôturé, donc dangereux pour les jumeaux... Mais elle chassa vite cette pensée : elle courait plus vite qu'eux, et elle savait nager. Le véritable danger n'était pas là.

Elle le regarda droit dans les yeux.

— Leo, est-ce que ça signifie que tu souhaites que je rencontre ta famille ?

— Moi, je connais la tienne.

— Bien entendu, mais nous étions convenus que nous prendrions les choses comme elles se présentaient...

— C'est exactement ce que nous faisons. Rosie, un week-end en Toscane ne sera rien de plus qu'une pause, une occasion de nous distraire. Je suis sûr que Freddie sera enthousiasmé par les armures et Lexi par les portraits des duchesses.

Il touchait la corde sensible, songea-t-elle. Il savait qu'elle avait du mal à priver les enfants d'un moment qui sorte de l'ordinaire...

— Et si ta mère ne me trouve pas à son goût ?

— À mon avis, aucun risque. Franche, ouverte et attentionnée comme tu l'es, tu ne peux que lui plaire. Et elle n'est pas obsédée par le sang bleu.

Au contraire de son père, selon ce qu'il avait raconté...

Il dut lire dans ses pensées.

— Je ne t'aurais pas invitée du vivant de mon père, bien entendu ; mais, à présent, c'est moi le duc, et *mamma* n'est pas comme lui. Je suis certain que tu l'apprécieras aussi.

— Je l'espère...

— Si c'est le voyage qui te préoccupe, nous partons dans l'avion d'un ami. Pas d'attente à l'aéroport ni délais d'aucune sorte.

— Pardon ? Tu utilises un avion privé ?

— Pas aussi luxueux que tu pourrais le croire. Il est plutôt petit.

— Mes amis possèdent des voitures, pas des avions ! Leo, nos deux mondes sont vraiment très différents !

— Pas tant que ça. Et aussi... J'avais l'intention de te demander un service.

— Ah ? C'est donnant-donnant ?

— Non. Tu as le droit de refuser. En fait, je rentre aussi parce que j'ai des obligations. Je dois assister à un bal de charité en faveur d'une clinique pédiatrique que je parraine et qui me tient à cœur.

— Qu'a-t-elle de particulier ?

— On y soigne les enfants défavorisés dont les parents n'ont pas les moyens de payer le traitement.

— Il n'y a donc pas de sécurité sociale en Italie ?

— Nous avons comme vous un système mixte, public et privé. Les généralistes sont aussi payés par le ministère de la Santé, et les soins d'urgence et la chirurgie sont gratuits. Nous payons les médicaments en fonction de nos revenus et, si le médecin de famille envoie un patient chez un spécialiste pour des examens, il n'a qu'une somme modique à rembourser. Mais les temps d'attente peuvent être longs, c'est pourquoi il existe aussi des hôpitaux privés où l'on paie un peu plus cher pour être soigné plus vite.

— Revenons à la tienne : si j'ai bien compris, c'est une clinique privée où les patients sont soignés gratuitement ?

— Exactement. J'y travaille quand je suis sur place. Rosie, je souhaiterais que tu m'accompagnes à ce bal.

— Que fais-tu des enfants ? Ils sont trop jeunes pour que je les emmène, et ils doivent se coucher tôt.

— Je leur trouverai une baby-sitter.

— Pas question de les laisser à une inconnue dans un endroit qui ne leur est pas familier.

— C'est chez moi, Rosie ! Et la jeune fille à qui je pense, Lisetta, est la fille de la dame de compagnie de ma mère que je connais depuis son enfance. Je suis convaincu qu'elle serait ravie de garder les jumeaux.

Il n'avait donc même pas encore demandé ? Bien entendu, il ignorait si elle accepterait... Mais l'idée la terrifiait.

— Moi, je ne la connais pas, Leo. Et, même chez toi, je ne laisserais pas mes enfants avec une inconnue, dans un pays étranger dont ils ne parlent pas la langue.

Elle inspira à fond et ajouta :

— Je suis peut-être trop protectrice, mais il me semble qu'aucune maman n'accepterait une chose pareille !

Leo s'exhorta à la patience, se rappelant qu'à peine un an plus tôt un « associé » du mari de Rosie avait menacé les enfants ; c'était donc naturel qu'elle soit plus angoissée que la moyenne...

— J'ai confiance en Lisetta, Rosie. Je comprends que tu t'inquiètes, mais tu me connais assez, j'espère, pour savoir que je ne les confierais pas à n'importe qui. De plus, nous avons des gardes de sécurité au *palazzo*, aucun étranger ne pourra les approcher. Ils ne risqueront absolument rien, je te le garantis.

Elle poussa un soupir.

— D'accord. Je vais le présenter autrement : ta mère n'est pas en excellente santé. L'amènerais-tu à Londres pour la laisser seule toute la soirée avec quelqu'un qu'elle ne connaît pas et qui ne parle pas sa langue pendant que tu sors faire la fête ?

— Il ne s'agit pas d'une fête, mais d'un bal de charité auquel c'est mon devoir d'assister ; car, bien que je subventionne la clinique, pas mal de nos fonds viennent aussi du ministère de la Santé. Par ailleurs, ma mère parle un très bon anglais, ainsi que Lisetta.

Elle se plaqua les mains sur le visage et gémit.

— Tu ne m'écoutes pas vraiment. Confierais-tu ta mère à une inconnue, disons ma voisine de palier ?

— Si tu te portais garante d'elle, oui. Ta parole me suffirait.

— Mais dans cette situation, ta mère pourrait t'appeler en cas de problème, ce qui n'est pas vrai pour les jumeaux. Ils n'ont que trois ans, Leo.

Elle secoua la tête.

— C'est très gentil de ta part, mais je ne peux pas accepter. C'est tout simplement impensable.

Bien, songea-t-il, il avait beau faire, il ne la convaincrait pas. Autant trouver une autre solution, et vite.

— Et si c'était une amie à toi ?

— Que veux-tu dire ?

— Les jumeaux parlent beaucoup de Nina, qu'ils ont l'air d'adorer. Je peux lui demander de nous accompagner si elle est libre. Bien entendu, elle voyagerait avec nous et logerait au *palazzo*. Est-ce que ça te conviendrait ?

— Je...

Elle semblait déchirée, et il commençait à désespérer. Mais il n'était pas à bout d'arguments.

— Rosie, nous avons décidé ensemble que les enfants devaient passer d'abord, mais tu as aussi besoin de souffler de temps en temps. Tu n'es pas *que* leur mère. Viens te distraire avec moi, dîner, danser un peu. Je te promets que nous serons rentrés à minuit.

— Je ne parle pas un mot d'italien.

— Je peux t'apprendre quelques phrases et te servir d'interprète si nécessaire. Du reste, la plupart des gens que tu rencontreras parlent anglais.

Elle se mordilla la lèvre inférieure.

— Je regrette, Leo, mais c'est trop important pour que je me décide à la légère. J'ai besoin d'y réfléchir.

Au moins, ce n'était pas un « non » catégorique...

— Pas de problème, tu as le temps. Ah, une précision : si jamais tu acceptes, je t'achèterai une robe pour l'occasion.

Elle lui jeta un regard noir.

— Je n'ai pas besoin qu'on m'achète mes...

Sa voix s'étrangla.

— C'est un bal officiel, c'est-à-dire smoking et cravate noire, et toilette haute couture, n'est-ce pas ?

— Nœud papillon et gilet blancs.

— Encore plus chic !

— La différence n'est pas énorme.

— Tenue de soirée, donc.

Elle fit la grimace.

— Si j'y vais — et j'ai bien dit « si » —, je pourrais louer une robe à l'une de ces agences spécialisées...

— Ou me permettre de t'en offrir une. Non parce que je veux tout diriger, mais parce que tu me rends un grand service et que ce n'est pas à toi de faire des dépenses extraordinaires.

— Je vais y réfléchir. Tu me prends vraiment au dépourvu !

— J'ai reçu l'invitation il y a quelques semaines mais, au moment où je l'ai acceptée, j'ignorais encore que je signerais un contrat pour le Paddington et que je te rencontrerais.

Il lui vola un baiser.

— Mais nous ne sommes que lundi, tu as le temps de demander conseil à l'un de tes proches. Si tu décides de m'accompagner, nous pourrions aller acheter la robe jeudi soir. À condition que tu trouves une baby-sitter pour la soirée, bien entendu.

— D'accord.

— J'aimerais avoir ta réponse mercredi. Tu crois que ça sera suffisant pour que tu réfléchisses ?

— Je suppose...

— Je ne t'en voudrai pas si tu refuses. Mais j'aimerais tant passer du temps avec toi et les enfants !

Une fois rentrée, Rosie envoya un texto à sa sœur.

Es-tu libre demain soir ? J'ai besoin d'un conseil.

Deux minutes plus tard, son téléphone sonna : c'était Daisy qui l'appelait...

— Nous pouvons parler tout de suite, si tu veux. Que t'arrive-t-il, sœurette ?

Zut ! Elle n'avait pas eu le temps de préparer ce qu'elle allait dire...

— Rien de grave, en fait, je... Euh... Je sors avec quelqu'un.

— Sérieux ? Super ! Raconte-moi tout. Son nom, comment tu l'as rencontré, à quoi il ressemble.

Elle aurait dû s'y attendre... Elle répondit dans l'ordre.

— Il s'appelle Leo, il est pédiatre à l'hôpital, et il est adorable.

— Dans ce cas, pourquoi voudrais-tu un conseil ?

— Daisy, tout ce que je vais te dire est confidentiel, d'accord ?

— Tu m'inquiètes. Tu n'as pas rencontré un autre Michael, au moins ?

— C'est tout l'opposé.

— Où est le problème, alors ?

— Il est italien, il a un contrat de deux mois. Et il voudrait que je l'accompagne en Italie ce week-end.

— Pour te présenter à sa famille ?

— Entre autres. Mais il me demande aussi de l'accompagner à un bal de charité en faveur d'une clinique privée qu'il subventionne.

— Oh ? Il est si riche que ça ?

— Euh... Je ne t'ai pas dit... C'est un duc.

— Duc ? Comment se fait-il qu'il soit aussi pédiatre ?

— C'est un peu compliqué. Mais c'est un type bien, et les enfants l'adorent.

— Il les connaît déjà ? Remarque, s'il a réussi à les séduire, c'est qu'il est spécial. Alors où est le problème, avec l'Italie et le bal ? Je suppose qu'il vient juste de t'en parler et qu'il t'a prise de court ?

— Exactement. Il veut aussi faire garder les jumeaux par une jeune Italienne de son entourage.

— Que tu ne connais pas, et tu as refusé. Tu lui as raconté ce qui s'était passé avec Michael ?

— Oui. Tu trouves que j'exagère ?

— Un peu, mais tu as des circonstances atténuantes.

— Alors il a proposé d'emmener Nina, mon amie qui s'occupe des jumeaux à la crèche. Il estime que nous avons tous besoin de nous amuser un peu.

— Il a bien raison. Il est temps que tu te changes les idées. Tu es seule depuis plus d'un an... Ou, plutôt, tu l'étais depuis la naissance des enfants puisque Michael était un vrai courant d'air. Vas-y, et prends du bon temps.

— Tu crois ?

— Je suis sûre. Au fait, que comptes-tu porter, pour le bal ?

— Tenue de soirée de rigueur. Leo a offert de m'offrir une robe, au prétexte qu'il ne veut pas que j'engage des frais pour un service que je lui rends.

— Il me paraît très attentionné. Quand vas-tu l'acheter ?

— Jeudi soir, si j'accepte. Daisy, je sais que c'est un peu tard pour te le demander, mais pourrais-tu...

— Garder les jumeaux ? Bien entendu ! Comme ça, je le verrai quand il te ramènera. Je te dirai ce que j'en pense et, s'il me fait bonne impression, tu pourras partir tranquille. Tu te souviens de la dernière fois où tu as dansé ?

— C'était avant la naissance des jumeaux.

— Pff ! N'hésite pas. Et, si jamais Nina a quelque chose de prévu, je partirai à sa place. Je suis ta sœur, et je suis certaine que tu ferais la même chose pour moi.

— Merci, Daisy, et aussi de les garder le soir. Je te revaudrai ça.

— Fais des provisions de pizza, de donuts et de fraises, et nous serons quittes. Je suis si contente que tu sortes t'amuser, pour une fois !

— Leo, tout vaut une fortune, ici !

Elle lui jeta un regard plein de détresse en le voyant s'arrêter sur le seuil d'un grand magasin de luxe.

On était jeudi soir et, comme promis, il l'avait emmenée faire des achats en ville.

Il haussa les épaules.

— Mais leurs robes de bal sont ravissantes. Ne proteste pas, il t'en faut une.

— J'ai l'impression d'être Cendrillon, marmonna-t-elle.

— Je ne suis pas le prince charmant, et tu n'es pas une pauvre enfant maltraitée à la maison. De plus, je ne vois pas ce qu'il y a de mal à profiter d'un peu de glamour pendant une soirée.

Elle, si. Elle avait payé le prix fort avec Michael...

Mais il fallait qu'elle cesse de se comporter en mijaurée qui quête à tout prix l'attention. Il s'efforçait d'être gentil, inutile d'être désagréable.

— Merci, Leo.

En faisant des essayages, elle dut admettre qu'elle s'amusait.

— Puis-je vous donner mon avis ? demanda la vendeuse. Avec vos cheveux auburn, celle-ci sera extra. Deux couleurs opposées.

Elle lui présentait une robe longue turquoise au décolleté en cœur et aux bretelles ornées de rubans blancs et de paillettes étincelantes.

— J'ai aussi les chaussures qu'il vous faut. Quelle est votre pointure ?

— Trente-huit.

— Je vous trouve ça.

Quand elle eut passé la robe, la vendeuse lui tendit une paire d'escarpins à lanières fauves, à talons hauts.

— Voulez-vous demander l'avis de votre petit ami ?

Leo n'était pas tout à fait son petit ami... Mais elle n'allait pas raconter sa vie.

— Euh... Pourquoi pas ?

Le regard qu'il lui lança quand elle sortit de la cabine était éloquent. Et une onde de chaleur se répandit dans tout son corps quand elle le vit bouche bée. Ainsi, elle parvenait à le rendre muet...

— Tu es ravissante, dit-il enfin. Tu l'es toujours, mais dans cette robe...

— Merci.

— Il te faut aussi une pochette, pour ton téléphone. Je suppose que tu appelleras Nina toutes les heures pour avoir des nouvelles des enfants ?

En fin de compte, Nina était libre ce week-end, et ravie de cette occasion de visiter la Toscane.

— Tu estimes que je suis trop protectrice ?

— Un peu, mais c'est compréhensible.

— Hum. Merci encore pour tout.

Il attendit qu'elle se change et prit les paquets, le dernier contenant une pochette à sequins assortie aux chaussures. Puis il passa un bras autour de ses épaules pour la guider vers la sortie.

— On va dîner ? Je suppose que tu as appelé ta sœur pendant les essayages, sinon nous serions rentrés depuis longtemps !

— Oui. J'ai même envoyé une photo de moi dans la robe. Daisy l'a trouvée magnifique, et elle m'a recommandé de prendre mon temps.

— Parfait...

Il dénicha un petit restaurant où ils s'installèrent, et elle sourit en consultant la carte.

— Les jumeaux n'auraient pas aimé ça. Trop compliqué pour eux.

— Profites-en. Et c'est moi qui t'invite, ne discute pas.

Elle choisit du crabe à l'avocat et au pamplemousse, puis du flétan frit sur lit d'algues, accompagné de morilles et de pommes de terre royales de Jersey. Tout était un régal et, à la fin du repas, il lui restait une petite place pour partager une crème brûlée aux fruits de la passion avec Leo. C'était si intime, de frôler ses doigts en mangeant...

En quelque sorte, c'était leur premier rendez-vous, et elle se sentait intimidée.

— Tout va bien, Rosie ?

— Oui. C'est agréable de manger en tête à tête...

— J'aime beaucoup les enfants, mais c'est super que nous soyons seuls, pour une fois.

Pendant qu'ils buvaient le café en dégustant des petits-fours, il lui prit la main. C'était tellement romantique ! Et cela dut lui plaire aussi car il ne la lâcha plus jusqu'à la maison.

Elle s'arrêta sur le seuil.

— Puisque je vais rencontrer ta famille, que dirais-tu de faire la connaissance de ma sœur ?

— Volontiers.

— Entre.

— Ah, te voilà ! J'espère que vous avez passé une bonne soirée.

La jeune femme qui sortait du salon ressemblait tant à Rosie que toute présentation était inutile.

— Ils dorment à poings fermés, pas la peine de te précipiter pour vérifier !

Elle se tourna vers lui en souriant.

— Je suis Daisy, et vous devez être Leo ?

— En effet. Enchanté de vous connaître, Daisy.

— Il paraît que vous emmenez ma sœur en Italie pour le week-end ?

— Oui. En ami, et priorité aux enfants.

— Contente de l'entendre. Venez m'aider à préparer le café pendant que Rosie va quand même voir si ses bébés ne se sont pas envolés. Elle m'a envoyé je ne sais combien de textos…

— Navrée, murmura Rosie qui montait déjà l'escalier.

— C'est gentil, de l'inviter chez vous…

— « Mais »… Laissez-moi deviner la suite : elle a déjà rencontré un homme qui l'a laissée tomber après lui avoir promis monts et merveilles.

— Puisque vous abordez ce sujet, j'en conclus que, vous, vous n'avez pas l'intention de la faire souffrir.

— La vie n'est pas simple. À mon avis, il faut saisir le bonheur à pleines mains, même quand on le trouve là où on ne l'attendait pas.

— Vous avez raison.

— Daisy, je prendrai soin d'eux, dit-il d'une voix douce.

Elle ouvrit le pot à café.

— C'est tout ce que je demande.

— Je suis heureux que sa famille la soutienne. Je suppose

qu'elle vous a parlé de moi, et que vous avez cherché des renseignements sur Internet ?

— N'est-ce pas ce que ferait n'importe quelle sœur aînée ? Selon la rumeur, vous seriez un bourreau des cœurs...

— C'est faux, dans la mesure où j'annonce toujours la couleur.

— Même à Rosie ?

— Oui. Pour être franc, je suis aussi surpris qu'elle et je ne vois pas où cela va nous mener. Mais je ne leur ferai jamais de mal, ni à elle ni aux enfants. Nous leur avons expliqué qu'elle me pilotait dans Londres et m'invitait à dîner parce que je ne connaissais encore personne.

— Parfait.

— Vous n'aurez pas de morceaux à ramasser, je vous le promets.

— C'est un interrogatoire en règle, Daisy ? demanda Rosie qui revenait.

— Obligation de grande sœur !

— J'aurais été inquiet du contraire, intervint Leo. Et je pense que nous nous sommes compris.

— Moi aussi. Rosie, ta photo était floue, j'aimerais bien voir cette robe de près.

— Oui, chef ! marmonna Rosie en remontant l'escalier.

— Magnifique ! s'exclama sa sœur quand elle redescendit. Lexi va te dire qu'il te manque une couronne. Une vraie princesse ! Celle à la robe bleue, tu sais ?

— Cendrillon..., grommela Rosie.

— Daisy, nous avons déjà établi que je ne suis pas le prince charmant et que ma voiture ne se changera pas en citrouille à minuit.

— Pourtant, vous êtes brun, et vous l'emmenez au bal. Comptez-vous porter une tenue royale, avec un sabre et des épaulettes dorées ?

— Je ne suis que duc. Juste la queue-de-pie, et le gilet et le nœud papillon blancs réglementaires.

— Oh ! Très chic ! Avec un chapeau haut de forme ? Et une cape d'opéra ?

Il se mit à rire.

— Vous me prenez pour un personnage de pantomime ? Pas de monocle, non plus.

— Dommage, Freddie aurait adoré !

— À mon avis, il me préférerait en dinosaure.

Elle éclata de rire.

— Vous avez raison. Bon, je cesse de vous cuisiner. Allons boire le café.

En présence de sa sœur, Rosie était plus détendue, se dit-il. Et il aimait ce côté enjoué et taquin qu'il découvrait. Qui, en fait, réveillait le sien. Peut-être cela pouvait-il marcher, après tout... Et si sa mère s'entendait bien avec elle, comme il le prévoyait, ce week-end pourrait être le début de leur avenir ensemble...

8

Le samedi matin, Leo alla chercher Rosie. Ils installèrent les sièges auto dans sa voiture puis leurs bagages dans le coffre et passèrent prendre Nina.

— On va manger une glace en Italie ! lui annonça Lexi en sautant dans son siège.

— Et voir des chevaliers en armure, avec des épées, ajouta Freddie. On va dormir dans un vrai château !

Nina sourit.

— Je vois que vous êtes bien impatients ! Ce soir, pendant que votre maman et Leo seront au bal, nous ferons des coloriages.

— Ouais ! s'écrièrent-ils en chœur.

En s'installant à bord, Rosie ne put s'empêcher de faire des comparaisons. Même si les voyages qu'elle avait effectués avec Michael étaient luxueux, ils n'avaient rien à voir avec celui-ci : cette fois, pas d'attente à l'aéroport, et l'avion, bien que de dimensions modestes, était pourvu de sièges profonds et confortables, disposés de façon à laisser de l'espace pour étendre ses jambes tout à loisir.

Les enfants étaient fous de joie et d'excitation. Quand le pilote annonça au micro qu'ils pouvaient déboucler leurs ceintures, Leo les fit approcher du hublot et les souleva pour qu'ils voient le paysage en dessous.

— Les maisons sont toutes petites ! s'écria Lexi.

— Et les nuages, on dirait du coton ! dit Freddie.

Ils les laissèrent s'extasier de voir les montagnes et les

paysages de si haut, et enfin Leo les rattacha sur leurs fauteuils pour l'atterrissage à Florence.

À la sortie de l'aéroport, Rosie avisa une limousine qui les attendait, équipée de sièges auto. Le chauffeur était en livrée, un képi sur la tête. Faisait-il partie du personnel de Leo, ou l'avait-il loué avec la voiture pour la journée ?

Tandis qu'ils roulaient vers les collines, à la sortie de la ville, Leo exposa aux jumeaux tout ce qu'ils voyaient et répondit à leurs questions. Tant mieux, se dit Rosie, elle n'avait pas à faire la conversation. Car, à présent qu'ils approchaient de leur but, elle sentait monter l'angoisse : et si la mère de Leo ne la trouvait pas à son goût parce qu'elle avait des enfants ? Ou si elle-même faisait une gaffe au bal et provoquait une sorte d'embarras diplomatique ?

Plus ils approchaient du *palazzo*, plus elle se sentait nerveuse. Lorsque la voiture s'arrêta devant un portail en fer forgé, elle craignit que ses jambes ne se dérobent sous elle.

— Nous y voici ! annonça Leo.

Il bondit hors de la limousine, tapa un code sur le clavier incrusté dans le mur de pierre, et les portes s'ouvrirent.

Ils parcoururent ensuite une longue allée flanquée de hauts cyprès, puis, soudain, le château apparut au bout : un immense bâtiment de trois étages, fait de pierre couleur de miel, pourvu d'une tour en son centre. De hautes et étroites fenêtres en ogive parsemaient la façade, et des colonnades longeaient le rez-de-chaussée. Un vrai palais de conte de fées, songea-t-elle.

— C'est la tour de la princesse ? demanda Lexi.

— Non, c'est la mienne, répondit Leo. Mon bureau est tout en haut, et la vue est merveilleuse. J'ai une chambre et une salle de bains à l'étage en dessous, et un salon encore en dessous.

— Tu es prince ? s'enquit la fillette.

— Non. Tu sais que je suis médecin puisque je travaille à l'hôpital avec ta maman.

— Mais tu vis dans un château !

— Je suis duc.

— Qu'est-ce que c'est, un duc ? s'enquit Freddie.

— Un peu comme un prince, dit Rosie.

— Sauf que je ne porte pas de couronne.

— Tu peux faire des chevaliers ? demanda Freddie.

— Non, mais je peux te montrer des armures quand nous serons entrés.

La grande porte s'ouvrit pendant qu'ils descendaient de voiture, et un homme aux cheveux gris, en haut-de-forme et queue-de-pie, vint à leur rencontre.

Intriguée, elle remarqua que les traits de Leo exprimaient l'ébahissement.

— Euh... Voici Carlo, mon majordome.

Le vieil homme souleva son chapeau et fit la révérence.

— *Buongiorno.* Bienvenue au Palazzo di Calvanera. Si vous avez besoin de quoi que ce soit, *signora, signorina*, demandez-moi.

Il se tourna vers Leo.

— Vos bagages sont dans la voiture, *Duca* ?

Leo leva les yeux au ciel.

— « *Duca* » ? Carlo, il y a plus de trente ans que tu m'appelles par mon prénom. Et où as-tu déniché ce costume de comédie ? Tu l'as loué ?

Carlo s'esclaffa.

— Ça se peut... Leo, tu es le *Duca di Calvanera*, il me faut un uniforme !

— Et depuis quand ? En fait, je devrais m'estimer heureux que tu n'aies pas choisi une livrée de carnaval !

— Gio a une splendide tenue du Malvolio de *La Nuit des Rois*, que j'aurais bien empruntée, mais je n'entrais pas dans le pourpoint.

Il exécuta une nouvelle courbette.

— Mon fils, Gio, est directeur d'une compagnie de théâtre à Florence. Leo l'a aidé à la monter.

Pas étonnant, se dit Rosie, les deux hommes avaient l'air de s'apprécier beaucoup...

— Ta *mamma* est dans son salon avec Violetta. Je vais monter les bagages dans les chambres et prier Maria de vous apporter à boire.

— Merci.

Sortant enfin de son personnage, Carlo prit Leo dans ses bras.

— Bienvenue chez toi, mon garçon. Je suis heureux de te voir. Il me semble que tu as toujours l'âge de celui-ci, ajouta-t-il en ébouriffant les cheveux de Freddie.

Le garçonnet s'accrocha aussitôt à la jambe de Leo en levant vers le majordome des yeux écarquillés.

— Mon fils est un peu timide, expliqua Rosie.

Carlo s'accroupit.

— Qu'est-ce que tu veux boire, Freddie ? Du lait, du jus de fruits, de la limonade ?

— Du lait, s'il vous plaît, répondit Lexi.

— Moi aussi, murmura Freddie. S'il vous plaît.

— Bienvenue au *palazzo* ! répéta Carlo en les précédant à l'intérieur.

C'était immense. Le sol du vestibule à colonnes était à damier, et les murs d'un rouge sombre ornés de tableaux dans des cadres dorés ; au plafond, des stucs décoratifs entouraient les corniches et une peinture occupait le centre. Il y avait des lustres en verre de Venise, une armure brandissant une hache de guerre, une imposante horloge à balancier, et une desserte dorée au plateau de marbre supportant un énorme bouquet de roses.

— On dirait le palais du prince dans *La Belle et la Bête* ! s'exclama Lexi, l'air ravi.

— Tu aimes ce conte ? demanda Leo.

— Oui ! Et c'est le préféré de maman parce que la Belle apprend au prince à être gentil.

— C'est important, d'être gentil.

Faisait-il simplement preuve de gentillesse envers elle et les enfants ? s'interrogea Rosie. Ou était-ce plus profond ?

À une extrémité du vaste hall s'élevait un grand escalier à rampe et balustrade dorées. Elle se figura une duchesse en train de le descendre en robe longue froufroutante et talons hauts...

Soudain, elle se sentit intimidée. Même si l'accueil de Carlo avait été chaleureux, elle n'était pas dans son milieu habituel. Bien entendu, elle avait déjà visité quelques châteaux et apprécié l'éclat de ce monde si différent du sien mais, à présent, elle était invitée dans un palais dont le propriétaire l'avait embrassée à lui donner le vertige...

— Il paraît que *mamma* est dans son salon particulier. Venez, je vais vous la présenter !

Rosie prit la main de Freddie, et Nina celle de Lexi, et ils suivirent Leo. Le plafond du salon était également décoré de stucs, mais les murs étaient d'un turquoise vif surprenant. Les immenses fenêtres, qui laissaient entrer une vive clarté, donnaient sur le jardin à la française situé à l'arrière du *palazzo* ; le sol en marbre était parsemé de divers tapis de soie et, devant les canapés et les fauteuils recouverts de velours vieil or ou de damas à rayures crème, elle éprouva un pincement au cœur : ces tissus ne supporteraient pas les petits doigts collants...

— Ne touchez à rien, les enfants, murmura-t-elle.

Pour l'instant, les jumeaux semblaient aussi intimidés qu'elle.

— Permettez-moi de vous présenter. Inutile de vous lever, *mamma* et Violetta.

Rosie remarqua la canne posée près de la mère de Leo.

— Voici Rosie, Freddie et Lexi, et Nina, qui s'occupera d'eux ce soir.

Il se tourna vers elle.

— Ma mère, la duchesse de Calvanera, et son amie Violetta.

— *Buongiorno*, *Duchessa* et *Signora Violetta*, dit Rosie en faisant une courbette que Nina imita.

— *Bwun-gy-or-no !* s'écrièrent les jumeaux à l'unisson.

Freddie se courba, et Lexi tenta une révérence qui faillit la déséquilibrer.

— Mes chéris, je suis ravie de vous connaître. Ne vous inquiétez pas, nous n'aimons pas les cérémonies, au *palazzo*. Et appelez-moi Beatrice.

Curieux..., songea Rosie. La mère de Leo semblait tout à fait charmante, et très simple. Ce devait être son père qui régentait tout, dans son enfance...

— Et, moi, appelez-moi Violetta, ajouta la dame de compagnie en souriant.

— Enchantée, Violetta. Merci de nous recevoir, Beatrice.

— Soyez tous les bienvenus. Leo, va à la cuisine prier Maria de préparer des boissons, s'il te plaît.

— Carlo s'en charge, *mamma*.

— Je pense que tu devrais le faire toi-même, dit-elle en fixant la porte.

Leo partit, un peu inquiet de laisser Rosie seule avec sa mère et Violetta. Mais le *palazzo* avait beaucoup changé depuis la disparition de son père qui n'aurait pas apprécié, par exemple, que les murs gris foncé du salon aient été repeints en turquoise, ni que son épouse soit si directe et chaleureuse à l'égard d'inconnus.

Comme il s'y attendait, Maria l'accueillit à bras ouverts.

— C'est si bon de te voir, Leo ! Nous avons besoin de toi, ici. Et d'enfants. Ce *palazzo* manque de rires enfantins.

Bien entendu, Carlo avait mis sa femme au courant…

— En tout cas, il n'en manquera pas ce week-end !

Il retourna au salon muni d'un lourd plateau d'argent chargé de thé, de gâteau et de lait pour les jumeaux. En trouvant Lexi sur les genoux de sa mère, en train de parler princesses et couronnes, il réprima un sourire. Il aurait dû deviner que la fillette serait la première à briser la glace et retrouverait vite son assurance. Freddie, en revanche, était muet, assis sur le canapé près de sa mère dont il tenait la main bien serrée.

— Carlo a monté les bagages, annonça-t-il en servant le thé.

Il remarqua que Rosie fixait les verres de lait d'un air anxieux.

— Asseyez-vous pour boire votre lait, les enfants.

— Ne t'en fais pas, Rosie, ce sont des verres de sécurité.

Il leur en tendit un à chacun et désigna le gâteau.

— Maria nous a concocté sa *schiacciata alla Fiorentina*, un biscuit de Savoie à l'orange nappé de sucre glace.

Rosie sembla tout à coup épouvantée, et Beatrice lui sourit.

— Leonardo ne s'est pas privé de semer des miettes sur les fauteuils quand il était petit, vous savez ! Ni de renverser du jus de fruits ! Tout se nettoie.

Rosie lui adressa un regard reconnaissant.

Le gâteau était tiède et délicieux, et les enfants le mangèrent avec soin, sans rien tacher.

— Leo, pourquoi ne les emmènes-tu pas visiter le *palazzo*,

pendant que je prends une autre tasse de thé avec Violetta ? Je suis sûre que Freddie sera passionné par les armures.

— Des chevaliers ! s'écria Lexi en descendant si vite des genoux de la duchesse qu'elle faillit renverser son thé.

— Fais attention, Lexi, et cesse de crier !

— Tout est excitant, à cet âge, intervint Beatrice. Et, à mon avis, les enfants ont *aussi* le droit d'être bruyants.

Depuis quand ? songea Leo. Dans son enfance à lui, le silence était de rigueur... Mais il devait s'agir des instructions de son père que sa mère n'osait contredire. Bien qu'affaiblie par son arthrite, qui la forçait à marcher avec une canne, elle semblait mentalement plus forte...

— Bien, d'accord, *mamma*. Allons-y, les enfants !

Rosie et les jumeaux le suivirent pour la visite du rez-de-chaussée : la salle à manger à l'imposante table cirée où vingt convives pouvaient prendre place, un autre salon fastueux, une pièce utilisée par le personnel comme bureau durant la semaine, où le mobilier massif supportait un équipement informatique de pointe, puis la bibliothèque, aux murs tapissés d'étagères du sol au plafond — qui selon Lexi ressemblait aussi à celle de *La Belle et la Bête* —, et la salle de musique avec son épinette, sa harpe et son piano demi-queue.

Enfin, ils pénétrèrent dans la salle d'armes. Des armures de différentes époques du *palazzo* y étaient alignées, et des boucliers et des épées étaient fixés aux murs.

Comme il s'y attendait, Freddie était bouche bée.

— Mais celle-ci, elle est toute petite ! s'exclama-t-il soudain en désignant une armure à la taille d'un enfant.

Leo se rappela combien cette miniature l'avait fasciné au même âge, et que son père lui avait interdit de la toucher. Pourtant, l'envie avait été trop forte, et son père, bien sûr, l'avait puni...

Mais il n'était pas son père.

— C'est l'armure de cérémonie, forgée il y a environ deux siècles pour l'un des ducs de Calvanera.

Il s'approcha et souleva le casque.

— Tu veux l'essayer ?

— Je peux ? S'il te plaît ? demanda Freddie, les yeux écarquillés de stupeur.

Leo l'aida à le passer puis s'agenouilla près de lui, son téléphone à la main.

— Une photo s'impose, je pense.

— Moi aussi ! s'écria Lexi. S'il te plaît !

— D'accord.

Il prit un cliché de la fillette coiffée du casque à la visière levée.

Freddie galopait sur place tel un chevalier sur son cheval. En souriant, Leo remit en place le petit casque.

— À présent que vous avez tout vu, montons à l'étage, dit-il lorsqu'ils se retrouvèrent au bas du grand escalier.

En gravissant les marches, Rosie ne savait plus où regarder : les murs étaient ornés de portraits dans des cadres dorés dont les vêtements étaient de plus en plus anciens à mesure qu'ils montaient. Ceux des ancêtres, probablement... Le premier devait donc être celui du père de Leo... Pourquoi ne l'avait-il pas signalé à leur passage ? Il ne tenait sans doute pas à en parler. Il n'avait pas non plus mentionné le suivant, celui d'un homme à l'air également dur et intraitable, sans doute son grand-père... Était-ce un trait de caractère du côté paternel de la famille ? Le palais avait plutôt dû être une prison, pour un enfant. Elle avait remarqué son expression étonnée quand sa mère avait autorisé les jumeaux à faire du bruit. Il avait vraiment dû passer son enfance dans un carcan...

Au premier étage, le sol était aussi en marbre et le plafond orné des mêmes stucs qu'au rez-de-chaussée. Pourtant, les chambres d'amis se révélèrent assez simples : plancher au sol, murs respectivement couleur citron, bleu canard et eau-de-Nil, et tableaux représentant des paysages. Des portes-fenêtres aux rideaux en voile blanc les éclairaient.

Leo les fit entrer dans une chambre meublée de deux petits lits à baldaquin.

— C'est ici que vous dormirez cette nuit, les enfants !

— Un lit de princesse ! s'exclama Lexi, visiblement ravie.

— Et l'autre de prince pour ton frère, dit-il en souriant. Toutes les chambres possèdent leur salle de bains privée. Nina, vous êtes à côté, si cela vous convient.

— Ce sera parfait, merci.

Rosie devina que la chambre suivante était la sienne, car elle y trouva sa robe pendue sur un cintre.

— Merci, Leo, c'est magnifique !

— On peut voir la tour, maintenant ? demanda Lexi.

— Bien sûr !

Les appartements de Leo ne ressemblaient pas au reste du palais. Il ne leur montra pas sa chambre, mais les murs de son salon étaient blancs et le mobilier beaucoup plus moderne, en bois clair léger. Au mur, des aquarelles évoquant le ciel et la mer. Son bureau, tout en haut, était tapissé d'étagères remplies de livres, et sur sa table de travail était posé un ordinateur dernier cri.

— Regardez par la fenêtre, dit-il en soulevant les jumeaux.

— On voit presque jusqu'au bord du monde ! s'écria Freddie.

— Jusqu'aux collines de Toscane, rectifia-t-il en souriant. Venez, allons rejoindre *mamma* et Violetta pour visiter les jardins.

Beatrice se leva avec peine, refusant d'un geste l'offre de Leo de l'aider, et se redressa à l'aide de sa canne.

Puis Violetta lui prit le bras, et elles passèrent devant.

Dès qu'ils furent dehors, Leo s'accroupit à la hauteur des jumeaux.

— Votre maman a un règlement pour le parc et, moi, j'en ai un ici, que vous devez respecter : vous pouvez courir partout sur les pelouses, mais ne vous approchez pas du lac tout seuls, attendez qu'on vous tienne par la main, compris ? Même chose pour la fontaine.

— Promis ! répondirent-ils en chœur.

Le cœur de Rosie se gonfla de joie : il avait d'abord pensé à la sécurité des enfants… En marchant, sa main frôla la sienne, et ce léger contact la fit frissonner. Elle eut envie d'enrouler ses doigts autour des siens, mais, pour l'instant, il n'en était pas question. Il devait y penser aussi, car il murmura : « Plus tard. »

Au bal, ils danseraient joue contre joue… Elle sentit le désir monter dans son ventre, la faisant frissonner tout entière. Elle se figura en train de traverser la roseraie qui embaumait, ce soir, en rentrant du bal, et de l'embrasser à chaque pas…

Elle se secoua. Pour l'instant, mieux valait écouter les explications de Beatrice, assise sur l'un des bancs de pierre.

— C'est vraiment magnifique !

— Merci, ma chère. Maintenant, vous me pardonnerez, j'ai assez marché pour aujourd'hui. Continuez sans nous.

Ils se rapprochèrent du lac et, une fois leur tour fini, reprirent Beatrice et Violetta au passage pour aller s'installer sur la terrasse ombragée de l'arrière, où Carlo apporta des rafraîchissements.

— On peut jouer au ballon ? demanda Lexi.

— Bien sûr ! Je vous accompagne, répondit Leo en les entraînant sur la pelouse.

Beatrice la regarda en souriant.

— Il faut que je vous remercie, Rosie. C'est si bon de voir mon fils détendu et heureux… Et c'est à vous que je le dois.

— Euh… Nous sommes amis, c'est tout…

— À en juger par les regards que vous échangez, un peu plus, à mon avis.

— Je n'étais pas certaine que vous approuviez que je sorte avec lui. Je ne suis pas noble, et j'ai déjà deux enfants…

— Quelle importance ? C'est un plaisir de les entendre rire. Ça n'est pas arrivé si souvent, quand Leo était petit… Le plus grand désir d'une mère, c'est que les enfants soient heureux, non ?

— Hum. Et sa plus grande peur, qu'on leur fasse du mal.

— Je pense que nous nous comprenons. Je suis contente qu'il vous ait amenée.

Rosie sentit son cœur s'emballer. Peut-être leur relation était-elle possible, en fin de compte…

Leo et les enfants revinrent, essoufflés mais ravis.

— Pourquoi vous n'avez pas de chien, Beatrice ? demanda Lexi.

— Parce que je suis trop vieille, que je marche difficilement et que je ne pourrais pas le promener.

— Nous, c'est parce que maman travaille, intervint Freddie, la mine triste.

— Et si vous dessiniez un peu ? proposa Rosie pour faire diversion. Nina, as-tu des crayons avec toi ?

Nina sortit le nécessaire de son sac.

Comme il fallait s'y attendre, ils dessinèrent chacun un chien.

Lexi tendit son dessin terminé à Beatrice.

— C'est pour vous ! Un chien qu'on n'est pas obligé de promener.

— Et le mien aussi, comme ça, ils joueront tous les deux, renchérit Freddie.

Beatrice les serra sur son cœur.

— Merci, mes enfants, vous êtes adorables.

— Et si nous chantions ? proposa Leo.

Il entonna un air dont les jumeaux reprirent le refrain.

C'était un rêve, songea Rosie, un rêve merveilleux… Elle apprécierait chaque seconde de ce week-end sans oublier que c'était une parenthèse dans sa vie.

— À quelle heure couchez-vous les jumeaux, Rosie ? demanda Beatrice.

— En principe, après le dîner qu'ils prennent vers 18 heures, je leur donne un bain, et je les mets au lit.

— Le bal commence à 20 heures, donc il nous faudrait partir une demi-heure avant, dit Leo.

— Je serai prête, ne t'en fais pas.

— Je vous rappelle que je suis là pour m'occuper d'eux ! intervint Nina.

— J'aimerais leur lire une histoire, dit la mère de Leo. Il y a longtemps que je ne l'ai pas fait. Ça me manque.

Leo retint une grimace. Insinuait-elle qu'il devait se hâter de lui faire des petits-enfants ? Peut-être se sentait-elle seule, tout simplement… En tout cas, il était heureux qu'elle ait si vite adopté les enfants.

— Nina, vous partagerez notre repas, ce soir. Maria a mis les petits plats dans les grands.

— Merci, dit la jeune femme en rougissant.

Le *palazzo* avait bien changé…, se dit Leo. Du temps de son père, Nina aurait été traitée comme une domestique.

Maria avait façonné des oursons en mie de pain à l'ail pour

les enfants, et préparé des pâtes et de la crème glacée. Elle insista pour que Rosie et Leo mangent des *piadinas*, des petits pains grillés fourrés au jambon et au fromage.

Le repas terminé, tout le monde, à l'exception de Leo qui partait se préparer, monta coucher les jumeaux.

— Je m'occupe du bain, Rosie, dit Nina. Va te changer, nous voulons te voir en tenue de bal avant ton départ.

Elle obtempéra.

— Maman ! On dirait une princesse ! s'écria Lexi quand elle revint.

— Une princesse spéciale ! ajouta son frère.

Après l'avoir examinée sans rien dire, Beatrice se tourna vers sa dame de compagnie.

— Il manque quelque chose, tu ne trouves pas, Violetta ? Viens m'aider.

Elles disparurent et revinrent peu après avec un large écrin en cuir orné de dorures que Beatrice ouvrit.

Rosie poussa un cri d'admiration en découvrant une parure, collier, pendants d'oreilles et bracelet, qui scintillaient de mille feux.

— Mais... Ce sont de vrais diamants !

— Oui. Ce sont les miens, mais je suis trop vieille pour aller au bal, et je ne peux plus danser. Portez-les pour moi, je vous prie.

— On dirait vraiment une princesse ! s'exclama Leo, qui entrait.

Rosie en perdit la respiration : il était époustouflant, en queue-de-pie, pantalon noir, gilet et nœud papillon blancs.

— Une photo, une photo ! s'écria Lexi.

— Bonne idée ! dit Beatrice en sortant son portable.

— Prenez-la par les épaules, Leo ! ordonna Violetta.

Le contact de la paume de Leo sur sa peau la fit frissonner.

Beatrice appuya sur le bouton en souriant.

— *Bellissima*... Allez-y, maintenant, et amusez-vous bien !

9

— Jusqu'à présent, je n'avais vu ce genre de véhicule que dans les magazines !

Leo conduisait un cabriolet noir, élégant et racé.

— Je me préfère en médecin, mais j'avoue que ces voitures sont mon point faible. Et, si je n'étais pas duc, je ne pourrais pas me les offrir...

— Mais tu ne dépenses pas tout ton argent pour toi. Nous allons à un bal de charité en faveur d'une clinique que tu subventionnes. Ainsi qu'une compagnie de théâtre, si j'ai bien compris ce que disait Carlo ?

— Quand on est riche, c'est important d'en faire profiter les autres.

Hum... Il lui sembla que, si Beatrice était aussi de cet avis, ce ne serait pas le cas de son défunt mari. Mais inutile d'aborder le sujet...

— Je me fais vraiment l'effet d'être Cendrillon. Vais-je perdre ma pantoufle de vair ?

— Je ne crois pas. Mais tu es splendide, et nous allons nous amuser.

Seuls, tous les deux... Bien entendu, Leo devait connaître tout le monde mais, pendant qu'ils danseraient, ils seraient en tête à tête.

Tandis qu'il garait la voiture, elle appela Nina pour s'assurer que tout allait bien, puis, rassurée, entra à son bras dans l'un des hôtels les plus luxueux de Florence qui surplombait l'Arno.

Un bâtiment aussi ancien que le *palazzo*, mais qui avait été modernisé. La salle de bal, au plafond haut décoré de stucs crème et dorés, était immense ; les larges et hautes baies vitrées étaient protégées par des rideaux en voile et de lourdes draperies en velours vert. Des miroirs, entre les fenêtres, reflétaient les lumières des lustres en verre et or, et celles des appliques assorties fixées au mur.

— Quel faste !

— N'est-ce pas ?

Tout le monde était en tenue de soirée, et les robes, toutes plus merveilleuses les unes que les autres, formaient un patchwork coloré et scintillant.

Sur le podium dressé à un bout de la salle, un trio de jazz jouait une musique douce.

— Dansons d'abord, ensuite je te présenterai à tout le monde.

Elle n'avait pas dansé depuis longtemps... Elle se rendit vite compte que Leo était un cavalier hors pair. En tourbillonnant sur la piste au rythme de la valse, elle eut l'impression de voler tant elle se sentait légère. Et, blottie dans ses bras, le sentiment d'être exactement où elle le devait. Chez elle.

Lorsqu'ils quittèrent la piste, il la présenta à une foule de gens en expliquant qu'elle travaillait avec lui au Paddington Children's Hospital, à Londres. Comme il l'en avait assurée, la plupart parlaient anglais et elle eut un peu honte que son italien se limite à quatre formules, *bonjour, au revoir, s'il vous plaît* et *merci*. Mais personne ne semblait s'en soucier, et elle se sentit assez à l'aise.

Cependant, impossible d'oublier... Elle vérifia l'heure.

— Leo, tu m'excuses une seconde ?

— Bien sûr ! Va vite téléphoner.

Pas trace de moquerie dans sa voix. Il comprenait...

Elle sortit sur la terrasse pour appeler Nina qui lui assura que les enfants dormaient comme des anges.

Elle s'apprêtait à regagner la salle après avoir raccroché quand un homme, non loin d'elle, s'écroula soudain sur le sol. Une femme, sans doute son épouse, hurla et s'agenouilla près de lui. Rosie se précipita.

— Je suis infirmière. Je peux vous aider ?

— *Mi scusi ?*

Oh ! non ! Juste quand elle avait vraiment besoin de communiquer, elle tombait sur l'une des rares personnes qui ne parlaient pas anglais !

Elle s'adressa à l'homme en serrant le poing sur son cœur, espérant que sa femme ou lui comprenne qu'elle pensait à une attaque cardiaque.

— *Mi ha punto una vespa*, articula-t-il avec peine, le doigt tendu vers elle.

Une « vespa » ? N'était-ce pas une marque de motocyclette ? Elle ne comprenait rien...

— *Una vespa*, répéta la femme, ses bras mimant des ailes en mouvement.

Des ailes ? Sa perplexité s'accrut. Mais l'homme avait de visibles difficultés respiratoires, et soudain la lumière se fit dans son esprit quand elle remarqua le gonflement et la rougeur de sa main : il avait été piqué par un insecte et faisait une réaction allergique grave.

Elle ressortit son téléphone et appela Leo.

— Rosie ? Tout va bien ?

— Pas vraiment... Je suis auprès d'un homme visiblement victime d'un choc anaphylactique. Il faudrait appeler une ambulance et demander dans la salle si quelqu'un a par hasard sur lui un Epipen. Ni lui ni sa femme ne parlent anglais, je te la passe.

Elle tendit le téléphone.

— C'est un médecin, expliquez-lui, *per favore*.

Sur une table proche se trouvaient des verres vides qui contenaient encore de la glace ; elle sortit un mouchoir en papier de son sac et récolta les glaçons qu'elle plaqua sur la main de l'homme. Puis elle le fit allonger sur le sol et l'exhorta au calme comme elle pouvait, espérant que le ton de sa voix suffirait.

La femme lui rendit l'appareil.

— *Grazie*. Leo ?

— Il s'appelle Alessandro, et elle Caterina. Il a déjà été enflé après des piqûres de guêpe, mais c'est la première fois que ça va plus loin. Une ambulance arrive, et on cherche un stylo injecteur d'adrénaline dans la salle.

— Super. Merci. Comment puis-je les rassurer ?

— *Andrà tutto bene.* J'arrive dès que j'ai trouvé un Epipen.

— Merci.

Elle donna une pression sur la main d'Alessandro, puis sur celle de Caterina et répéta les mots de Leo.

— *Grazie*, dit Caterina qui se mit à parler à son mari.

Soulagée, elle vit arriver Leo qui lui tendit un stylo injecteur. Elle consulta sa montre puis administra le produit.

Voyant que les difficultés respiratoires persistaient après cinq minutes, elle renouvela l'opération.

Enfin, les secouristes firent irruption sur la terrasse et emmenèrent aussitôt l'homme sur un brancard. Caterina les suivit.

— Tu peux être fière, tu lui as sauvé la vie !

— Tu m'as bien aidée !

— Mais tu as fait le bon diagnostic et, sans ta rapidité à réagir, l'ambulance aurait pu arriver trop tard. Rosie Hobbes, tu es géniale !

— Je suis juste une infirmière ordinaire, Leo.

— « Ordinaire » ! Ce n'est pas l'adjectif que j'emploierais pour te décrire. Caterina doit m'appeler de l'hôpital pour me donner des nouvelles.

— Parfait. En parlant d'appeler…

Il lui caressa le visage.

— Je sais, tu dois rappeler Nina. Rejoins-moi quand tu l'auras fait.

Après s'être entendu confirmer que les jumeaux dormaient toujours, elle alla rejoindre Leo.

— Tout va bien, Rosie ? Viens, dansons.

Dans ses bras, elle se détendit enfin. Comme promis, Caterina appela de l'hôpital pour dire qu'Alessandro se remettait et rentrerait demain à la maison, muni cette fois d'un Epipen qu'il garderait toujours sur lui.

Quand l'orchestre attaqua un slow, les lumières se tamisèrent, et Leo la tint serrée plus fort. Elle se sentit à nouveau dans une bulle, seule au monde avec lui…

La soirée finie, ils rentrèrent au *palazzo*. La lumière était allumée devant l'entrée, mais tout était silencieux.

Leo regarda en l'air.

— C'est la pleine lune, je n'ai pas envie de me coucher tout de suite. Viens, promenons-nous dans le jardin.

— Je n'ai pas l'habitude des talons hauts. Ça t'ennuie que j'ôte mes chaussures ?

— Pas du tout !

Il la laissa s'appuyer contre lui pendant qu'elle se débarrassait de ses escarpins et les posait sur un banc.

En traversant la pelouse main dans la main avec lui, il lui semblait que tous ses sens étaient exacerbés. Au clair de lune, les couleurs du jardin semblaient féeriques, et l'herbe était un velours sous ses pieds nus. Le parfum subtil des roses emplissait ses narines, lui donnant le vertige, et le chant pur d'un oiseau, au loin, ravissait son ouïe.

— C'est un rossignol ?

— Je pense, oui.

Il s'arrêta et la prit dans ses bras.

— Dansons, Rosie, murmura-t-il.

Ils dansèrent au rythme du chant du rossignol, sous la lumière de la lune et des étoiles, seuls dans cette salle de bal immense qui avait le firmament pour toit...

Elle ferma les yeux et, quand elle sentit les lèvres de Leo frôler les siennes, la chaleur l'envahit. Tous les nerfs en alerte, elle le laissa approfondir le baiser, et le désir se fit de plus en plus violent.

— Rosie, j'ai envie de toi, murmura-t-il enfin.

— Moi aussi.

— Tu m'accompagnes dans la tour ?

— Je dois voir les enfants d'abord.

— Et si tu les réveilles, eux ou Nina ?

— Je ferai attention.

— D'accord.

Il la souleva dans ses bras et la porta jusqu'au banc où elle reprit ses chaussures, puis jusqu'à l'entrée. La reposant sur ses pieds, il l'embrassa, composa le code pour ouvrir, referma derrière eux et la guida vers la chambre des enfants.

La veilleuse éclairait assez pour qu'elle voie les jumeaux blottis sous leurs couettes. En souriant, elle se pencha pour les embrasser sur le front sans les réveiller.

Elle se sentait pleinement rassurée en accompagnant Leo vers la tour.

— Je te demande pardon. Je sais que je suis ridicule, mais...

— Tu as été échaudée.

— Hum, c'est dur à oublier.

— Je comprends.

Il la souleva de nouveau dans ses bras.

— Maintenant, nous sommes tous les deux, juste pour un petit moment.

— D'accord, dit-elle en posant les lèvres sur les siennes.

Quand ils entrèrent, le clair de lune filtrait à travers les rideaux en voile fin. Il l'entraîna jusqu'à la fenêtre et souleva le léger tissu.

— Nous sommes si haut que personne ne peut nous voir. Il n'y a que toi, moi et la lune, dit-il en posant les lèvres sur son épaule nue.

Il la sentit frissonner pendant qu'il descendait lentement la fermeture de sa robe. Sa peau était si douce, si blanche sous la clarté laiteuse... Il la fit pivoter, prit son visage dans ses mains et se pencha pour l'embrasser de nouveau, puis s'écarta pour la regarder dans les yeux. Ses pupilles agrandies les faisaient paraître presque noirs.

— J'ai tant envie de toi ! murmura-t-il.

Il fit glisser les bretelles de sa robe et lui embrassa l'épaule. En la sentant frémir, il se recula.

— Tout va bien ?

— Oui. Ne t'arrête pas...

Il fit descendre le fin tissu plus bas, tomba sur les genoux et lui embrassa le ventre, tandis qu'elle lui caressait les cheveux. Il la voulait tout entière, tout de suite, et pourtant l'attente était excitante aussi... Il l'aida à se débarrasser de sa robe qu'il posa sur un dossier de chaise.

Enfin, elle fut presque nue, en soutien-gorge de dentelle sans bretelles et slip assorti, et parure de diamants.

Il déglutit.

— Tu es sexy à un point dont tu n'as pas idée, *bellezza*.

Elle rougit, et lui adressa un sourire si tentateur qu'il sentit ses genoux trembler.

— Toi aussi, tu es beau, Leo. Et je veux te voir.

— Ne te gêne pas, dit-il, d'une voix rauque qu'il reconnut à peine.

Lentement, elle lui ôta sa veste qu'elle jeta sur la robe. Puis elle déboutonna le gilet et le fit glisser sur ses épaules pour le poser sur la veste.

Même s'il mourait d'envie de sentir ses mains sur sa peau, il ne voulait pas la presser. Concentrée, le bout de la langue entre ses dents, elle lui défit son nœud papillon puis sa chemise. Son désir s'exacerba, et plus encore quand il sentit ses paumes chaudes à travers le tissu. Il lui vola un baiser.

Enfin, il sentit ses doigts sur sa peau nue... Il en perdit le souffle.

— Beaux pectoraux, docteur Marchetti..., murmura-t-elle en passant la main sur ses muscles. Beaux abdominaux, aussi.

Il n'en pouvait plus. Où allait-elle le caresser, ensuite ?

Il voulait tant la toucher, lui aussi, qu'il fut incapable de se retenir. Il passa le pouce sur la dentelle de son soutien-gorge.

— Belles courbes, chuchota-t-il.

Il l'entendit haleter.

Ses mains tremblaient un peu quand elle lui défit sa ceinture, puis les boutons de son pantalon.

— Tout va bien, Rosie ?

— Hum. Je n'ai pas fait ça depuis longtemps, et j'ai un peu peur de... de te décevoir.

— Pas de danger ! J'aimerais que tu saches que je n'avais rien prévu. Je voulais juste m'amuser, ce soir.

— Moi non plus, je ne m'y attendais pas. Je... je ne prends plus la pilule.

— Ne t'inquiète pas, j'ai ce qu'il faut. Mais je ne veux pas que tu t'imagines que j'étais sûr d'avance que tu accepterais.

Elle l'embrassa pour toute réponse, et il se sentit perdre la tête.

Qui avait fini de les déshabiller, elle ou lui-même ? Il ne savait plus, mais il se rappelait avoir posé les bijoux sur la coiffeuse puis avoir porté Rosie jusqu'au lit. Maintenant, elle lui souriait, la tête sur les oreillers.

— Rosie... Je te désire depuis notre première rencontre.

— Même si j'ai été odieuse avec toi ?

— Hum. Je ne sais pas pourquoi. Tes yeux, ta bouche, tes cheveux... Quelque chose en toi m'a attiré.

— Moi aussi, j'ai envie de toi.

Elle se souleva pour l'embrasser. Quand il s'écarta d'elle, il constata que sa bouche était rouge et gonflée, et que ses yeux brillaient de désir. Ainsi, ils étaient sur la même longueur d'onde...

Il embrassa les creux sous ses clavicules puis descendit vers ses mamelons. Elle gémit quand il en prit un dans sa bouche et le titilla de la langue pour le faire gonfler. Puis il lui caressa le ventre, embrassa tout son corps et lécha le pourtour de son nombril. Il adorait sentir ses courbes si douces contre sa peau...

— *Bella*, murmura-t-il. Tu es si belle, Rosie !

— Toi aussi, dit-elle en lui caressant les épaules.

Il se mit à genoux pour mieux la contempler, étendue sur son lit. Sa rose anglaise... À présent, il voulait lui faire perdre le calme et le flegme qui la caractérisaient dans le travail. Il voulait voir s'allumer la passion.

Sans la quitter des yeux, il remonta les doigts de ses genoux au haut de ses cuisses. Étouffant un petit cri, elle écarta les jambes pour lui permettre de la toucher plus intimement.

— Leo, oui, maintenant !

Il ouvrit un tiroir de la table de chevet et en sortit un préservatif qu'il déroula le long de son sexe érigé.

— Regarde-moi, s'il te plaît, murmura-t-il en l'embrassant de nouveau.

Il voulait voir le changement de nuances de ses iris quand il la pénétrerait...

Quand il s'enfonça en elle, elle gémit et lui entoura la taille de ses jambes pour lui permettre d'aller plus profond. Il sentait la douceur de ses seins contre son torse, ses mamelons durcis...

— Tu es le paradis, murmura-t-il.

— Toi aussi, répondit-elle en rougissant.

Il la tint plus près et commença son mouvement de va-et-vient. Tout son corps lui paraissait exulter.

— Leo ! cria-t-elle soudain.

Il la sentit se contracter et la rejoignit dans la jouissance tandis qu'un feu d'artifice explosait dans sa tête.

Ils restèrent un moment haletants, enlacés, puis il se retira d'elle avec regret.

— Il faut que j'aille à la salle de bains. Je t'en prie, ne pars pas maintenant. Je ne suis pas prêt à rester sans toi.

— Je t'attends.

Lorsqu'il ressortit, elle était toujours là ; elle avait tiré le drap sur elle, et rougit en le voyant nu.

Il se glissa à côté d'elle et la prit dans ses bras.

— Tu restes encore un peu ?

Il était si bien, le bras autour de sa taille, tandis qu'elle reposait la tête sur son épaule... Ni elle ni lui n'éprouvaient le besoin de parler, ils étaient au diapason. Il ne se rappelait pas avoir été aussi heureux au *palazzo*.

Rosie et les jumeaux étaient tout à fait à leur place ici. Il avait résisté à l'idée de fonder une famille en Toscane pour ne pas faire subir à un enfant les mêmes vexations que lui. Mais il n'était pas son père, et il s'apercevait que ce palais pouvait abriter une famille heureuse.

Ce fut sa dernière pensée avant de sombrer dans le sommeil.

10

En se réveillant, Rosie sentit un corps chaud contre le sien et prit conscience avec effroi qu'elle était toujours dans le lit de Leo. Elle n'avait pas eu l'intention de rester toute la nuit ! Et si les jumeaux étaient réveillés, si l'un d'eux avait fait un cauchemar ? Ils avaient dû s'apercevoir qu'elle n'était pas là.

Elle lui posa une main sur l'épaule.

— Leo ! Il faut que je retourne tout de suite dans ma chambre !

Il ouvrit les yeux et l'embrassa.

— Il est tôt, ça m'étonnerait que les enfants soient déjà réveillés ! Bonjour, *bellezza*.

Ce dernier mot et le regard sensuel qu'il lui adressa la firent faiblir. Elle sentit la panique la gagner.

— Leo, je ne suis pas du genre à...

Il la fit taire en posant un doigt sur ses lèvres.

— Pas d'excuses. Nous n'avions rien prémédité, mais je n'ai aucun regret.

Elle non plus ne regrettait pas d'avoir fait l'amour avec lui... C'était merveilleux. Mais comment croire que le conte de fées pouvait durer ? Il fallait à Leo une épouse de son rang qui puisse lui donner un héritier.

— Merci, mais il faut vraiment que j'y aille, maintenant. Voudrais-tu m'aider à remonter ma fermeture Éclair ?

— J'ai plus rapide. Je te prête un peignoir de bain, tu glisses les diamants dans les poches, et je t'accompagne jusqu'à ta chambre en portant ta robe.

— Et si on nous voit ?

Non qu'elle ait honte, mais elle ne tenait pas à ce que tout le monde soit au courant. C'était une affaire privée. Elle avait besoin d'un peu de temps pour assimiler les faits, en mesurer les éventuelles conséquences... Ce serait impossible si leur histoire devenait publique.

— Pas de danger. Si jamais nous rencontrons quelqu'un, je dirai que je suis sorti prendre l'air avant de me doucher.

Il lui caressa le visage.

— Le palais est un vrai labyrinthe, et le moins que je puisse faire, c'est de te raccompagner pour te guider.

Bien entendu, si elle se trompait de chambre, elle serait encore plus gênée...

Elle enfila le peignoir blanc moelleux qu'il lui tendait et, comme il était trop grand pour elle, elle serra la ceinture au maximum.

Lorsqu'il noua une serviette autour de sa taille, elle sentit sa bouche s'assécher. Difficile de se rappeler qu'ils étaient supposés être simples collègues...

Cette nuit, ils avaient été amants...

Leo portant sa robe et ses chaussures, ils prirent le chemin de sa chambre et ils ne croisèrent personne en route. Elle posa les bijoux sur la coiffeuse et lui rendit le peignoir.

Souriant, il l'embrassa sur la bouche.

— À tout à l'heure au petit déjeuner. Tu trouveras ton chemin ?

— À droite en bas de l'escalier ?

— Exact. À tout de suite.

Après avoir suspendu sa robe, elle se doucha et s'habilla avant d'entrer chez les enfants qui se réveillaient. Ils sourirent en la voyant, et elle les prit dans ses bras.

— Maman ! Tu nous as manqué ! s'écria Freddie.

— À moi aussi, mes chéris. Je vous aime.

— Il y avait des princes et des princesses, au bal ? s'enquit Lexi.

— Non, mais j'ai vu de très jolies robes.

— Tu as pris des photos ?

Elle ébouriffa les cheveux de sa fille.

— Non, Lexi. Il faut vous lever, maintenant, pour le petit déjeuner.

Elle avait à peine fini de les habiller quand Nina entra.

— Pardon, je ne savais pas s'ils étaient réveillés...

— Tu n'es pas supposée être de service vingt-quatre heures sur vingt-quatre ! Je vais leur lire une histoire pendant que tu te prépares, et nous descendrons tous ensemble.

— Tu t'es bien amusée, hier soir ?

— C'était merveilleux. Et j'étais bien contente que tu sois avec eux. Je te remercie.

— Pas de quoi. Ils ont été sages comme des images.

Ensuite, ils descendirent tous les quatre. La salle, bien ensoleillée, donnait sur la terrasse. Beatrice et Leo étaient déjà installés.

— Bonjour, avez-vous bien dormi ?

Rosie n'osa pas regarder Leo en face.

— Très bien, merci.

— Du café, *signorina* ? demanda Carlo. Et du chocolat chaud pour les enfants ?

— Volontiers, merci.

— Servez-vous de pâtisseries et de *biscotti*, dit Leo.

— Nous ne mangeons pas beaucoup au petit déjeuner, en Italie, mais Maria peut vous faire des œufs au bacon, si vous préférez.

— C'est très bien ainsi, Beatrice.

Elle lui tendit l'écrin.

— Et je vous remercie pour les diamants.

— Pas de quoi, ma chère. Racontez-moi un peu ce bal.

— Oh ! les robes étaient magnifiques, l'orchestre excellent, et nous avons beaucoup dansé, surtout...

— Elle a sauvé un homme, hier soir, interrompit Leo. Une grave réaction allergique après une piqûre de guêpe. Sans elle, il serait peut-être mort, mais il a pu être emmené vite à l'hôpital et récupérer.

— Si tu n'avais pas été là, Leo, ça ne se serait sans doute pas terminé ainsi !

— Pas du tout, c'est toi qui as établi le diagnostic !

Il sourit à Freddie et à Lexi.

— Vous avez une maman formidable !

— Tante Daisy le dit toujours, répliqua Lexi.

À la fin du petit déjeuner, Violetta les rejoignit, et ils passèrent le reste de la matinée dans les jardins. Leo joua au ballon sur l'herbe avec les jumeaux. Une ou deux fois, leurs regards se croisèrent, et elle se demanda s'il se souvenait de leur danse au clair de lune, sur la pelouse...

En retournant à l'aéroport, Leo alluma son téléphone et, faisant la moue, il lui présenta l'écran.

Elle lut avec appréhension : le site du magazine *Vies des célébrités*, qui avait envoyé des reporters au bal, se demandait qui était la femme splendide qui accompagnait le duc de Calvanera, d'autant qu'elle portait les bijoux de la famille. Le duc avait-il enfin trouvé la femme de sa vie ?

On avait rajouté un paragraphe, « Un ange en diamants », qui racontait comment elle avait sauvé un homme.

Elle aussi grimaça.

— Navrée..., murmura-t-elle.

— Ce n'est pas très grave, mais il y a pire...

Il lui montra un second site Internet.

Rosie Hobbes, vingt-cinq ans, une jeune maman de jumeaux, est infirmière à Londres, à l'hôpital pédiatrique Paddington menacé de fermeture. Elle est la veuve de Michael Duncan qui s'est tué en voiture l'an dernier en laissant d'importantes dettes de jeu.

Rosie sentit son cœur cogner fort dans sa poitrine. Déjà ! se dit-elle en fixant l'écran. Et si les associés de Michael lisaient ces lignes et décidaient que le duc de Calvanera était assez riche pour les rembourser ? S'ils se remettaient à les harceler ? Beatrice aussi était vulnérable, même si elle n'était jamais seule au palais...

Ne sachant par où commencer, elle jeta à Leo un regard désespéré.

— Mon équipe de relations publiques devrait pouvoir limiter les dégâts, dit-il, la mine sombre.

— Que se passe-t-il ? demanda Nina, flanquée des jumeaux qu'elle tenait chacun par une main, et qui les précédaient.

— Rien !

Sortant son portable, Rosie lui envoya un texto.

Des bavardages à mon sujet, que je ne veux pas que les enfants connaissent, mais mieux vaut que tu sois au courant. Navrée de ne t'avoir rien dit avant. J'aimerais qu'on ne le sache pas à l'hôpital…

Puis elle joignit les liens des deux articles.

Quelques minutes plus tard, elle eut la réponse.

Ne t'en fais pas, je n'en parlerai à personne. Ce sont vraiment des sales fouineurs. Tu vas bien ? Dis-moi si je peux faire quelque chose.

Rosie poussa un soupir de soulagement : personne ne saurait rien à la crèche.

Merci ! Pour l'instant, rien.

Leo téléphonait, sans doute à ses chargés de relations publiques, mais il lui pressa la main comme pour la rassurer.

Plus elle y réfléchissait, plus elle mesurait l'ampleur du problème : la presse allait reparler du passé, et la réputation de Leo serait éclaboussée. Elle avait aussi l'impression de trahir sa mère qui l'avait si bien accueillie.

Nina occupa les enfants tout le long du voyage de retour, et, par chance, ils s'endormirent dans la voiture.

Leo déposa d'abord Nina chez elle et, quand ils s'engagèrent dans sa rue, ils avisèrent un attroupement devant sa porte.

— Les reporters sont déjà là, dit Leo en soupirant.

— Mais comment ont-ils eu mon adresse ?

— Ils trouvent tout ce qu'ils veulent…, marmonna-t-il. J'aurais dû y penser plus tôt, mieux vaut que je te ramène chez moi.

— Ils y seront sans doute aussi ! Fais le tour jusqu'à la rue parallèle, nous couperons par-derrière…

— Je ne peux pas vous abandonner.

— Ce n'est pas un abandon ! Tu nous laisses à un endroit où nous pourrons entrer par l'arrière sans être vus.

— D'accord, mais à condition que tu me tiennes au courant, et que tu m'appelles au moindre problème.

— Promis.

Elle réveilla les enfants.

— On va jouer à un jeu. Vous allez faire semblant d'être invisibles et marcher sur la pointe des pieds, dans un silence total, jusqu'à la maison.

— Ouais ! s'écria Lexi.

Puis son visage se chiffonna, et elle murmura : « Oui. »

Rosie réprima un sourire.

Ils parvinrent à la porte de l'arrière sans incident, et elle conduisit les jumeaux au premier étage. Il y eut un coup de sonnette, qu'elle ignora. Elle sortit son portable.

Tout va bien, je mets les enfants au lit.

La réponse ne se fit pas attendre.

Rappelle-moi plus tard.

Sans tenir compte de la sonnerie de l'entrée qui ne cessait de retentir, elle fit couler le bain.

— Maman, on sonne ! dit Freddie. C'est peut-être le facteur ?

— Pas le dimanche. Je ne sais pas qui c'est, mais il n'a qu'à revenir plus tard, je suis occupée.

Soudain, son téléphone se mit à sonner aussi, et elle attendit que le répondeur se mette en route.

— Madame Duncan, répondez, je vous prie. Personne ne souhaite un nouvel accident, n'est-ce pas ?

Son sang se glaça dans ses veines.

Il n'y avait qu'une catégorie de gens qui pouvaient l'appeler « Mme Duncan ». Ils feraient du mal aux enfants si elle n'obéissait pas.

— Maman, qu'est-ce qu'il y a ? demanda Lexi.

— Rien, ma chérie, j'ai dû oublier la radio en bas. Allez jouer dans votre chambre pendant que je vais l'éteindre.

Elle saisit le téléphone qui avait recommencé à sonner et descendit l'escalier.

— Que voulez-vous ?

— Il est grand temps que vous le demandiez, madame Duncan. Vous savez très bien ce que nous voulons. Ce que votre mari nous devait.

— Il est mort, et je n'ai pas d'argent.

— Mais vous êtes au mieux avec le duc de Calvanera, non ?

— Ce n'est qu'un collègue.

— Ce n'est pas ce qu'affirment les journaux...

— Ils disent n'importe quoi pour vendre du papier.

— Ah ? Je crois que la duchesse est très fragile. Imaginez, si elle tombait et se fracturait la hanche, à son âge...

C'était donc bien ce qu'elle craignait... La peur s'empara d'elle. Pourtant, elle se souvint de ce qu'elle s'était promis après la mort de Michael : qu'elle ne se laisserait plus menacer par personne.

— J'appelle tout de suite la police.

Un rire éclata à l'autre bout du fil.

— Vous croyez qu'elle peut faire quelque chose ?

— Vous me menacez, et j'enregistre tout.

— Un enregistrement ne prouve rien. Mais nous savons où vous êtes, et je vous conseille de parler à votre petit ami pour qu'il paie les dettes de votre mari.

La ligne fut coupée.

Elle frissonna de la tête aux pieds : le cauchemar recommençait... Mais cette fois, en plus, ils s'en prendraient aussi à la duchesse.

Que faire ? Impossible de demander à Leo de rembourser ces voyous. Rien ne les empêchait de réclamer ensuite des intérêts. La seule issue était de rompre avec lui, et de parler à la police. En craignant que ce ne soit pas suffisant pour les arrêter.

Ce séjour à Florence avait été un rêve merveilleux. Elle avait entrevu la vie qu'elle désirait, l'avenir qu'elle pourrait avoir avec Leo. Mais le prix à payer était trop élevé.

Elle remonta l'escalier et finit de coucher les enfants. Quand ils furent enfin endormis, elle entra dans sa chambre et tira les rideaux pour que les paparazzis ne puissent pas la photographier.

Il fallait qu'elle parle à Leo, maintenant.

— Rosie ? Comment vas-tu ?

— Bien.

Les mots restaient bloqués dans sa gorge nouée.

— Leo, nous devons rompre.

Il lui fallait trouver une raison qu'il accepte sans protester au lieu d'essayer de résoudre le problème.

— Les journalistes vont nous rendre la vie impossible, à toi, à moi et aux enfants. Mieux vaut ne plus nous voir.

— D'ici deux ou trois jours, ils auront oublié, tu sais bien comment ça se passe...

— Les paparazzis campent toujours devant ma porte.

— Ils finiront par se lasser.

Elle enfonça les ongles dans sa paume.

— Mais quand ? Je dois aller travailler demain, et emmener les enfants à la crèche.

— Je t'enverrai une voiture.

— Inutile. Leo... Et si jamais les associés de Michael en profitaient ?

— Que vas-tu chercher ! S'ils tentent quelque chose, j'envoie aussitôt la police sur leurs traces, autant en Angleterre qu'en Italie.

Mais ces types avaient assuré qu'elle n'avait aucune preuve...

— Tu as bien une équipe de sécurité en Italie ? Demande-leur de surveiller ta mère de très près.

— Pourquoi ? Voudrais-tu dire qu'ils t'ont déjà contactée ?

Zut, il avait compris... Elle l'avait sous-estimé.

— Pas du tout ! Mais mieux vaut prendre des précautions supplémentaires. Et tu devrais demander à tes chargés de relations publiques de faire une déclaration à la presse pour préciser qu'il n'y a rien entre nous. Que je t'ai accompagnée à ce bal en tant qu'infirmière.

— Mais, Rosie...

— Je t'en prie ! Ne rends pas les choses plus difficiles. J'y ai réfléchi, c'est la seule solution. Il faut en finir tout de suite. Adieu, Leo.

Elle éteignit son portable et ignora la sonnerie qui retentit aussitôt.

Elle avait été idiote de croire qu'elle échapperait au fantôme de Michael... Il serait toujours là. Impossible d'impliquer Leo et sa famille dans cette sordide histoire.

Même si elle avait le cœur brisé... Car elle avait compris qu'elle l'aimait. Pas le duc, même si elle avait apprécié le luxe du château et du bal, mais l'homme qui avait été bon avec ses enfants, qui se souciait d'elle et voulait rendre l'humanité meilleure.

Si elle partageait sa vie, elle mettrait d'autres gens en danger, et cette angoisse permanente finirait par ronger leur amour comme des vers de bois, petit à petit, jusqu'à ce qu'il tombe en poussière.

Elle dirait aux enfants qu'il avait dû rentrer en Italie, et trouverait des prétextes pour refuser leurs demandes d'aller le voir en Toscane. Elle souffrait tant qu'elle ne parvenait même pas à pleurer.

Elle appela la police qui envoya un inspecteur pour l'interroger.

— Même si nous épluchons vos enregistrements, nous ne trouverons sans doute rien de précis. Ils ont dû se servir d'un téléphone à carte, non enregistré. Mais, s'ils rappellent, prévenez-nous tout de suite.

— Je vous le promets.

Elle tenta en vain de dormir, ne cessait de se retourner dans son lit, hantée par la voix rocailleuse qui menaçait ses enfants et Beatrice. Leo était fort, mais ces gens-là avaient prouvé qu'ils étaient capables de tout. Comment combattre un ennemi sans visage et sans nom ?

Il ne lui restait plus qu'à espérer que ce communiqué paraîtrait dans la presse, et que ces types, comprenant que le duc ne les paierait pas, abandonneraient comme après la mort de Michael.

Elle ne voyait pas d'autre choix pour que Leo ait une chance de trouver le bonheur avec une autre.

11

Le lundi matin, il y avait toujours des photographes devant sa porte, bien que leurs rangs se soient clairsemés. Même si elle les craignait moins que les associés de Michael, elle prit un taxi par précaution. Une fois à la crèche, elle demanda à voir la directrice pour la prier de bien surveiller les enfants.

Enfin, le moment arriva d'affronter la salle...

— Je t'ai vue aux infos ce matin, dit Kathleen avec chaleur. Ta robe était splendide. Cachottière ! Depuis combien de temps sors-tu avec Leo ?

— Il n'y a rien entre nous. Tu sais comment sont les médias... Ils en rajoutent toujours.

— Mais tu es bien allée en Italie avec lui ? Florence, c'est tellement romantique !

— Je l'ai accompagné à un bal de charité en faveur d'une clinique pédiatrique qu'il subventionne, et j'en ai profité pour essayer d'étudier de plus près leur système de santé.

À son grand soulagement, Kathleen se borna à sourire.

— Peu importe, ta robe était magnifique. Et, en plus, il paraît que tu as sauvé quelqu'un ?

— Pas toute seule, en réalité. Tu aurais fait la même chose en voyant quelqu'un s'écrouler devant toi, avec des difficultés respiratoires et une main enflée après une piqûre de guêpe.

— Choc anaphylactique ? Tu lui as donc vraiment sauvé la vie ! À ce propos, tu es à la consultation ce matin avec Leo.

Le cœur de Rosie chavira. Elle s'attendait à devoir travailler avec lui, mais pas si tôt. Pas avant de s'être faite à l'idée qu'elle ne devait plus se laisser fasciner par sa beauté, pour ne pas mettre tout le monde en danger.

Elle se dirigea vers la salle et entra.

— Bonjour, mademoiselle Hobbes, dit-il avec un hochement de tête.

Parfait. Il voulait rester professionnel, c'était aussi bien. Mais impossible de le regarder dans les yeux. Mieux valait oublier ses lèvres sur les siennes, ou sur sa peau... Elle jeta un coup d'œil au dossier qu'elle tenait à la main.

— Bonjour, docteur Marchetti. Notre première patiente est Madison Turner, pour la suite de son traitement antivenin.

Une allergie aux piqûres de guêpe... Quelle ironie !

Si Alessandro n'avait pas été piqué, la presse les aurait-elle remarqués ? Peut-être que les photos d'elle publiées dans les journaux auraient malgré tout attiré l'attention de ces truands...

— Faites-la entrer, je vous prie.

Elle lui jeta un regard à la dérobée : il s'efforçait lui aussi de regarder ailleurs. Elle se sentit coupable de le faire souffrir ainsi. Mais c'était par amour...

Bien entendu, pas question de le lui avouer. Cela n'arrangerait rien, au contraire, car il risquerait de se lancer dans une action périlleuse et inutile. Elle ne supportait pas l'idée qu'il puisse être blessé. Ou pire.

— Je vais la chercher, docteur.

Durant la consultation, elle espéra que la tension entre eux ne se remarquerait pas... Elle s'efforça de rester professionnelle et concentrée, nota les constantes, enregistra tout sans rien oublier. Leo lui parlait à peine.

Toute la matinée s'écoula ainsi et, à l'heure du déjeuner, elle fut soulagée de pouvoir s'échapper pour aller lire son histoire à Penny.

— J'ai vu votre photo dans le journal, dit Julia.

Elle sourit.

— Beaucoup de bruit pour rien. N'importe quelle infirmière aurait agi de même, à ma place.

— Je ne parlais pas de ça, mais de ce bal où vous étiez avec le Dr Marchetti.

— En tant que collègue, oui. Julia, il fait soleil aujourd'hui, profitez-en. J'ai hâte de connaître la suite de l'histoire de cette ballerine, pas toi, Penny ?

— Oh ! oui !

Quand elle alla prendre un sandwich et un verre d'eau au kiosque, Leo n'était pas en vue. La consultation de l'après-midi fut aussi bizarre que celle du matin car elle ne savait pas quel comportement adopter. Pas amical, non, puisqu'elle venait de rompre, mais la froideur risquait d'ajouter l'insulte à la blessure...

Enfin, la consultation se termina, et elle descendit chercher les enfants à la crèche.

— Tout s'est bien passé, Nina ? demanda-t-elle en s'efforçant de dissimuler son anxiété.

— Pas de problème. Les paparazzis te pistent toujours ?

— Je ne suis pas sortie de la journée, et je vais prendre un taxi comme ce matin.

Cela faisait un trou dans son budget, mais pas question de faire courir un risque aux enfants.

— Je suis sûre que Leo peut arranger ça.

— Ne t'en fais pas, Nina. Et merci pour tout. Je file.

Leo était très malheureux. Rosie lui manquait, ainsi que les jumeaux.

Ce week-end en Toscane avait été merveilleux. Les rires des enfants dans tout le *palazzo*, leurs courses dans les jardins, leur émotion quand il leur avait prêté le casque de l'armure de cérémonie...

Il s'était senti l'âme d'un père.

Et, pour la première fois de sa vie, il avait eu envie de l'être. De partager sa demeure ancestrale avec cette nouvelle génération pleine de joie de vivre, d'émerveillement...

Sans parler de Rosie... Son calme, sa douceur, sa compétence professionnelle qui l'avait poussée à agir même en robe de soirée et parée de tous ses bijoux. Puis ils avaient dansé parmi les roses, et ensuite fait l'amour. Il s'était perdu en elle, s'était endormi avec ses douces courbes contre son corps...

Pourtant, ce séjour était la cause de leurs problèmes. Il n'aurait pas dû se montrer en public avec elle.

Visiblement terrorisée par l'idée que les associés de son mari refassent surface et lui demandent des comptes, elle lui avait préféré la sécurité de ses enfants. Il se sentait totalement impuissant, autant que du temps où son père menaçait Emilia.

En fait, l'histoire se répétait... Bien que le harcèlement ne soit pas le fait de sa propre famille, cette fois. Sa mère avait accueilli Rosie et les jumeaux avec chaleur, et il lui semblait que Rosie l'avait appréciée aussi.

Mais sa terreur était telle qu'elle était incapable de prendre sur elle pour lui accorder le temps de résoudre le problème. Il était convaincu qu'il le pouvait : avec l'aide de son équipe de sécurité, il réussirait à coup sûr à retrouver ces voyous.

C'était totalement absurde. Comment lui prouver qu'elle pouvait lui faire confiance et croire qu'il était en mesure de la protéger ?

Il devait réfléchir. En attendant, il avait fait le nécessaire pour qu'un communiqué paraisse dans la presse, prié son équipe de sécurité de retrouver la trace des anciens associés de Michael Duncan et de garder un œil sur Rosie et les enfants.

Rosie soupira. Ce mardi serait sans doute aussi difficile qu'hier. Après la visite de la salle avec Leo, ils avaient eu une réunion qui s'était prolongée après l'heure de midi, et quelqu'un avait fait commander des sandwichs. Aussi rongeait-elle son frein en les attendant. Qu'elle le veuille ou non, elle était obligée de passer sa pause déjeuner avec lui et elle était à la torture : si elle ne lui parlait pas de façon naturelle, si elle évitait son regard, les autres finiraient par le remarquer et se poseraient des questions. Mais comment prendre un ton léger avec quelqu'un dont on a partagé l'intimité si récemment ?

Bien entendu, cette intimité lui manquait. Les enfants aussi demandaient après Leo, réclamaient sa présence au parc ou à la pizzeria. Elle commençait à être à court d'excuses valables, et chaque mensonge lui déchirait le cœur davantage. Si seulement elle n'avait jamais rencontré Michael, ou s'il ne s'était pas mis en cheville avec ces truands...

Elle fut très soulagée de retrouver les jumeaux à la crèche, et, en descendant du taxi, elle n'eut aucun mal à entrer : les reporters semblaient avoir abandonné la partie.

Mais, mercredi matin, Freddie refusa de se lever. Il avait une petite mine, et ses cheveux étaient mouillés de sueur.

— J'ai mal au ventre..., gémit-il.

Le cœur serré, elle s'assit sur son lit et posa une main sur son front. Il était brûlant.

— Où as-tu mal, encore ?

Il désigna sa nuque, et elle frémit. S'agissait-il d'une infection grave ?

Pas d'affolement, se dit-elle. D'abord, prendre sa température, et ensuite appeler l'hôpital et la crèche pour prévenir qu'elle ne venait pas.

Elle prit le thermomètre dans la salle de bains et un flacon de paracétamol pour enfants. Comme elle le craignait, son fils avait beaucoup de fièvre.

— J'ai un médicament pour toi. Tu vas rester au lit, ce matin et, si tu te sens un peu mieux cet après-midi, nous nous assiérons sur le canapé avec une couverture pour regarder *Les Cent Un Dalmatiens*.

C'était son film préféré, bien entendu.

— J'ai chaud, maman ! geignit-il.

— Je sais, mon chéri. Je prépare Lexi et je t'apporte un jus de fruits. Tu as faim ? Tu veux un toast ou du yoghourt ?

— Non, rien !

— Je reviens tout de suite. Je t'aime.

— Moi aussi, maman.

En sortant de la chambre, elle sentit des larmes ruisseler sur ses joues.

Pendant que sa fille prenait son petit déjeuner, elle téléphona. L'hôpital pouvait demander un remplaçant, et on lui annonça à la crèche que d'autres enfants étaient absents à cause d'un virus intestinal. Lexi allait sans doute le contracter elle aussi, songea-t-elle…

Au moment où elle entrait dans la chambre des jumeaux avec un verre de jus d'orange, elle vit Freddie se raidir soudain, puis se tordre, et ses yeux se révulsèrent.

— Freddie ? Freddie ?

Il ne réagit pas, et la crise arriva.

Luttant contre la panique, elle réfléchit à toute allure : ce serait plus rapide de le conduire à l'hôpital en voiture que d'appeler une ambulance.

— Viens, Lexi, nous emmenons Freddie.

Elle attacha les enfants dans leurs sièges, mit son téléphone en position mains libres, puis démarra et appela la salle.

— Kathleen ? J'amène Freddie, il fait des convulsions fébriles.

— D'accord, nous serons prêts. À tout de suite.

Elle appela ensuite sa mère, qui répondit aussitôt, et la pria de la retrouver à l'hôpital pour prendre Lexi en charge chez elle.

— C'était Rosie ? Freddie est malade ? demanda Leo.

— Oui. Convulsions fébriles, selon elle.

— Je m'en charge.

— Mais…

— Il s'agit de Freddie.

Il vit Rosie faire la moue en le voyant. Bien entendu, elle aurait préféré qu'un autre médecin prenne son fils en charge…

— Leo, ce n'est pas…

— Je suis de service et je suis pédiatre…, lança-t-il en emmenant le petit garçon dans un box.

— Tu vas le guérir, Leo ? s'enquit Lexi.

— Je ferai mon possible.

— Ma mère doit venir la chercher, précisa Rosie.

— Parfait. Des convulsions fébriles, selon Kathleen ? Tu me racontes tout depuis le début ?

— Je m'affole peut-être, mais il a plus de 40 °C de fièvre et il se plaint de douleurs au ventre et à la nuque.

Il comprenait son effroi. Cette combinaison pouvait signaler un problème très sérieux...

— Pas trace de rash, j'ai vérifié.

Elle devait craindre la même chose que lui... Et elle savait que l'éruption cutanée ne faisait pas obligatoirement partie des symptômes de la méningite.

— Je lui ai donné du paracétamol. La température n'a pas baissé, et les convulsions se sont déclenchées.

Elle déglutit.

— Ni l'un ni l'autre ne m'ont jamais fait ça. Je sais que c'est courant à cet âge, mais la crise a duré plus de dix minutes.

— Tu as bien fait de l'amener. Je ne t'apprends pas que, chez la plupart des enfants, ça disparaît aussi vite que c'est venu.

Son expression indiquait qu'elle pensait aux quelques cas où cela ne finissait pas bien...

— Ce n'est pas nécessairement une méningite, des tas d'autres infections bactériennes peuvent causer une forte fièvre et des convulsions : infection urinaire ou des voies respiratoires supérieures, amygdalite, otite ou gastro-entérite.

Il la vit expirer à fond.

— Cela dit, il peut aussi s'agir d'une méningite ; tu le sais, le rash n'est pas caractéristique. Est-il vacciné contre la méningite C ?

— Oui.

— Bien. A-t-il montré des signes de confusion mentale ou une intolérance à la lumière vive ?

— Non.

— Des douleurs aux jambes ? Les mains et les pieds froids, ou une sensation de froid aux pieds ?

— Non.

Il prit la température du petit garçon, mesura le rythme cardiaque et le remplissage capillaire, examina ses oreilles...

— Était-il très pâle avant la crise, ou ses lèvres avaient-elles changé de couleur ?

— Non.

— C'est plutôt rassurant.

Pourtant, Freddie semblait très abattu, sans réaction...

— Je demande des analyses, et je le traite comme pour une

méningite jusqu'à ce que je découvre la cause de l'infection. Rosie… Une ponction lombaire s'impose.

Il la vit blêmir, et son cœur se serra davantage. Il aurait tant voulu la prendre dans ses bras pour la réconforter ! Mais c'était impossible…

— Tu sais qu'il faut deux jours pour avoir le résultat. Je dois l'admettre dans le service et te faire signer l'autorisation. Je vais commencer les antibiotiques, et peut-être le mettre sous perfusion hydratante. En ce qui concerne les antipyrétiques, j'aimerais que tu m'indiques la dose exacte de paracétamol que tu lui as donnée.

— D'accord. Je…

On frappa à la porte, et une femme d'un certain âge apparut sur le seuil. Sa mère, sans aucun doute, vu leur ressemblance, songea-t-il.

— Merci d'être venue, maman.

— Bonjour, madame Hobbes. Dr Leo Marchetti.

Il la vit se troubler. Elle était au courant, bien entendu…

— Soignez bien notre Freddie, docteur.

— Je ferai le maximum.

Mme Hobbes prit la fillette par la main et, au moment où elles allaient sortir, Rosie les rattrapa.

— Maman… Surveille-la bien, s'il te plaît. Ces types…

— Ne t'inquiète pas, je ne la quitterai pas d'une semelle.

Le sang de Leo ne fit qu'un tour. Bien qu'elles aient chuchoté, il avait clairement entendu. Dès qu'il se serait occupé de Freddie, il parlerait à Rosie. Il comprenait maintenant pourquoi elle avait rompu.

— Je vais prélever un peu de liquide dans ton dos pour faire des analyses, Freddie. Avant, je te passe une pommade pour que tu ne sentes rien.

— Et tu me chanteras une chanson ?

Pourquoi pas, si cela devait le distraire ?

— D'accord. Ta maman te tiendra la main.

Il effectua la ponction en chantant toutes les chansons enfantines qu'il connaissait en italien et en anglais.

— Voilà, c'est fini !

Les larmes coulaient sur les joues de Rosie. Bon sang, impossible de l'ignorer ! Il l'attira dans ses bras, mais elle le repoussa.

— Ce n'est pas le moment, Leo !

— Je ne suis pas d'accord. Tu es seule et bouleversée, et je ne suis pas un monstre insensible.

Elle reposa la tête sur son épaule un instant, comme si elle souhaitait pouvoir lui faire confiance, puis s'écarta.

— Leo... Il faut que je sois forte, pour Freddie.

— Je comprends, mais n'oublie pas que je suis là chaque fois que tu as besoin de moi.

Il n'insisterait pas maintenant mais, une fois Freddie sur le chemin de la guérison, ils en reparleraient. En attendant, il la soutiendrait au maximum.

— Rosie, j'ai entendu ce que tu as dit à ta mère.

— Ne t'en mêle pas.

— Je peux t'aider. Permets-moi de le faire.

— Pas question.

— Ça ne t'engage à rien, si c'est ce que tu crains. Après tout, c'est ma faute si ces truands ont retrouvé ta trace. C'est aussi mon problème.

— Je dois penser à Freddie.

— Alors laisse-moi me charger du reste.

Elle parut hésitante, mais finit par croiser son regard.

— Si tu y tiens... Merci.

C'était la permission qu'il attendait pour s'engager dans l'action.

Rosie se sentait aussi abattue que Freddie. La température n'avait pas baissé, et elle craignait vraiment de le perdre, bien que Leo le surveille de près.

— Rosie, il faut à tout prix que tu manges quelque chose.

Elle leva la tête : c'était Leo, qui lui présentait des sandwichs et du café.

— Je ne peux pas avaler.

— Il le faut, si tu veux rester forte.

Elle tenta de se forcer, en vain. Rien ne passait.

Leo repartit et réapparut un peu plus tard avec de l'eau et des couvertures pour la nuit.

— Je peux te tenir compagnie, si tu le souhaites.

Ce serait si réconfortant de le sentir près d'elle... Mais elle avait rompu, et ce serait égoïste de sa part.

— C'est gentil, mais tout ira bien, je t'assure.

— Bon, comme tu voudras. Appelle-moi en cas de besoin.

Malgré sa fatigue, elle ne put s'endormir et passa la nuit à épier le moindre changement dans l'état de son fils.

Au matin, Leo revint avec un café de chez Tony, des pâtisseries et un pot de fruits rouges à la crème.

— Mange. C'est le médecin qui te l'ordonne. Je ne te laisserai pas avant que tu aies fait disparaître tout ça.

Puis il se mit à consulter le dossier de Freddie sans plus s'occuper d'elle, et elle parvint à avaler son petit déjeuner.

— Parfait. Va prendre une douche, maintenant. Je ne bouge pas d'ici, j'attends que tu reviennes.

Elle obtempéra et dut reconnaître que, rafraîchie, elle se sentait un peu plus optimiste.

— Merci, dit-elle en se réinstallant au chevet de son fils qui dormait toujours.

— De rien. Les antibiotiques devraient commencer à faire effet. Je repasserai plus tard.

Il tint parole.

— Va prendre l'air, je reste auprès de lui.

— Mais...

— Aucun problème, Freddie me connaît bien. Et n'est-ce pas ce que tu fais pour Julia ? Au fait, je peux t'annoncer que mes assistants ont réussi à museler la presse. Sois tranquille, il ne paraîtra plus aucun article.

C'était déjà quelque chose... Mais les associés de son ex-mari ne la lâcheraient pas pour autant, et il dut lire dans ses pensées car il la regarda d'un air compatissant.

— Rosie, j'ai aussi réuni mon équipe de sécurité. Ils ont fait leur enquête, parlé à la police de Londres et retrouvé ces voyous.

Tu ne seras plus ennuyée, fais-moi confiance. De toute façon, mon équipe garde un œil sur vous.

Elle hésitait à le croire : comment était-ce possible qu'ils les aient retrouvés si vite alors que la police n'y parvenait pas ?

— Vas-y, maintenant. Va te promener.

Elle erra un moment comme un automate dans les rues avoisinantes sans pouvoir penser à autre chose qu'à son fils. Quand elle rentra, Leo lui tenait la main et lui racontait une histoire de château et d'armure enchantée.

— Maman ! dit Freddie avec un demi-sourire.

Il semblait aller mieux...

Julia passa la tête dans l'encadrement.

— Je ne m'arrête pas, mais Penny a entendu dire que le petit garçon de Rosie n'était pas bien, et elle a fait un dessin pour lui. Elle voulait le lui donner elle-même, mais...

— Vous avez bien fait, le risque d'infection est trop grand. Remerciez-la pour moi. Regarde, Freddie, c'est un chien !

— J'adore les chiens !

Leo dut voir que ses yeux s'embuaient.

— Freddie va se rétablir, Rosie, je te le promets.

Le soir, il apporta un choix de mets délicieux et l'envoya de nouveau prendre l'air quand son fils s'endormit.

Elle ne resta dehors que dix minutes.

— Tu n'as pas dormi la nuit dernière, il faut que tu te reposes.

— Je n'y arrive pas, je suis trop angoissée.

La soulevant dans ses bras, il s'assit dans le fauteuil au chevet du lit et l'installa sur ses genoux.

— Mais, Leo...

— Ne proteste pas. Dors.

Était-ce la chaleur du corps de Leo, son souffle régulier ou le fait de se sentir en sécurité ? Contre toute attente, elle s'endormit.

Quand elle se réveilla, elle consulta sa montre : elle avait dormi quatre heures !

— Leo, tu devrais être parti ! Je suis désolée.

— Ne t'excuse pas. Je me sens très bien ici avec toi.

— C'est terminé, Leo, il n'y a plus rien entre nous.

— Ça peut toujours s'arranger…

— C'est trop compliqué.

— Permets-moi de simplifier : depuis que je vous ai rencontrés, toi et les jumeaux, ma vie a changé. Tout à coup, ce que je rejetais, l'amour, une famille, m'a paru possible. Pour la première fois, je me suis senti heureux chez moi, entre les rires des enfants, nos promenades… Et en te tenant dans mes bras, en faisant l'amour avec toi.

Il lui adressa un regard intense.

— Je t'aime, Rosie, et j'aime les jumeaux. Tu es celle qui peut m'aider à rendre le monde meilleur, et nous pouvons vivre une vie merveilleuse ensemble. Veux-tu être ma femme ?

C'était la seconde fois qu'elle entendait ces mots… Bien entendu, au contraire de Michael, Leo ne changerait pas. Il respecterait ses vœux de l'aimer, de l'honorer et de la chérir.

Mais… Et si jamais les ex-associés de son mari réapparaissaient ? S'ils redevenaient gourmands ?

— C'est impossible, Leo. Je ne suis pas de ton milieu, je risquerais de te faire du tort.

— Absurde… Tu m'as montré ce qu'étaient l'amour et la famille. Ma mère t'adore, ainsi que tout le monde au *palazzo*. Et, moi, je t'aime, Rosie.

Elle lisait la sincérité dans ses yeux noirs et ne pouvait douter de son amour. Elle oublia un instant la peur qui la taraudait.

— Moi aussi, je t'aime, murmura-t-elle.

— Alors, épouse-moi. Oublié le duché, ce n'est pas important. Je suis avant tout médecin, et toi infirmière. Nous nous entendons bien dans le travail, pourquoi ne serait-ce pas la même chose à la maison ? Que nous soyons à Londres ou en Toscane, ce qui compte pour moi, c'est de partager ta vie et celle des jumeaux.

Ce serait merveilleux, songea-t-elle. Mais, très vite, la peur revint.

— Comment as-tu pu retrouver ces sales types si la police a été impuissante ?

— Je pourrais dire que, pour une fois, mon père m'a aidé. Son nom est encore redouté, même dans des milieux qui sont spécialistes des méthodes d'intimidation parce que les siennes étaient vraiment très efficaces. Mon équipe a joué là-dessus, et crois-moi, tu n'entendras plus jamais parler d'eux. Tu es en sécurité avec moi. Alors, tu m'épouses ?

— Oui, dit-elle dans un souffle. Pour être franche, j'ai encore peur mais, si tu es prêt à courir le risque, je serai courageuse.

— Je n'ai pas le choix. Tu me manques à chaque minute. Je n'ai pas un souvenir merveilleux de mon père, mais pour une fois qu'il m'a été utile... Je te promets que ces truands ne se manifesteront plus jamais. Que nous serons enfin tranquilles, et ensemble.

— Ensemble, répéta-t-elle.

Elle se pencha pour l'embrasser.

Leo passa le reste de la nuit avec elle et, au matin, on leur apporta les résultats de la ponction lombaire.

Après les avoir consultés, il la souleva et la fit tournoyer dans ses bras.

— Ce n'est pas une méningite ! Le virus n'est pas encore identifié mais, comme Freddie n'a presque plus de fièvre et qu'il réagit bien, tu peux le ramener à la maison à midi.

— Oh ! Leo, je suis si heureuse ! Te rends-tu compte ? Freddie est guéri, et nous avons un mariage à préparer.

— C'est le paradis, en effet, dit-il en l'embrassant.

Épilogue

Un an plus tard

— Vous êtes gentille d'être venue, Beatrice ! Vraiment, ça ne vous dérange pas de vous occuper des jumeaux ?

— Au contraire. Je suis si heureuse de profiter de mes petits-enfants !

— Et nous, on adore quand *nonna* nous garde ! s'écrièrent Freddie et Lexi en chœur.

Et en italien, qu'ils parlaient à présent couramment…

Après un regard à Leo, Rosie observa les enfants en souriant. Comme ils s'étaient épanouis depuis qu'ils habitaient Florence, dans leur villa entourée d'un immense jardin ! Leo et elle travaillaient dans sa clinique dont il avait pris la direction, et ils vivaient en paix. Comme il l'avait promis, personne ne les avait plus importunés.

Beatrice semblait avoir repris des forces. Ce soir, elle avait proposé de venir passer la nuit chez eux pour leur permettre d'assister au bal de charité.

— Cette robe vous va à ravir, Rosie, et ces bijoux aussi.

Elle entoura sa belle-mère de ses bras.

— Merci de me les avoir à nouveau prêtés, Beatrice.

— En tant que duchesse de Calvanera, c'est normal que vous les portiez ! Bien, il est temps de partir, à présent. Amusez-vous bien, j'espère qu'il n'y aura pas de guêpes, cette année !

Leo sourit.

— Moi aussi, *mamma*. Quoique, grâce à toi, Rosie pourrait se débrouiller seule en italien, à présent !

— Vous nous enverrez des photos du bal, s'il vous plaît ? Pour qu'on voie les robes, demanda Lexi.

— Promis, répondit Leo. Soyez gentils avec *nonna*.

— *Si, babbo !* s'écrièrent-ils à l'unisson.

Une fois en route, Rosie sourit.

— C'est drôle que mon premier séjour à Florence date d'un an tout juste. Une année extraordinaire, non ?

— Je trouve aussi, dit Leo en garant la voiture.

— Au fait, j'ai une nouvelle à t'apprendre.

— Ah ? Laquelle ?

— J'espère que tu es doué pour changer les couches parce que, duc ou non, tu devras faire ta part du travail.

Son visage s'éclaira, et il donna un coup de poing en l'air.

— Un troisième bébé !

Le cœur de Rosie se gonfla de bonheur : c'était la preuve qu'il considérait vraiment les jumeaux comme les siens, et qu'il les aimait comme un père...

— Grâce à toi, je suis le plus heureux des hommes. Naturellement, on n'annonce rien à personne avant la douzième semaine, mais j'ai envie de grimper sur le toit de cet hôtel et de hurler dans tout Florence que je vais à nouveau être papa. Et que j'adore ma femme. Et...

Quand il s'emballait ainsi, il n'y avait qu'un moyen de le faire taire.

Souriante, elle lui ferma la bouche d'un baiser.

Vous avez aimé ces romans ?
Retrouvez les héros de « Paddington, hôpital pour enfants »
dès le mois de mai dans votre collection Sagas !